輔導原理與實務

馮觀富　編著

作者簡介

馮觀富

學歷：✐國立彰化師範大學輔導系畢業
✐國立政治大學教育研究所結業
✐美國愛荷華州杜立克大學教育研究所諮商碩士

經歷：✐中國輔導學會理事、秘書長
✐教育部課程標準國民中學、小學教科書輔導活動科修訂、編輯委員
✐國裡編譯館教科書（師專「輔導原理與技術」；「國民中學、小學輔導活動」科）編審（輯）委員
✐教育部輔導工作專案六年計畫專案工作主持人
✐台灣省國校教師研習會研習資訊雜誌主編

現任：✐中國學校課程發展研究學會秘書長
✐美國 Huron 大學教育心理研究所客座教授
✐永生學院客座教授

著述：✐國民小學輔導活動

✐國民學校輔導活動理論與實務

✐國民小學測驗編製研究

✐CPM. SPM 推理測驗台灣地區常模研究

✐國中、國小輔導與諮商理論、實務

✐學校輔導法規研究

✐輔導行政

✐壓力、失落的危機處理

✐教育、心理、輔導精解（上、中、下冊）

✐落實國民中小學輔導功能的研究

✐輔導原理與實務

✐教育行政學 Q&A

序

台灣已進入一個多元化社會，百家爭鳴、百花齊放，教育改革之聲，此起彼落，教育行政當局也不敢拂逆，終於民國八十三年修正「師範教育法」爲「師資培育法」，將以往師資培育僅限於師範校院的藩籬予以拆除，一般大學校院也可以設立教育學程，招收大學校院畢業生，講授教育專業科目，培養高級中學以下之各級學校教師，自此師資培育多元化，這是我國教育改革史上一件大事。

教育學程開設眾多教育專業科目中，「輔導原理與實務」一科，至切時宜，也是實用性的科目，蓋「輔導」之於學校乃至社會，無不重視，自小學至大學，輔導已成教育制度，日常教育活動中，幾已無處不在，並要求教師人人參與，有意投入教育學程的「新新人類」，對這門功課不可忽略。

然而，「輔導」是一專門學問，一項專業，若擬於短時間內，了然全貌，實非易事，著者昔日曾受聘兼國立編譯館師專教科書「輔導原理與實務」；國民中學「輔導活動」科及教育部現行國中、小學課程標準「輔導活動」科等編輯（審）工作，且替該部操刀，策劃執行推展國中、小學輔導活動多年，自揣在這個領域裡，尚能了解教師與學生需要，乃將積聚多年心得，特成此書，以應教育學程學生修習參考。

全書共十二章五十一節，幾爲學校輔導工作重要精華部份。理論深入淺出，以期使從未涉獵此方面者，亦能一窺堂奧；實務方面，均取材舉例今日學校之實際工作，望能舉一而反三，或依樣去做，自會得心應手，當然，遺漏之處難免，尚望先進斧正。

馮　觀　富　　謹識

中華民國 八十五 年春節

目　錄

附　錄

第一章　輔導的基本概念

第一節　輔導的時代背景

自從第二次世界大戰以來，由於經濟型態與生產方式的急遽改變，各種職業與從業人員的關係，益加因細密的分工而複雜起來。許多需要專門知識、技能的職業找不到適任的人才；另一方面，又有許多具有從事某些專門職業潛能的人，未能獲得適當的培養與訓練，而得不到適當的職業，以致供求不能協調，因此職業輔導運動乃應運而生。其後，輔導的原理與技術因受到心理學、社會學，以及心理衛生運動的影響，其應用範圍也逐漸擴展到教育與生活適應等方面，遂使「輔導」成爲今日教育思潮的主流，歐美諸國、日本及東南亞各主要國家相繼在學校實施輔導工作。

我國爲適應這一潮流與需要，於民國五十七年實施九年義務教育時，在國民中學全面實施輔導工作，及後擴展至國小、高中（職）、大專院校，已成爲一種教育制度。

第二節　輔導的涵義

輔導一詞，係譯自英文Guidance，在國內當初譯爲指導，因指導多少帶有權威性，不符民主思潮，而今大家皆言輔導較符合其原意。

從其本質來說，實在就是「輔助」和「引導」之意，也就是「協助個人得到自我了解，自我決定，以調適學校、家庭和社會的一個歷程」。蓋自有人類的社會，就有其各自遭遇的問題，有了問題就需要獲得解決，但憑個人自已的智慧能力與經驗，未必就能夠得到滿意的結果。因此，就需要別人的指點或幫助。

現代中外輔導學者，對輔導涵義的解說甚多，莫衷一是，今舉其要者，敘述如下：

外國學者如：

◆**美國賓洲大學教授瓊斯**（Jones, A. J. ,1970）：

「輔導是指某人對另一個人的個別幫助。其任務在幫助個人決定所要前往的方向，所要達成的工作，以及如何最能實現其目的。同時，輔導也幫助個人解決其生活上所遭遇的各項問題，但輔導不替代個人解決問題，只幫助個人自己去解決問題，最注意的對象是個人而非問題，其目的是在促進個人自我指導（self-direction）。此種對於個人的幫助，或在團體中施行，或單獨直接給予，但無論如何，輔導總是用來幫助個人的。」

◆**士丹佛大學教授麥格唐納**（Henry, B. McDaniel, 1957）：

「輔導是一種合作的過程，學校輔導員的任務，在如何幫助個別學生，其責任有二：一是使學校教職員認識每個學生的各種需要、資料與適應的方式；二是給個別學生機會與幫助（包括教育的、職業的與心理的技術及材料），使他們經由自己的思考，去解決問題，達成自己的願望。」

◆**莫廷生和夏繆勒**（Mortensen, D. G. & Schmuller, A. M. ,1976）：

「輔導是整個教育計畫的一部分，它提供機會特殊性服務，以便所有學生根據民主的原則，充分發展其特殊能力與潛能。」

◆**夏茲和史東**（Shertzer, & Stone, 1981）：

「輔導是協助個人了解自己及其世界的歷程。歷程，指的是一系列朝向目標邁進的行動或步驟；協助的目的是預防、治療和改善個人的困境；個人，指的是學校中一般的學生，協助一般學生解決其發展過程中所產生的困擾問題；了解自己及世界，指的是個人自我了解、自我接納、了解環境及他人。」

我國學者如：

◆**中國輔導學會創始者蔣建白，認為：**

「輔導（Guidance）是一種新興的教育方式，它根據動力學說（Dynamic Theory）的原理，將生物學、心理學、社會學、醫學、生理解剖學等與教育學有關之學術融合一體，非僅可以促成教育的功能，並且提高教育的成效。它可以運用於學生生活，使之更為充實；可以運用於學生學業，使之更為進步；可以運用於學生訓導，使之更為有效；可以運用於學生就業，使之更為便捷。總之，它是各種教育方法的總匯，可以應用於學生。」

◆**宗亮東教授（民58）認為：**

「輔導是對於個人各種幫助的一個教育過程，輔導人員須充分瞭解個體生理與心理的生長發展，及所處環境的各種情況，在民主社會生活方式中，運用輔導的專業知識與技能，以一個有組織的工作計畫，為青少年或成人作熱忱的服務。」

總括以上所言，輔導乃是一種合理妥善的教育方法，和幫助個人自我實現的教育歷程。輔導人員根據青少年身心發展的需要，配合社會環境的要求，運用科學的方法，有計畫的步驟，最有效的活動方式，最熱忱的服務態度，積極的幫助，以促進個人瞭解自己、發掘興趣，進而解決問題，期在學習上、職業上以及生活適應上，獲得最理想最完美的自我選擇與適應，達到自我實現。在教育體系中，它是一種思想（觀念），是一種情操（精神），也是一種行動（服務）。

第三節　輔導的功能

佛斯特（Faust, V., 1968）認為輔導的功能：以工作時間而言，有即時性的功能與終極性的功能。即時性的功能：譬如協助教師、學生或家長解決當前面臨的問題，或將適應困難的學生轉介到專門治療機構，或實施測驗決定分班編組等，都以當前問題的解決為重點，時間性短；終極性的功能：則以個人整體的發展為著眼點，透過輔導各種活動，協助兒童認識自我、適應環境、發展適切的目標，乃以長期性的發展為整個輔導工作的重心。

如以工作的目標而言，又可分為：㈠以治療為主的輔導，旨在克服已經嚴重妨礙個人發展的問題；㈡以預防為主的輔導，係對可能有適應問題或正遭遇問題的個人進行輔導或諮商；㈢以發展為主的輔導，對象及於全體學生，一如前述終極性的輔導，著重於整體的發展。以下則進一步比較此三種不同類型的輔導工作：

治療性輔導：

★主要重點為學生的問題，診斷、治療皆以該問題為中心。
★輔導對象僅限於少數有問題的學生。
★經常使用測驗或其他評量工具，並注重測驗結果的解釋、運用。
★大部份偏重個別諮商式的輔導。
★與教師討論該學生的問題。
★注重與家長的連繫，以求解決學生問題。

預防性輔導：

★主要仍以問題為重心，但輔導工作提早於問題發生之前或正在發展之際進行，目的在防止問題的發生或擴大。
★仍注重對學生的診斷與治療，但為預防性質。
★預防對象較治療性輔導為廣，以求遍及全體學生，但實際上因工作人員的時間、精力之限制，仍以少數有問題傾向的學生為主。
★仍注重個別諮商式的輔導，但亦運用團體輔導與諮商。
★與教師之間的關係擴展及於諮詢範圍。
★保持與家長的連繫，以為預防措施之一。

發展性輔導：

★以全體學生的「發展」為輔導重心，目的在協助整個學校之教育措施，提供最佳的學習情境，以利學生整體的發展。
★學生的問題不屬於輔導重點，但如必要時，亦可協同學校其他人員，進行個別或團體式的輔導。
★與教師保持密切連繫，特別注重從發展的觀點，對教學方法、教材教具等提供積極性的建議，以作為教師的參考。
★與家長的關係亦著眼於如何共同建立良好的學習環境、如何協助學生發展等。

第四節　輔導的內容

學校輔導工作內容，以我國而言，可分為生活輔導、學習輔導及生涯輔導三大領域：

生活輔導：

所謂生活輔導，即指教師或輔導人員協助學生從事家庭、學校及社會等生活，獲致良好適應的歷程。學生所生活的家庭、學校及社會，有其共同約定的生活習俗與規範，亦有其認同的生活意識型態，必須遵從，始能為其他成員所接納，如其違背生活團體的共同模式，則可能被視為「異類」或適應不良。如何協助學生遵從生活習俗與規範，以增進其適應各種生活情境的能力，即為生活輔導。

學習輔導：

所謂學習輔導，即指教師或輔導人員協助學生發展潛能，增進學習的效果，以達到自我實現的歷程。學生從事各種學習活動，常因學習材料、方法、過程、動機、興趣、智能、性向等因素形成不同的學習效果，有的學習效果高，有的學習效果低。對於較高成就的，設法協助其獲致更高的成就；對於較低成就的，亦應利用各種適當的方式協助解決其學習上的困擾因素，提高學習的效果。此一協助從事有效的學習活動，以增進學習的效果，即爲學習輔導。

生涯輔導（Career Guidance）

生涯輔導概念，源自職業輔導（vocational guidance），意在協助個人作職業的選擇，1937年美國職業輔導學會所下定義是：「職業輔導是協助個人選擇職業、準備職業、安置就業、並在職業上獲得成功的里程。」1949年國際勞工組織所下的定義：「職業輔導即在考慮個人特徵與職業機會的關係，幫助個人去解決職業選擇及進步的過程。」

依上述職業輔導的定義，即以職業爲中心，以如何去選擇、準備、安置就業，乃至就業後的適應發展爲著眼。這在六十年代以前，是可以這樣說，因彼時職業的型態比較穩定，工作機會與選擇範圍較狹窄，個人對職業的觀念也較傾向於謀生的工具，職業生活主要以工作爲核心，因此，傳統的輔導工作重點主要是人與事的配合，所謂職業輔導即在協助個人作職業上的選擇與適應，偏重人與事的配合。隨著時代的發展，狹義的職業輔導已不足以適應個人的整體生活與現代社會要求，生涯輔導一詞乃應時而興。

所謂生涯輔導（Career Guidance），是指一套有系統的輔導計畫，在輔導人員協助下，引導個人探究、統整並運用與下述內涵有關的知識、經驗及價值評鑑結果：⑴自我瞭解；⑵工作世界及其有關的影響因素（如工作者的態度與訓練）；⑶休閒時間與活動時個人生活的影響與重要性；⑷生涯計畫中必須

考慮的各種因素；⑸在工作與休閒中達成自我實現必須具備的條件（林幸台，民79）

第五節　輔導與訓導、教務的關係

輔導的方法，有別於一般的訓導，但卻與訓導息息相關。輔導的對象，不囿限於診治「問題學生」，對於幫助正常的學生更具其重要性。至於輔導的範圍，包括生活輔導、學習輔導與生涯輔導。輔導絕非一般人認爲祇是學校訓導工作的革新運動，實則在整個教育過程中，輔導具有特殊與廣泛的功能。至於擔任輔導工作的人員，也不是一般人想像中純屬專家的工作，而是現代教師人人都應具備的知能。

輔導、訓導的異同與關係：輔導的理論基礎屬於行爲科學，以教育學、心理學、心理衛生、神經醫學爲基礎（注重內在心理問題的探討）；訓導的理論基礎屬於社會科學，以道德學（倫理學）、法學、政治學、行政學爲基礎（注重外在行爲的規範）。輔導的工作範圍包括：先從學生定向輔導、基本資料之建立開始，進而心理測驗的實施、統計分析、諮商服務、困擾調查、個案研究、心理復健、學習診斷、性向測驗、生涯輔導、進路分析、工作安置、追蹤輔導、社區服務、評鑑等；訓導工作範圍包括：學生生活規範公約的訂定與遵守、常規訓練、週會、晨會、夕會等的精神講話、班會自治活動的舉行與公民訓練、始業訓練、保健、童子軍及軍訓訓練、防護安全教育、功過獎懲等。輔導的實施方式：透過各種教育情境及各種教育活動實施（時空間的面）；訓導實施方式：透過訓導行政（時空間的點）。

輔導工作注重在輔「個性」之差異；訓導工作注重在導「群性」之相同。輔導較重個人「小我」一端；訓導較重社會「大我」一端。輔導較重「本我」、「自我」的發展、追求凡人的境界；訓導較重「超我」的發展，追求君子的境界。輔導著重在適應個別差異，培養「活活潑潑的好學生」；訓導著重培養社會行爲規範，培養「堂堂正正的中國人」。輔導工作强調個性的發展（分）；訓導工作强調群性的陶冶（合）。從兒童道德發展過程觀之，輔導工作較重自律；訓導工作較重他律。

以上所指係輔導與訓導雖有不同，但群性與個性必須兼顧，小我與大我不可分，本我自我超我只是人格發展的過程，社會規範與個人發展不可偏廢，個性與律己必須調和，他律與自律也只是比重的不同，這些都是教育人員所必須緊緊加以把握者，可見輔導與訓導又是相輔相成的。

訓導與輔導同是教育所必需，只是傳統教育較偏重社會的需要，較著重訓導工作；近代教育較偏重個人的需要，較著重輔導工作。而完善的教育，實應兼顧個人與社會的需要，兼顧訓導與輔導的工作，訓中有輔，輔中有訓，强調訓導，不能忽略輔導，强調輔導，不能忽略訓導，如此，既能培養活活潑潑好學生，也能培養堂堂正正中國人，這似乎才是今後教育所應遵循的正當途徑。（陳慶文，民65）

輔導與教務的關係：輔導室與教務處，同爲構成學校行政體系，兩者雖不相統屬，但相互依存。在工作中教務處在著重教學目標的達成，而輔導則提供教學方法、技術等的改進，兩者相輔相成，關係密切。輔導室雖然於學校中單獨成爲一個主體，但其工作需要全體教師人人參與。兩者名稱雖異，但其實質上與教務處渾然一體，無法劃分，更進一步分析：輔導室是在協助教務處以更科學、更客觀的方法，使學生學習效果更爲有效的一個組織。而教務處則提供輔導室組織成員人力上的支援。

總之，輔導與教務、訓導工作，爲現今教育學校行政上的分工，同爲教育目標之達成而努力，不分軒輊，彼此相互協調配合以完成教育使命。

第六節　輔導的理論基礎

教育觀念的轉變到本世紀，由於心理學、社會學、生物學、教育學的長足進步，加以科技整合的趨向，而發展爲行爲科學，輔導便在這種繼續不斷進步的各門學術中，逐漸建立了原理、原則與方法。茲從哲學、心理學、社會學、生物學、教育學等觀點，探討輔導。

就哲學觀點言：

人類生而平等，這種思想，自法國盧梭（Rousseou, J. J. 1712-1778）倡導以來， 歷經斐斯塔洛齊（Pestalozzi, J. H. 1746-1827）、福祿貝爾（Froebel, F. W. 18782-1852）及杜威（Dewey, J. 1859-1953）等教育家的發揚，目前已為世界各國所共同接受的教育哲學思想。所以，各國的教育制度，都基於這一哲理來訂定。這一哲學思想對教育的影響甚鉅，在政策上，延長義務教育年限，使更多國民受到更長的義務教育；在教學方面，著重完整經驗的獲得；在訓育方面，則注重社會適應與培養完整的人格。這些都是在教育機會均等的原則下，所產生的教育方法。

輔導也是建立在「平等」的思想上。進一步的不僅主張人人都有受教育的機會，而且要使人人有各依其天賦與環境之不同，而受到足以發展其最大潛能的教育。輔導的原理便是為了達到這些任務而發展的。

輔導依據「機會均等」的哲學思想，以「了解」為教育的核心，從「促進學生的自我了解」與「使教師眞正了解學生」雙層意義來改善教育方法。輔導工作應用了調查、訪問、諮商、測驗、評量、分析、統計等一套完整的方法，來為個體從事生活的、學習的、生涯的輔導。有了這一套輔導方法，來適應個別不同的需要，其結果不僅能達成「教育機會均等」的目標，而教育的成效，也必因之而擴大。

簡單而言，哲學是對整個世界的一種有組織、有系統的觀點（Belkin, 1975, p.54），它不僅是一門學問（discipline），也是一種行事的態度。因為輔導與哲學所重視與關心的同為「個體」，哲學不但可以協助輔導人員更了解當事人及整個諮商的情境，而作最佳的處理，而且也可促使輔導人員本身的生活更諧和一致而有助於其諮商專業效果的發揮。換言之，輔導工作的基本問題即在哲學的範疇內，因此，輔導工作的意義、信

念及方向與哲學有極密切的關係。（宋湘玲等,民74. p.30）

就心理學觀點言：

從心理學的研究，可知人類的行爲有許多特點，個體的行爲，須依循人類行爲基本特質，才能順利達成各種願望。人類行爲由於遺傳與環境的影響，所以在調適的方式上有許多個別差異。輔導工作之實施乃依據下列心理學的事實：

★個體的行爲、態度受心理因素的支配：

人類生而有慾望，有情緒，由慾望引發行爲、由情緒影響態度。輔導工作運用這種心理學原理，確定其中任務，輔導學生，啓發自覺，增進調適的能力，以協助個體自動平衡慾望，控制慾望，調和情緒，穩定情緒，是爲生活輔導的重要基礎。

★個別差異的事實奠定個別輔導的基礎：

心理學對輔導工作最大的貢獻，是發現並肯定了人類的個別差異。人類稟賦生而具有差異及各種心理特質、生長或學習曲線的差異，和人格本質的差異等。輔導工作即運用此項原理，特別强調因材施教，以奠定個別輔導的理論基礎。

★學習心理學原理奠定學習輔導的理論：

心理學的另一貢獻是學習心理學理論的建立，關於學習的過程、學習與成熟的關係、學習與記憶的方法、學習曲線、學習的遷移等，因而奠定學習輔導的理論。

★人格的形成及其特性的研究，奠定行爲輔導的基礎：

心理學的研究，闡明人格的本質，說明人格是行爲的綜合表現，是故培養人格，須從習慣、情感、觀念、意志各方面著手，在模仿、欣賞、體認的過程中，來形成學生的人格，輔導工作中的品格輔導、行爲輔導等，即基於這種原理。

★自我觀念決定行爲方式：

自我觀念的原理原則是心理學研究的重要貢獻。個人行爲的表達常依據各自的自我觀念，如能逐步實現觀念，則行爲的順應便能保持正常。輔導工作在運用建立正確自我觀念的原理原則，以促進行爲順應的正確方式。

就社會學的觀點言：

社會學是對個人與團體相互關係，以及人群的團體生活的科學研究。人類生活的演變常與環境有重大關係，人類的教育活動，其目的即在適應環境生活，這一原則，即是輔導的社會學理論依據，其要點如下：

★民主社會尊重個人權益：

尊重個人是輔導的哲學觀點，而民主社會所强調者，亦正是尊重個體。個體的觀念、個體的權益均爲輔導的出發點。

★社會的多面性進步，促使個人加強發展：

由於社會的不斷進步，社會的需要日益擴大，生產工具與技術的進展，促使人類生活日益改變。在此情況下，發掘並培養人類的才能，與利用人類的智慧，是適應當前複雜社會的重要途徑，因此，學校與社會均應提供對個人輔導的機會，以發展人類的潛能。

★社會的發展影響家庭組織的改變：

社會進入工業化以後，核心家庭的各個分子有其各自的職責，傳統的家庭功能漸漸式微。青少年兒童，他們僅能在有限度的家庭組織中，獲得身心發展的需要，此外，還要靠社會其他組織，以協助家庭子女的教育與需要的提供。如何在社會必然的發展變遷中，使青少年獲得較爲妥善的生活，即是輔導工作的任務。

★社會結構與期望影響個人調適：

個人生存於社會組織之中，受社會結構與期望的影響至鉅。社會學家研究個人對此等影響的反應包括有順從、創新、形式化、退縮，反制等方式，而所謂偏差的行爲即多由於無法採取順從之道而導致挫折後的結果，因此輔導人員應深入了解社會組織的本質，社會控制的根由及其方式，進而爲輔導個人調適的依據。

★社會化歷程複雜，影響個體發展：

社會組織透過各種社會化途徑傳遞社會價値教育下一代，此一歷程相當複雜，輔導員必須深入了解個人在此歷程中的學習與調適行爲，一方面發展符合社會期望的行爲，另一方面仍可維持個人獨特的發展機會，以完全發揮其潛能，成就與衆不同的表現。

★社會分工合作，有賴人力資源開發：

國家社會的生存及發展有賴於人力資源的培育及運用，社會學研究社會的分工與合作，此觀點表示社會不但有責任協助個體達到個人滿意的生活，同時更應協助個體發展對社會有益的生活型態，輔導工作即是協助社會完成此種責任的一項措施，因此，輔導工作亦以人力資源的開發與運用爲主旨，協助個體充分達到自我發展，而助益於個人及社會，此外，由於社會變遷的結果，人口的增加，教育的普及，致使就業人數遽增，如何協助數量日益增多的學生適應學校生活，乃至未來的生涯發展，而同時又能兼顧人力資源之開發與運用，已成爲輔導工作的一項重要課題。

就生物學的觀點而言：

生物學的研究，有助於教育與輔導的發展。輔導原理，就是基於生物學的啓示與幫助，而奠定基礎。自生物學分析，其有關於輔導工作者，有下列各項：

★引發兒童潛力：

兒童個體的成長與發展，屬生物學的範圍，個體的各種官能，均可依照自然成長與發展，而臻於成熟，但要把內在潛在能力引發出來，實賴有效的輔導。

★個體成長有其程序，因而確定各階段學生的輔導方法也不同：

輔導工作的進行，即在適應這種程序，按序發展，適應各年級學生生理、心理發展的需要。

★人類具有可塑性，證明輔導的可能性：

個體生而具有一種「可塑」性，由於「可塑」的存在，輔導即在運用這種原理，協助兒童改正行爲，在生活過程中，逐漸塑造成健全的人。

★遺傳理論：

遺傳的理論與價值，爲生物學原理的重要的貢獻。遺傳因子可以影響到學生的學習與行爲。輔導工作運用這種關係，發展其長處。

就教育學的觀點言：

隨著社會進步，教育設施方面也有極大的改變，下列之趨勢是輔導工作所依據的教育學理論基礎。

★教育目標在發展個人以完成團體職份：

各級學校的教育目標，無不從個人發展進而爲群性的發展，輔導工作從個人著手，唯有培養健全的個人，才能因個人的貢獻，而有强盛的團體。

★教育場所與教育機構的日益複雜，需要輔導協助其選擇與適應：

由於社會職業分類繁多，為適應社會需要，個人選擇教育場所成為發展人力的重要依據。但兒童青少年對此種紛繁的教育機會無法自行決定，而極需資料的提供與諮商服務，以使學生獲得適當的教育。

★教育心理學重視個別差異，個別的學習輔導甚為重要：

班級教學有其方便與經濟的效果，但民主教育思想下，個別教學或個別輔導已成為改善班級教學的重要措施，惟其缺點必須予以克服。輔導工作乃運用教育心理學的原理原則，研擬著重個別教學的方案來彌補此種缺陷，此亦為「因材施教」的最具體表現。

第七節　輔導的原則

綜觀上節輔導的原理，就哲學、心理學、社會學、生物學與教育學的觀點來加以分析，可以歸納輔導的原則是：

尊重的原則：

輔導是教師與學生站在「平等」的基礎上，相互尊重，民主時代師生關係是「平行」的，不是「垂直」的，破除以往天、地、君、親、師高高在上的觀念，如此，才能與學生融洽相處。

均等原則：

輔導工作，應以全體學生為對象，每一位學生都有被輔導的機會，少數行為不良適應的特殊學生，固然需要特別的輔導，大多數的學生更需要輔導，預防問題發生，進而發展其潛能。

人人參與原則：

★學生方面：

消極的不逃避現實，並積極地面對困難，尋求輔導人員協助。

★教師方面：

全校教職員工，都應參與輔導學生工作，雖難做到每位教職員工具有輔導專業知能，但發現學生有困難，即時伸予援手，然後告知相關人員，作進一步的輔導，便可達到人人參與輔導目的。

個別差異原則：

輔導工作，如同教學需要適應個別差異，學生有不同需要、不同發展、不同背景，進行輔導時，應事先了解各個學生的基本資料，諸如：家庭狀況、社會環境、個人持質、問題發生的主客觀因素……等。

分工協調合作原則：

學校輔導工作，必須分工、協調、合作，輔導人員不能單打獨鬥，學生的問題，千頭萬緒，牽連甚廣，在學校裡與教務，訓導在在都有關聯，在校外與社區、家庭更爲密切，輔導學生，應自導師或科任教師發現問題開始，作初步的了解與處置，無效時再聯絡輔導人員，此時輔導人員也許需與教務或訓導協調、進行合作，甚至聯繫家長配合輔導，倘問題已超越學校輔導人員的專業能力，就需更進一步轉介至更專業化機構。分工是輔導的起點，協調是過程，合作是終極目標，唯其如此，輔導成效才可顯現。

個人價值體系選擇自由原則：

師生關係在民主社會裡，既然人人平等，人格尊嚴不容侵害，輔導人員就應尊重個人的文化背景與宗教、風俗習慣，以及個人的人生價值觀，不容有所批評，輔導過程中，輔導人員祇是提供資訊，充分的討論，供學生抉擇，接納與否，這是學生的權利，輔導人員不得強迫當事人接納那些或拒絕那些。

接納的原則：

輔導工作既然要尊重對方，發展良好關係，當然就應接納對方，是無條件的，所謂無條件的接納，並非贊同那些明知不對的反社會行爲，而是接納他生存於這個社會的個體，無人能否定他的存在，至於那些不當行爲，是生長發展過程中的一種病態，需要提供治療的良方，醫治這種病態，輔導人員就是提供這種良方的人。

守密原則：

替當事人保守秘密，是輔導工作的倫理，晤談、諮商的內容，必定是當事人心中不願第三者知道的居多，所以，爲顧及當事人的權益，非有必要，不可對第三人透露，所謂非有必要，係指此一事件不與第三人有立即性利害關係，但有必要時，可徵得當事人的同意，可讓第三者知道，例如：當事人某些行爲經與輔導人員諮商時，發現此事件與當事人父母管教態度有關，必須其配合方能改善不可，此時輔導人員得逕與當事人父母實施家庭諮商，當然就須將事實眞相告知，盼其配合輔導。

自助人助原則：

自助人助原則，係指當事人必須有求助的意願，輔導工作才有開展的可能，俗云：拉牛過河容易，牛到了河邊你不可能強迫他喝水，喝水只有出於牛的意願，任何人勉強不得。一個生病的人，他沒有求醫的意願，再優秀的醫生，徒呼奈何！輔導工作也是如此，必須雙方互動，方能克奏膚功。

持續原則：

輔導是一項持續不斷的工作，並非頭痛醫頭，腳痛醫腳，個體自出生，以至死亡，都離不開需要他人的服務。正式教育的學習生涯，自幼稚園至大學，是人生一個階段歷程，在這個階段裡，有順境也有逆境，不時交替出現，當逆境來時，需要他人的幫助（輔導），經過一段時間的輔導後，步入順境，此時，說不定也埋伏另一次逆境，伺機出現，需接受下次的輔導，因此，個案輔導完成後，仍需追蹤輔導，其理在此。

第八節　各級學校輔導的重點

輔導是一個繼續不斷的過程，在學校而言，自幼稚園、國小、國中、高中（職）、以迄大專院校的學生，是一個人生求學的歷程，因此，各級學校的輔導工作，必須依個體不同年齡、不同的發展，形成不同的階段的工作重點，但不能截然劃分，有其重疊之處，茲分述於后：

幼稚園階段：

幼稚園階段的輔導重點，主要在幫助幼兒適應團體生活，而不是讀書、寫字知識的獲得，於團體生活中，培養良好生活習慣的基礎，學習照顧自己，以遊戲為主，培養遵守團體紀律，在情緒發展上學習自制，是一種預防性輔導為主。

國民小學階段：

國小低、中年級的兒童，亦以預防性輔導為主，延續幼兒期的發展性輔導；高年級學生，繼續預防性的輔導重點工作，也兼顧治療性的輔導。

國小輔導階段，是預防性輔導為主，著重在兒童身心健康的維持，對特殊個案亦需要治療性的輔導為副。整體而言，這個時期的輔導，應特注意兒童的社會發展，個人情緒、興趣、能力的探索，藉著與團體活動的配合，了解其發展方向。

國民中學階段：

國民中學的輔導重點，兼顧發展性與治療性，此一階段的學生實施的適性教育，個體發展是處於一個狂飆期，面對外在世界的認識模糊，無法拒抗；內在的生理生長轉變，難以自處；未來的升學壓力，無力克服，因此，輔導工作應著力於幫助學生繼續發展人際關係，善與他人相處，並注意其交友情形，及不良適應行爲，積極與家長保持連繫；另一方面透過各種測驗，了解其性向、興趣、幫助其選課，發展特殊才能並作職業性向試探；再者，幫助排除學習困擾，實施升學輔導。

高中階段：

高中階段的輔導工作亦兼具發展性和矯治性，輔導項目除繼續國中之輔導項目外，依此階段所發展出的特殊發展任務有：升大學選組的輔導、大學科系的選擇、職業目標的選擇、人生問題等之輔導也是本階段的輔導要項，具體作法是提供升學及就業資料。

高職階段：

高職階段的學生，是發展與治療併重，職業輔導爲工作重點，培養正確職業觀念，進路分析，蒐集提供充分的職業行業資料，幫助學生就業或繼續升學，訂定未來生涯發展計劃。

大專階段：

大專院校的輔導工作，著重心理適應與保健，輔導的重點治療性和發展性並重，輔導要項除發展性輔導工作外，其重點在：心理調適、擇業就業、選課、學業、異性交誼、婚姻選擇及思想氣質的培養等，並擬訂未來生涯發展計劃。

第二章　輔導活動設施

輔導設施，包含輔導工作中的硬體設備及軟體的措施兩方面而言，前者是靜態的、結構性的；後者是動態的，功能性的，概言之，輔導工作不但要有硬體的設備，更要使這些設備發揮功能，本章所要探討的，乃是輔導室及其週邊設施的建立與使用。

第一節　輔導室的設置要領

輔導室一詞有兩個概念，一是指行政系統中的組織，另一是指「空間」的位置而言。輔導室實爲輔導辦公室，但與一般所謂之辦公室有別，輔導辦公室是一個從事輔導專業活動的場所，對其設置有不同的見解，各校作法亦不一。Lester, D. Crow & Alice Crow（1976）認爲：「在著手從事輔導計劃的推展工作時，首先要考慮到辦公室的位置，它是充作專門輔導活動的場所。」

設置輔導室的目的：

輔導室係依法成立的輔導組織，其設置的目的，在於爲學生家長、全校教師提供一個具體的、外在的輔導設施。輔導是一種有組織、有計畫、有目標及有設備的服務過程。學校中有輔導工作，便不能沒有輔導組織，有了輔導組織也不能沒有輔導與服務的場所與設備。因此，設置「輔導室」，是一學校行政組織，也是具體的爲全校提供一個策劃、研究與服務的場所。

輔導室的任務：

基於上述目的，輔導室應具有以下四項主要任務：

★提供計畫：輔導是一項有計畫的合作性的教育過程，所有有關輔導的綜合計畫與年度計畫，應由此一單位提供，並協調全校各有關單位，共同推行。

★提供資料：輔導工作有賴個案的資料，故對於資料的經常蒐集、整理與保管，爲輔導室主要任務之一。

★提供協助：輔導人員不但要負責個別和團體輔導工作，並需要對其他的任課教師提供有關輔導的技術與服務，促進全校教師參與輔導工作。

★提供研究：輔導室對於輔導學生的技術及學校輔導工作的評鑑，應隨時研究並提出報告。

輔導室工作人員的編制：

爲達成以上任務，輔導室應有專人負責並分組辦事。按國民教育法施行細則規定，並依學校班級數多寡，設置輔導室及專業工作人員，並分組辦事，據事實瞭解，此一、二人固可謂之專人負責，仍難產生預期績效，各級學校校長對輔導工作之推行，除以上人員外，更應挑選具有輔導專業知能而又熱心之教師三至五人參與輔導室工作，並減少其所授教學時數，以便能有充裕時間，去執行其輔導任務。

輔導室位置的選擇要領：

在位置安排方面，有兩項必須考慮的重點，一是輔導室與學校中其他單位間的關係，一是輔導室內不同空間之間的聯繫。就前者而言，既要便於行政的聯繫又要便於資料的傳送，尋求絕對理想的位置似乎是不可能，但以下若干要點可供安排時的參考：

★輔導室應靠近學校的主要進出口，以便與家長及社區人士接觸，建立良好的公共關係。
★輔導室應與行政中心接近，以便行政聯繫，但兩者不宜設在一起，以免輔導室被誤爲行政單位之一。
★輔導室應與健康中心相鄰，以便互相協調與協助。
★輔導室應靠近圖書館，以便協助學生使用有關資料。
★輔導室應注意與導師辦公室及教室間的聯繫，以便利導師使用輔導室的設施。
★輔導室環境要安靜：安靜的環境有利學生會談諮商，輔導教師易於集中思考，學生不致受到外來的干擾而分心。因此，靠近運動場走廊通道附近，人聲嘈雜的地方，皆非所宜。
★注意隱密性：尤其諮商室的位置，不可置於大庭廣眾之前，學生與教師會談諮商，會引起其他學生的好奇與關注，事後詢問不已，必會引起當事人的不安，任何一位來談的學生，都有其隱密的必要。因此，諮商室應注意其隱密性，係進行諮商活動時，不直接暴露於外人視線內而言，但非將諮商室遷設於不爲他人察覺的地方，而造成過度的神秘感，再者，所謂隱密性，係指諮商室內部設施，不可爲室外的人一覽無遺。
★光線要充足：陽光不足陰暗之處，通風不會良好，空氣沈悶，令人產生壓迫感，亦有礙諮商工作的進行。
★設計輔導室設置時，應保留相當彈性，以適應未來可能的改變。

內部的設計：

★輔導室的設計：

輔導室內部設備，自應視學校環境與財力而定，一般而言，應包括：

▲辦公室——供輔導教師用。

▲會議室——可兼作團體諮商室。
▲諮商室——供給學生諮商時使用。
▲遊戲室——供遊戲治療或小團體輔導之用。
▲輔導紀錄存放室——存放輔導資料與測驗資料。
▲心理測驗室——供個別測驗使用。

如採用以輔導教師辦公室作爲諮商室的設計，則要以輔導教師人數之多寡加以規劃。每一諮商室不宜太大，太大會阻礙諮商關係的建立，亦不宜太小，太小則易使來談者有一種壓迫感，而拘束其說話，故諮商室空間的大小應特別加以研究，始能使來談者有一種舒適與安全的感覺。

★諮商室的設計：

除應特別考慮其隱密與安靜，使進行諮商時不被他人看見，談話的聲音亦不易爲他人聽到爲原則。所以諮商室的隔間，不可因陋就簡，常見一些學校以資料櫃之物隔開，內部一目了然，實在不妥，若用木板或磚牆相隔，能將墻、板伸高至屋（樓）頂部，使晤談聲音不致外洩爲宜。其次，諮商室內布置的彩色亦應以溫暖、安靜爲主，應避免刺激的色彩，如大紅、深藍、黑、灰色等，均不適宜。諮商室的坐位安排亦非常重要，一般言之，輔導教師與來談者不宜面對面坐，而以「成直角」坐比較適合。不要讓來談者面對窗戶，來談者的坐椅以能視其高矮加以調整適當爲佳。

★資料室的設計：

資料記錄的存放，必須考慮其安全與保密，及充分運用的原則。故要採取防火、防蟲蛀及防潮濕的設施，並要建立一套可行的學生紀錄使用辦法，以避免輔導資料的缺乏管理，而遭破損。至於管理辦法可參考醫院的病歷室，然後再依照學校的實際需要，加以設計。

輔導室的設計下列圖型，可供參考。

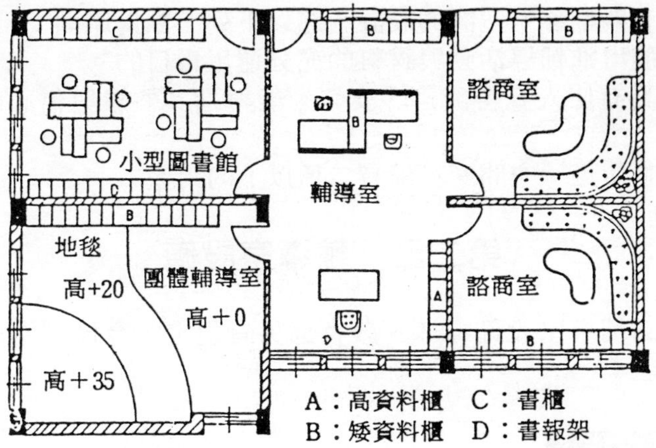
小型圖書館
輔導室
諮商室
諮商室
地毯
團體輔導室
高+20
高+0
高+35
A：高資料櫃　C：書櫃
B：矮資料櫃　D：書報架

（圖一）

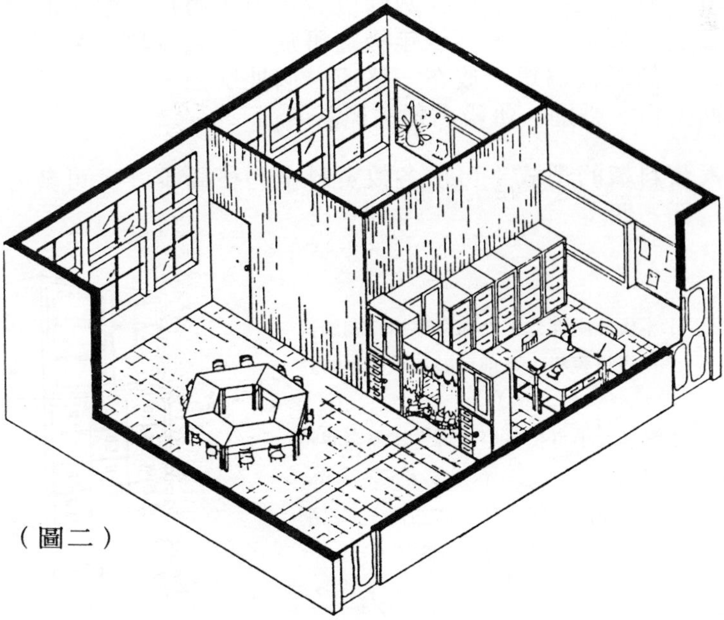

（圖二）

總之，有關輔導室空間的設計，應以下列三點爲原則：

1.以能增進輔導活動與材料的充分運用爲目的。

2.應具有使人覺得舒適、安全，能增進其輕鬆與信心的氣氛。

3.盡量使每一空間應具備有二種以上的用途。

第二節　輔導室設備

有關輔導室設備標準、教育部另有規定，今僅就常用者，介紹於后：

一般性設備：

★辦公桌椅—供輔導工作人員辦公之用。

★文書櫃—放置輔導書籍及有關測驗資料。

★資料櫃—依各班學生人數購置資料櫃，將每一學生的資料裝在資料袋或夾中，再依年級、班別、學號或科、系別順序，以一個班級爲單位放在一格或一個抽屜內，然後在資料櫃上貼上科、系別、班級名稱等標誌。

▲資料櫃的型式：可依各校資料室的格局設計，可參考下圖三、四：

說明：1.本櫃分兩部分，上部可陳列有關圖書或表格資料，下部可裝各班學生資料。

2.鐵櫃大小可依各校輔導室實際需要設計。

3.每一抽屜寬35公分，高25公分，以配合學生資料紀錄表大小爲宜。

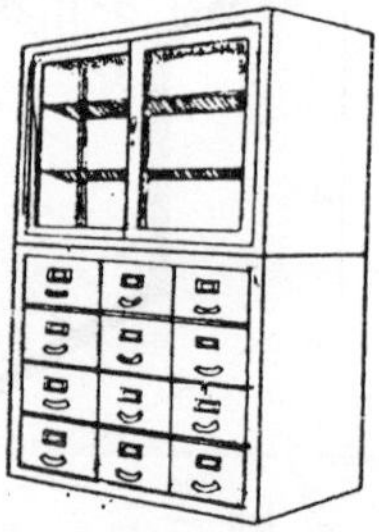

（圖三）

說明：1.此資料櫃可依各校班級數多寡而定製，高度及寬度可增加。
2.各抽屜尺寸寬35公分高25公分，以配合學生資料表之大小為宜。

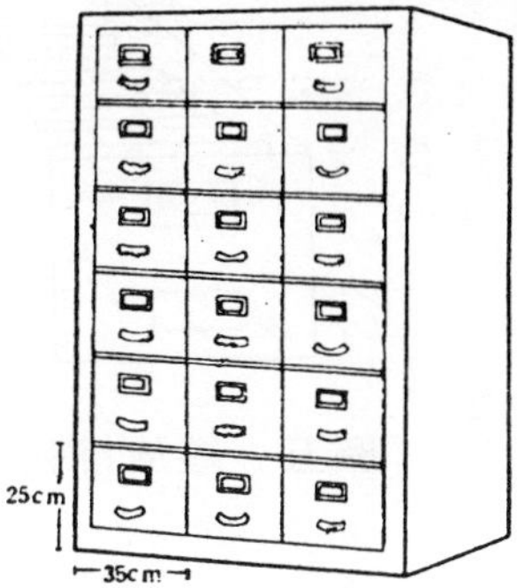

（圖四）

▲資料櫃的分類：

(1)在校學生的資料櫃：主要存放仍在校學生的資料。
(2)畢業、轉、退學學生的資料櫃：學生離校後，將資料正本隨學生移轉，副本依離校年次，科別順序移入此資料櫃，以便查考。

▲資料袋在資料櫃內排列方式：

(1)縱放排列：若資料櫃的設計是長條型，縱深較深，且正面是八開大小，可採此種排列方式。即每班學生資料袋依序由前向後依次排列。（見附圖五）

(2)橫放排列：若資料櫃的設計是寬面型，橫面較大時，可採此種排列方式。即每班學生資料袋由左至右依序排列。（見附圖六）

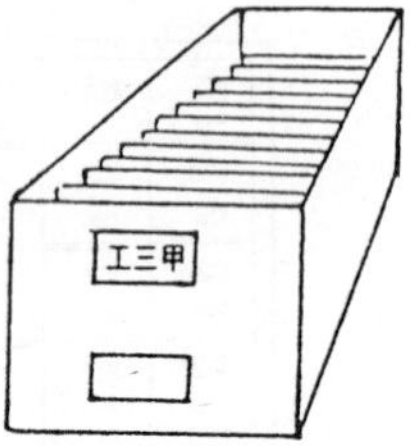

圖五　縱放排列

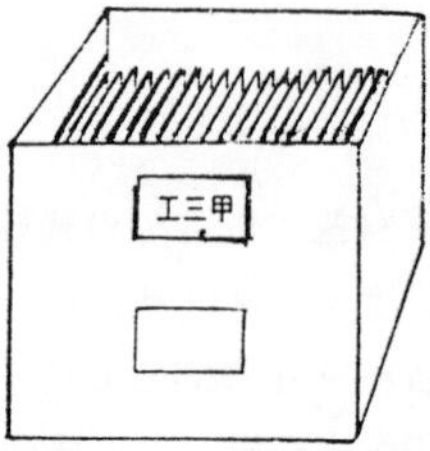

圖六　橫放排列

▲資料袋：以厚牛皮紙製成大小約八開的封套，封面標明姓名、學號、班級異動、年級、導師姓名、黏貼照片處及印妥各資料的名稱和預留備用欄。

專業性的設備：

★輔導信箱———專供學生與輔導室不便於面對面的晤談，而以書面溝通或解決其他問題之用。此類信箱多設於輔導室門前或學校走廊通道處。

★單面透視境——裝於心理治療室內，外面可以觀察當事人之活動，而內面的當事人不會察覺。

★視聽器材類——如錄音、錄影機、照相機、放映機等。

★測驗材料類——如智力測驗、性向測驗、成就測驗、人格測驗……等。

★統計圖表類——如學生各種測驗結果之統計圖表等。

★參考書籍類——有關輔導、心理學、兒童發展與輔導及輔導工作的參考書籍與刊物等。

★其他專業用具—在國小使用如兒童玩具、積木、黏土（自由造形用）、沙箱、蠟筆、水彩、圖書紙、故事書等。

購買設備注意事項：

以上係指專門從事輔導工作而準備的設備，至於辦公室內之桌椅、櫥櫃、電話，自然是必需的設備，由於學校經費之限制，應注意以下事項：

★應依據輔導功能的需要而選購需要的設備。不添置與輔導無關的設備。
★應隨時增添新的設備，以補充現有設備之不足。
★增添設備時，除應考慮須能適用目前的輔導活動外，並應考慮到將來輔導計畫的需要。
★應對現有可用的所有資源盡量利用，以免形成浪費。

第三章　輔導資料

第一節　輔導資料的功能

建立學生輔導資料，爲輔導活動重要工作之一，以往由於大家觀念不一致，各人立場互異，對此項工作非議之處甚多，站在輔導的立場，資料愈多愈好，蓋輔導工作第一步就是了解學生，從何開始，資料是不可或缺的，正如同醫生診斷他的病患，首先是要翻閱他的病歷，然後再探詢目前的病情，以利綜合研判，建立學生資料有下列功能：

對一般學生而言：

一、幫助學生瞭解自己性向、興趣、能力以及所處環境，以適應未來，並達到自我發展的目的。

二、幫助學生家長瞭解其子弟、俾訂定適當的期望水準，計劃其未來。

三、幫助教師瞭解學生個別差異，以達到因材施敎及提高敎學效果的目的。

四、作爲敎師或輔導人員實施延續輔導的依據，亦可在學生升級轉班或轉校移送資料中，使另一班級或學校敎師或輔導人員，於短期內可以迅速瞭解其學生。

五、作爲敎師或輔導人員評鑑學生行爲改變的基準，亦可作爲調整輔導策略的依據。

六、幫助學校行政人員以及敎育行政當局，瞭解學生實況趨向，及學生的普遍需要，對課程、敎法、訓導等措施，隨時作最合理的調整。

七、幫助政治、社會及敎育等專家統計和研究資料，以謀敎育政策及教育措施的改進。

對特殊適應困難學生而言：

一、積極方面：

在防患未然，學生不可能跟著一位教師，永遠不會變動，學生總有晉級、轉校、升學的過程，前一任教師或輔導人員對該生不良適應行爲紀錄，有助於後一位教師或輔導人員對該生這種不良適應行爲的延續輔導，預防問題之繼續或惡化。

二、消極方面：

有利教師或輔導人員迅速找尋問題的癥結。若該教師或輔導人員事前於資料中已知某生有某種不良行爲，當某事件發生，未悉爲何人所爲，而該事件又與該生以前資料所示不良行爲相似，教師或輔導人員即可據此加以研判，當不致失之過遠。

第二節　輔導資料的種類

在學校輔導工作中，需建立學生的個人資料，常用的包括綜合資料，必要時建立特殊資料，有時尚可應用參考資料。茲分述如下：

綜合資料：

一、學生本人及其生活狀況的資料：

★學生本人的狀況：

▲姓名、出生年月日、出生地、藉貫、現住址。
▲過去住址：包括所住過的居所環境的紀錄。

▲求學經過：校名、程度、類別、規範、環境、校風、學生在校活動狀況及成績。

★居住的狀況：

▲自宅、親戚家、友人家、租房。
▲住址的環境：人數、戶長、職業、教育程度、習慣、信仰、人格、興趣。
▲學習環境及鄰居。

★經濟狀況：

▲生活費、服裝費、膳食費、房租費、教育費、交通費、雜費及其他經費。
▲用錢的方法。
▲經濟來源。

★生活態度：

▲自立精神。
▲計劃能力。

二、生長及健康資料：

★生長史：

▲出生：例如母親懷孕中的情況、出生時的情形（如順利、早產、難產）及體重等。
▲發育情況：如吃母奶、代用奶、離奶狀況、食物、睡眠、其他習慣、開始步行、語言的發展情形。
▲病歷：身體是否病弱及是否有重要疾病等。
▲主要遊戲及演變。

★發展狀況：

▲個體發育狀況：依據學校定期身體檢查的結果，與同一年齡學生的發育標準比較，包括身高、體重、胸圍等。

▲健康紀錄：視力、聽力、牙齒、咽喉、皮膚等感覺器官、四肢、骨骼姿勢、X光檢查、預防注射等紀錄。
▲體力：包括基本體能測驗。
▲習慣：如對食物的偏好、睡眠的時間、運動的興趣等。

三、家庭環境的資料：

★家庭及家屬：

▲住所：位置、上學途徑（距離、所需時間、上學方法）連絡方法。
▲家屬：父母、兄弟、姊妹及其他家屬姓名、年齡、關係、職業、教育程度、社會地位、性格特徵、健康狀況（如家族系中有無精神病患者）。
▲家庭生活狀況：
⑴家庭的教育方針：父母對於子女教育的關心程度，父母的管教態度（獨裁、民主、放任），家庭教育的主要負責人。
⑵父（母）子（女）關係：如對立衝突、欠佳、融洽。
⑶兄弟姊妹關係：本人在家屬間的地位（獨子、長子、末子、被忽視、受偏愛等），兄弟姊妹的吵架等。
⑷家庭的氣氛：父母是否和好相處，是否對立，是否分居或離異，父母親對於宗教的關心，父母在家庭中的地位，本人對於家庭的態度等。
⑸生活水準：家庭經濟狀況、尤其是家長的職業、學歷、收入等。
⑹父母的生活狀況：例如公寓生活小家庭、父母均出外工作，無人照顧小孩等。

★鄰近社會環境：

▲環境：例如鄰近鬧街、住宅區、工廠地區、鄉下的獨立戶而無交友的機會等，以及學生對於這些環境的看法，如何適應等。

▲主要職業：家庭鄰近社會的主要職業，如市街、工廠、農村、漁村、山村等。
▲近鄰的交際及社會的風俗習慣等。
▲教育程度和對於教育的關心等。

四、測驗或調查結果的資料：

★智力。
★學習能力。
★智力與學力的關係。
★性格、性向。
★煩惱或問題行為。
★志願。

五、情緒問題的資料：

★情緒安定性：

▲外向性、內向性。
▲自卑感、優越感。
▲情緒安定性、統一性。
▲自律心。

★興趣：

▲對於電影、文學、戲劇的愛好。
▲偏好內容。
▲音樂、美術。
▲運動、休閒活動。

六、社會化的資料：

★社會認識：

▲對於社會的態度：如校內問題的態度，時事問題的態度。

▲社會的規範：對於約束、規則、校規、教師、父母的態度、責任感、誠實性及社會行爲（如撒謊、作弊、偷竊）等。

▲人格類型：開放、孤獨、領導、服從、合作、鬥爭、寬容、排他等。

★交友情形：

▲男女友人、人數、年齡、親切感、親友、個性。

▲交友集團的種類、動向、替換。

▲在交友集團中的地位。

▲友人關係成立的條件、動機。

▲異性朋友。

▲與其他青少年的交往情形。

七、關於性格上的資料：

★保守而內向：神經過敏、關心別人的批評、膽怯、幻想自己是主角、孤獨、冷淡、對別人很少關心。

★剛強：愛出風頭、不接受暗示、好吵架、欺負弱小、時常引起風波等。

★自卑感，優越感：缺乏信心、消極、自我中心、自私、自我滿足。

★缺乏人格的統整性：人格分裂、缺乏目標與理想、作繭自縛、精力分散。

★不良品性：輕佻、不負責任、怠惰、漫不經心、粗暴、莽撞、不和氣、不溫順、剛愎、不合作、自私。

★缺乏獨立心：過份溫順、責任感太重、孩子氣、一切由別人安排，不能自己作主。

★特殊缺陷：

▲語言上的障礙。
▲智力上的缺陷。
▲殘廢。

★精緒不穩定：脾氣暴躁、缺乏恒常性、操心、嫉妒心重、反覆無常。

★精神異常趨勢：神經衰弱症、憂鬱症、歇斯底里、猜疑心重、對於性的恐懼和壓抑、極端富於暗示性。

八、學習活動有關的資料：

★如何分配讀書時間：

▲學習計劃及時間分配是否適當。
▲學習方法的適當與否。
▲是否有充分的學習時間。

★學習習慣：

▲學習效率的高低。
▲自動學習的習慣。
▲整理資料的能力。

★學習態度：

▲對於功課是否認眞。
▲在教室裡是否積極發表意見。
▲對於成績是否重視。
▲對於某一學科成績低落所帶來的失望。

★教師的人格及教學法：

▲對於特定教師的好惡感。
▲在教室裡是否積極發表意見。
▲師生接觸的機會。

▲課業是否太重。
▲家庭作業是否太多。

★環境條件：

▲在學校或家庭的學習條件。
▲交通情況。
▲校址地點選擇是否理想。

★學業成績：

▲基本能力（讀、寫、算及各科的基本知識）。
▲最擅長的學科，最不喜歡的學科。
▲特殊研究。
▲各科成績的表現。

★課餘經驗：

▲課外活動的情況及種類。
▲課餘工作經驗。

以上各項，並非每位學生一律列入，而是視當時需要擇其要者列入，目前教育部爲求國民小學、國中、高中、高職、大專校院學生資料之連貫性，乃統一製訂「全國各級學校學生綜合資料表」，無一不屬於前列範疇，現爲各級學校使用中。

特殊資料：

針對特殊學習或適應問題有困難的學生所建立的資料，爲建立個案研究之所需。如：

一、各項調查問卷資料：包括生活、家庭、學習、人際關係、興趣、困擾……等各種調查問卷資料。可依個案的需要實施之，並由輔導教師主持。
二、諮商紀錄表：輔導教師和特殊行爲問題之學生諮商後，將談話概要與處理情形加以記載，以備繼續輔導之用。

參考資料：

一、日記、週記：此爲學生心聲，有時可發現學生眞實的一面，不過會牽涉個人穩私的問題，此類資料可遇而不可求。
二、作品：如作文、美勞、工藝，往往可代表學生某方面才華專長及情感的表達，有利分析。
三、自傳：內容包括家庭生活、求學經過、童年生活的回憶、個性興趣、未來的抱負等。
四、個別談話紀錄表：係班導師或輔導老師與學生個別談話時之紀錄，記載談話內容、學生的反應、會談者的觀察分析及應與家長聯絡事項所得之紀錄。
五、健康檢查記錄表：可了解學生身體健康狀況，是否對學習、生活有影響。
六、各項測驗紀錄表：用以記錄在校期間所接受的各種測驗，如智力、性向、興趣、人格測驗等施測結果和處理方式。

第三節　輔導資料的蒐集原則與方法

原則：

一、客觀：

避免主觀的論斷，應「就事論事記事」，不可加入主觀臆測成分，摒棄先入爲主的觀念。對學生的行爲判斷，要保持客觀性，宜根據兩項原則：

★行爲發生的頻率：所謂頻率係指該一行爲在某一時期內所呈現的次數。次數的多寡，難訂一定標準，需要靠教師的學養及經驗作判斷。學生某種行爲的發生，是偶然的或是常常如此，當可判斷該生可能有這種傾向，但仍不能肯定的說該生就有這種行爲，因爲還需要其他方面的引證。例如：常見學生（尤其小學生），彼此鬥、吵、拗、摔，可能是眞的打架，也可能是假的，是彼此作遊戲，並沒有含敵意。如果該生喜歡在班級裡打同學，在操場打其他玩伴，在外毆打他校學生，欺侮弱小，甚至在家裡打弟妹，且含敵意甚深，這種行爲，顯明的該生有攻擊性的行爲傾向。

★行爲發生的情境：要判斷學生某一行爲的傾向，除考慮其爲經常的或是偶然的犯行外，還需注意其發生行爲時的情境，以裁定是無意的過失、難以控制的情緒抑或是刻意的違犯。例如：事先不經告訴擅自將對方有價值財物取走而不歸還，當時被發覺告發或事後被查獲，顯明的謂之偷竊。若這種行爲在教室眾目睽睽之下爲之，在這種情境下的行爲，就不應論定該生有偷竊行爲，可能是貪圖一時之方便，無意中取用，事後忘記歸還。若當時無人在場，該生甚至解開他人皮包取物，當場（或事後）被人發覺（或事後查覺），這種行爲顯明的是屬於偷竊行爲。如果這種行爲發生頻仍，教師便可斷定該生有偷竊的行爲傾向。

二、持續：

蒐集學生資料，應該是繼續不斷的，不可一曝十寒，尤其不良適應學生的個案資料，不可中斷，方有利於日後輔導工作的進行。

三、多樣：

對學生資料的蒐集，應廣泛進行，在方法上不限於一種，在時間上不限於某一段，在空間上不限於某一地，在人力上不限於某一位教師，祇要認爲有需要，均應同時應用。

方法：

學生資料的蒐集方法，可分兩大類型，一是「結構式」，又稱導向式或控制式。這種方法的特點，是將所要蒐集的資料「屬性」固定在一範圍內，祇要是該方面的資料，都在蒐集的範圍；二是「非結構式」，或稱非導向式或非控制式。即所要蒐集的資料，不特定在某方面，舉凡學生的日常表現行爲，均爲所需要蒐集的資料，以便綜合分析、研判，作輔導的參考。

根據以上兩大類型，在輔導工作中，常見使用蒐集資料的方法有以下幾種：

一、晤談法：

晤談法分爲個別晤談及團體晤談，前者僅由一位教師與一位學生進行晤談。後者由一位教師或數位教師與一位學生或數位學生晤談，晤談可以瞭解學生思想傾向及意見；晤談可以瞭解學生的生活經驗，如日常生活計畫，生活環境，經濟狀況，學習困難……等。

二、觀察法：

觀察法分爲自然觀察法和情境觀察法，前者是在不加以設計的自然環境中，對個體的行爲進行直接的觀察、紀錄。在輔導工作中是常用的一種方法，以蒐集學生資料；後者，是在控制的情境進行觀察，或稱謂實驗觀察，在學校輔導工作中較少使用，實驗研究使用控制法居多，玆僅就自然觀察法加以說明：

★觀察法的優點：

▲實施方便，任何時間地點均可進行。

▲在行爲發生的當時觀察，要較之事後追憶的方法來得完整與客觀。

▲對於一些害羞、膽怯或不擅於言詞或防衛心理強的學生，利用觀察法可蒐集更多的資料。

★觀察法的缺點：

▲易受觀測者主觀因素影響，失其準確性。
▲觀察的事項往往是可遇而不可求。
▲某些行爲不宜觀察，如情感問題。有些行爲無法觀察，如學生的生長史有持續性、家屬關係等，無法觀察得到。
▲所觀察得到的行爲相同，其內涵未必一致。
▲紀錄與觀察很難同時進行，學生如果意識到正在被觀察，不會表現眞正的行爲，事後回憶記載，又易忘記及不正確。

★觀察法的實施步驟：

▲決定觀察方式：使用結構式限定行爲範圍的觀察，抑或非結構式無固定範圍的觀察學生行爲的表現，應先予決定。
▲準備必要的輔助工具：爲求觀察所得更爲客觀、詳實，可以準備各種器材，如錄音、錄影及紙筆等，但在使用時，不可干擾觀察之進行。

★進行觀察紀錄方法：

▲**軼事紀錄法**

軼事記錄是觀察學生的有效方法，教師對學生生活，無意中表現一些有意義的行爲，做具體而扼要速寫式的事實描述。它僅是對事實的描述，而非對行爲的評量，不做主觀的論斷。

一份良好的軼事紀錄須有：第一是客觀；第二是正確；第三是公平。教師在作觀察時；也常有自己的「意見」與「建議」；但這主觀的「意見」與「建議」應與軼事本文分開，才能使軼事本身保持客觀、正確。

軼事紀錄表大致可以分三欄：軼事事實、解釋、建議，分別紀錄。舉例如下：

學號：

××學校學生軼事紀錄（例）
姓名：　　　年級：　　　紀錄者：
事實：今天在教室裡，王小明幾次吹口哨，或作各種怪狀製造混亂，以引起附近同學的注意。
解釋：王小明似乎是一個希望被其他同學注意的兒童，尤其是希望被女生所注意。他表現出惹人注意的熱望，可是卻使其他同學更加討厭他。
建議：最好王小明的輔導教師找一個機會與他面談，討論他與其他同學間的關係的問題，並建議若干改進事項，以便在該生未達嚴重情況以前，改進其適應能力。

紀錄日期：　　年　　月　　日

▲評定量表

評定量表的使用，是觀察者對於學生個人或團體特性或行爲表現的度量，其特點在指明被評定的對象，在量表上的位置。

甲、評定量表的種類：一般常見的評定量表分爲：

1. 量數評定量表：在量數表上，以數字來表示某項特性的分量或程度，如：

×××學校學生行爲評定量表

學生姓名：＿＿＿＿＿＿＿性別：＿＿＿年齡：＿＿＿＿
班　　級：＿＿＿＿＿＿＿評定者：＿＿＿＿＿＿＿＿

項　目	等　　　　　級				
合　作	(1)	(2)	(3)	(4)	(5)
自　動	(1)	(2)	(3)	(4)	(5)

說　明：
(1)是指無此特性。
(2)表示偶而有此特性表現。
(3)是表示此一特性之中等分量。
(4)表示常有此特性。
(5)是表示具有此特性達到最高程度。

評定量表之等級，可列五等也可以列爲三等，可依設計者需要而定，惟等級愈多愈易解釋，不待言喻。

2.描述量表：係由評定者選擇最適合該生的語句，在句前作一「ｖ」號。例如：

合作（　）不肯與別人一起工作。
（　）偶然與別人一起工作，但很勉強。
（　）和某些人能夠一起工作，和某些人不能
（　）經常會和別人一起工作。
（　）很會和別人一起工作。

自動（　）須經督促才能行動。
（　）開始時，須督促，有興趣的事情，有時會自己去做。
（　）有興趣的事情都會自己計畫進行，其他須督促。

(　　) 多數事情會計畫，有時需要協助進行。
(　　) 能計畫進行自己的事，無須別人協助。

3.表列量表：係由評定者在每項特性的量表上作一「ｖ」符號。例如：

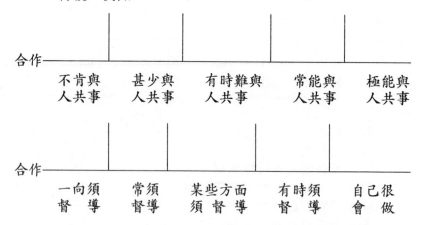

合作				
不肯與人共事	甚少與人共事	有時難與人共事	常能與人共事	極能與人共事

合作				
一向須督　導	常須督導	某些方面須督導	有時須督　導	自己很會　做

此外，目前國民學校對學生常用一種行爲評定量表，預列學生有某些行爲，而用「常常」「偶而」「從不」三等分。由教師勾塡，常常者給零分，偶而者給1分，從不者給2分。

乙、評定量表的應用：作爲蒐集學生資料的一種工具時，評定量表比特項紀錄簡便得多，教師應用量表亦較容易，同時可將評量結果比較學生特性。教師常用這種量表，對學生行爲的觀察會更客觀、準確。描述式和表列式比量數式較有價值。

除了合作、自動以外，許多特性可用此種量表，例如：堅定、敏捷、整潔、負責、誠實、專心、樂觀、領導能力、學習能力等。

丙、評定量表的缺點及改進的方法：許多研究指出評定量表評定欠客觀。評定者評定學生某一特性時，常根據他平日對學生的印象，這是此種量表的限制。減少主觀的方法，可多請幾位有經驗的教師擔任評量同一對象，且事先討論對於量表所列的特性獲得共同的瞭解，評定後，結果予以平均，這樣可以避免個人主觀的評斷。

▲情境抽樣

情境抽樣法，是一種有組織的觀察法，是選擇合乎觀察目標的代表性情境，而加以觀察的方法，例如：擬瞭解學生的行爲生活環境因素，祇要跟蹤所要觀察的學生，看他離開學校或家裡以後，經過那些地方，所遇交往人物，將會發現某些端倪。又如欲瞭解學生考試是否作弊，教師可利用某一次考試偶而借故離開考場，暗中觀察，或許可以獲得此項資料。

▲時間抽樣

時間抽樣法，亦爲有組織觀察紀錄法之一，即選擇所要觀察對方的行爲容易出現的時期，於適當時間內實施觀察的方法，其結果可用量表示之。

★觀察注意事項：

▲觀察需具明確目標。
▲對象要確定。
▲抽樣要適當。
▲行爲定義解釋要明確。
▲觀察的行爲不可因人而異。
▲觀察者的見解立場要一致。
▲觀察要客觀，不可存有先入爲主觀念。
▲觀察者應有適當的訓練。
▲觀察時間長短要適中。
▲觀察應有持續性。
▲同一時間觀察項目不宜太多。

▲觀察要深入，不要祇看膚淺的外表所表現行爲，應把握內在原因及其經過。
▲分析行爲不可有過多推測。
▲排除觀察者對學生的影響。
▲參考各種測驗及其他資料，以進行觀察。
▲觀察所得要勤於紀錄。
▲紀錄方法要簡單。
▲紀錄內容應限於觀察所得。

三、訪問法：

採用訪問法蒐集學生的資料，通常係作家庭訪問，訪問學生的家屬，以瞭解學生家庭狀況或行爲發展的背景。此外，亦可訪問與學生有關的人物：如遊伴、朋友或以前的老師，或曾受寄養的人與機構有關人員。總之，凡與學生關係密切的人物，均可爲訪問的對象，當然亦可訪問學生本人。

訪問前應決定訪問的項目與內容，並事先查閱被訪問學生的過去資料，及約定訪問的日期，時間與地點。訪問會談中宜以誠懇的態度試探對方的觀點，交換資料，溝通意見。訪問者要做被訪問者的忠實聽者，這樣才能深入瞭解學生的眞實情況。訪問中不可邊談邊記，以免有所戒懼或隱瞞，可於談話之後再行紀錄。

四、調查法：

通常採用完成句子的聯想、社交關係調查、問卷等方式進行。教師或輔導人員可就欲瞭解的事項製成問題，由學生或家長塡答。

完成句子的聯想是利用少數字詞作成不完整的語句，供受測者任意塡寫，藉以了解其內在世界。例：

★句子完成：

請填明：姓名＿＿＿＿＿＿年齡＿＿＿＿＿性別＿＿＿＿
請完成下面的句子以表達你的眞實的情感，一定要寫完整的句子。

▲我喜歡……
▲最快樂的時候……
▲我想要知道……
▲回家……
▲……
▲……
（句子多少視需要擬訂）

★社會關係調查：

社會關係調查又稱社交關係調查，其目的在瞭解學生的社會關係，亦即學生在團體中的地位。此一地位可由學生爲團體中分子選擇或拒絕的情形看出，影響學生被選擇或拒絕的因素，多半爲學生的社會行爲與人格的特質。簡言之，社會關係調查的結果，可瞭解某一學生的社會行爲與人格的特質，因此，學生社會關係調查有其價值，社會關係調查方法如下：

甲、決定一個或數個測驗問題，編成社會關係調查表。

1.問題的種類：如交友、編座位。

2.擬定問題的要點：

※問題的內容要和受調查的團體的成熟度及活動情形適合。
※對於年齡大的受試者，應採用假設語氣。
※消極的問題，最好不用，以免引起各個分子間相互的怨恨和不滿，如：我最討厭的人，我不喜的同學是……。
※調查問題要十分明白。

3.問題舉例：下例的問題可供中、小學社會調查的參考

：

※在全班當中，你是喜歡和那些人做朋友？
※當舉行遠足時，你願意首先選誰做隊長？其次選誰？
※在學校裏，你最喜歡做什麼？你最喜歡和本班那幾位同學一同做那件事？
※下課的時間，你最喜歡跟本班那幾位男同學、那幾位女同學一起遊玩？
※本班同學分組討論或分組遊戲時，你最喜歡和那幾位一組？

4.社會關係調查表格式介紹如下：

社　會　關　係　調　查　表

日期＿＿年＿＿月＿＿日　班級＿＿姓名＿＿性別＿＿

我喜歡上課時和我編在同一排座位的同學是	喜歡的原因
1.＿＿＿＿＿＿ 2.＿＿＿＿＿＿ 3.＿＿＿＿＿＿	

乙、分發調查表後須詳加說明，使學生明瞭如何作答。也可以告訴他們調查以後，不久即可根據調查的結果作適當的處理。不過也要他們瞭解完全要照自己的選擇有時會有困難。並強調此調查爲保密性質，不會給別人知道。此外，填寫時間要充裕，可酌留時間讓學生思考。

丙、整理調查結果——根據提名結果，計算分數或繪製社會關係圖，再做分數或圖形加以適當解釋。

丁、社會關係調查結果整理的方法：

表列法：表列法是整理結果最簡單的方法，表列的步驟爲：

1.表內第一欄列載學生座位（見一覽表），第二欄爲每人姓名。
2.中間三欄分別記每個學生所作選擇之座號。
3.計算每生被選擇的次數。將此次數記在最右欄。
4.將互選的學生座號加圈。

社會調查結果一覽表（例示一）

年　級： 時　間： 問　題：搭遊覽車旅行，你喜歡和誰同一排座位？					
座號	姓名	所選者姓名（座號）			被選總次數
		第一	第二	第三	
1	甲	②	④	⑩	5
2	乙	①	10	⑦	5
3	丙	8	4	10	0
4	丁	7	2	①	3
5	戊	2	1	4	1
6	己	⑩	9	1	1
7	庚	⑧	5	②	4
8	辛	⑦	10	4	2
9	壬	2	7	1	2
10	癸	①	⑥	9	5

上表中，甲、乙、癸三人被選次數相同，但依互選趨勢研判，甲生是班上最受歡迎的學生，丙生是孤立者。

計分法：計分法的步驟。

1.將學生姓名列於表內左欄，並於其上欄亦列各生姓名。
2.在各生所選擇之姓名下，按選擇次序記載分數。
3.利用加權記分，將第一選擇給3分，第二選擇給2分，第三選擇給1分。
4.將各欄分數相加，得各生總分。

社會調查計分表（例示二）

年　級：						日　期：				
學生	甲	乙	丙	丁	戊	己	庚	辛	壬	癸
甲		3		2						1
乙	3						1			2
丙				2				3		1
丁	1	2					3			
戊	2	3		1						
己	1								2	3
庚		1			2			3		
辛				1			3			2
壬	1	3					2			
癸	3					2			1	
共計	11	12	0	6	2	2	9	6	3	9

★社會距離的測量:

兒童的社會距離，可用「社會距離量尺」來測量，這種方法在發現整個團體的社會關係，以及各分子在團體內相處的情形。社會距離量尺可以擴大社會關係圖的範圍，因爲社會關係圖蒐集資料的範圍有限（如選三個朋友），而社會距離量尺可以使團體中的分子對其他分子加以評量。

社會距離量尺的使用，最要緊的是學生的反應要誠實，所以，在舉行之前教師與學生們的感情應是很好的，舉行之後，教師應能保守秘密。

計分方法：例如：張三在全班廿四人中，除他自己外，在第一格「ˇ」他的（願意和他做最好朋友的）四次，在第二格五次，第三格九次，第四格四次，第五格一次；李四在第一格得「ˇ」三次，第二格十次，第三格七次，第四格三次，第五格沒有。我們假定第一格一分，第二格二分……，他們二人的社會距離分數計算如下：

姓名	願意和他(她)最做好的朋友	願意他（她）在我的團體裏，但不是最好的朋友	願意和他（她）在一起，但不願次數太多，或時間太久	他（她）可以在我們的教室，但不願和他有往來	希望他（她）不在我們的教室裏
張三	正	正	正　正	正	一
李四	下	正　正	正　丁	下	○
李英					

計算:

張三
1 × 4 = 4
2 × 5 =10
3 × 9 =27
4 × 4 =16
5 × 1 = 5

23（人）62（分）
平均2. 7分

李四
1 × 3 = 3
2 ×10 =20
3 × 7 =21
4 × 3 =12
5 × 0 = 0

23（人）56（分）
平均2. 4分

上表張三得62分，李四得56分，平均起來，張三得2.7分，李四得2.4分。數字越大，表示別人對某人的社會距離越大，感情越差。這種測定是團體的社會距離，以別人爲起點，以某人爲終點的平均距離。

另一種計算方法是自我的社會距離，即以某人自己爲起點，以別人爲終點。假設兩人調查結果如下：

張三把同學「∨」在第一格的三次，第二格三次，第三格七次，第四格八次，第五格二次。李四「∨」在第一格三次，第二格十次，第三格七次，第四格三次，第五格〇次，分數如下：

張三
1 × 3 = 3
2 × 3 = 6
3 × 7 =21
4 × 8 =32
5 × 2 =10

23（人）72（分）
平均3. 1分

李四
1 × 3 = 3
2 ×10 =20
3 × 7 =21
4 × 3 =12
5 × 0 = 0

23（人）56（分）
平均2. 4分

張三所記團體分數爲72分，平均3.1分；李四所記56分，平均2.4分。這就表示張三對團體的印象較差，李四對團體的印象較好。這當然是指張三比較脫離群眾，李四比較接近團體的原因。可是如果把這個「自我的」社會距離分數和上面兩個「團體的」社會距離分數比較一下，張三的「自我」分數大於團體分數，李四的兩個分數相同，可見張三不免比較驕傲，李四比較隨和。

★問卷法：

問卷法是就一既定的主題範圍，設計一組問題，用以調查主觀的意見或客觀的事實，而不涉及個人的能力。例如：對學生的家世、身體、生活概況事項的調查，意見及態度的調查，交友關係，研究學習計劃的瞭解等，都可以用問卷法，有時可由家長、朋友或其他人員作答。

▲問卷法的優點：

1.在短時間內可以蒐集許多學生同一性質的資料。
2.實施簡單方便，節省人力與時間。
3.學生沒有心理上的壓力。
4.對拙於言詞或害羞的學生，可充分自由細心考慮作答，免於面對面侷促不安。
5.問卷資料可用電腦處理，節省分析時間，並容易量化。

▲問卷法的缺點：

1.祇能在一定範圍內取得資料，缺乏彈性。
2.填答者不一定認眞忠實作答，致所得內容眞僞難辨。
3.不易找出錯誤或誤解。
4.無法跟行動及態度配合。
5.對於教育程度低者實施困難。

▲實施問卷法應注意事項：

1.內容必須使對方充分了解。
2.儘量適合填答者能力。
3.避免暗示解答。

4.根據事實作答。
5.避免道德上的批判或不利於個人的質詢。
6.避免用假設或猜測的詞句。
7.問卷詞必須清楚明白。
8.一項事物，不牽涉兩個以上的觀念或事件。
9.問卷的編製，應由一般性問題到特殊性問題，分類清楚，同性質的問題，應放在一起。
10.題目應依時間性質安排順序，可先自最近的開始，也可自最遠較久的開始。容易的在前較難的在後。
11.關於年齡、性別……等基本資料應呈現於前，然後呈現行爲資料，最後呈現態度資料，容易引起心理防衛的問題，都應放在最後。
12.問卷作答時間，最好是三十至四十分鐘之間，以免過短無法弄清題目，過長引起作答者不耐煩。

▲實施問卷方式

問卷可以實地實施，也可以投寄方式進行，實地實施又可分爲個別與團體兩種，在個別方式中，主持者可以仔細觀察答者的行爲反應，以避免有錯或誤解題意的情事發生，惟時間與人力不經濟，並易使作答者不安；團體方式，時間人力等都較經濟，但控制行爲反應不若個別方式詳盡。

投寄方式，易實施於大地區的抽樣，節省人力，塡寫者可私下進行，不受干擾，但其缺點是收回率低，對不了解或誤解題意時無法糾正，會受他人影響或請第三者代塡。在學校輔導工作，很少用投寄方式問卷法，投寄方式多用於教育專題研究方面。

在形式上，問卷有「選答式」、「塡充式」、「簡答式」三種。選答式如「血型」(1)A＿，(2)B＿、(3)O＿，(4)AB＿；塡充式如「我的三個志願；(1)＿(2)＿(3)＿」；簡答式如：「什麼事使你最高興？」＿＿＿＿＿＿＿＿

五、測量法：

欲瞭解學生的智能、性向、興趣或人格、性格等心理特質，實施智力、性向、興趣或人格、性格有關的心理測驗，不失為客觀而有效的方法。如欲瞭解學生的學業成就水準，則可實施學科成就測驗，如國語科成就測驗、數學科成就測驗等。

六、自傳：

從自傳中可以看出學生的生活背景及他對這個世界的知覺，自傳的形式分：

★結構式：是先擬訂若干主題，要求學生在這些主題中申述。

★非結構式：不列舉任何問題，由學生自由發揮，從中投射出他的經驗、需要和感受。

若要從自傳去瞭解學生時，需要注意的是往往學生有「揚長隱短」的通病，解釋時要注意不要為其所蔽。

七、日記：

日記是學生自動寫的，亦有由教師指定寫一定時期的日記（如寒假、暑假、春假時）。前者可以赤裸裸表達學生自己心聲，會寫出不敢、不願對別人說的話。這是瞭解學生最珍貴的資料，不過，這些資料不容易獲得，除非他有求於輔導老師時，仍有可能拿出，讓輔導教師瞭解他最眞實的生活寫照和情感世界；後者雖然係教師指定寫的日記，事後規定要送教師批閱，學生可能會隱瞞某些事實，但亦可藉此瞭解他某方面生活經驗，說不定也會發現某些問題，及早採取預防措施。

八、作文：

作文除瞭解學生表達能力外，亦可藉分析作文瞭解其構想、觀點、興趣傾向、思考方式。若有系統地變更題目，從各個角度觀察學生生活及活動，不難窺其全貌，例如：讓學生寫「我的幼年生活」、「交友情形」、「家庭問題」、「讀書感想」、「學習上的問題」、「自己的苦惱」等。可以使學生獲得客觀的自我反省機會，又如「給父母的一封信」爲題的作文，可以瞭解學生對父母的態度，親情關係，教師可由此而發展到會談，家庭訪問解決問題等步驟。

九、健康紀錄：

學生在學校中的健康紀錄及在醫院中的病歷，都是瞭解學生的重要依據，小則至座位的編排，體育活動或團體活動的編組；大則至學習困難的診斷或人格特質的形成等的瞭解，都需要這些資料，因爲身體（生理的）健康與否，會影響到心理，又會影響到行爲及人格的形式，均有連帶的關係。

第四節　輔導資料的紀錄、保管與轉移方法

學生資料的紀錄

一、新生入學時建卡（初塡）完成基本資料的初步塡載。

二、以後每學期或每學年新資料和異動紀錄等動態資料以及漏、誤資料應由有關教師、學生等人員按期逐項塡寫與補正。

三、畢業時完成各項資料之塡記，並作總檢驗一次。

四、記載人員，由學生關係最密切之教師（級任教師、導師）負責學生輔導資料紀錄表之塡載，惟在實際上資料內容廣泛，教師很難獨立完成，勢必要有關人員的配合，包括教務處、訓導處、輔導單位，乃至學生與家長。換言之，應由班級導師負主要責任，其他有關人員應加以協助，惟各

級學校性質不同，宜照以下原則行之：

★國民小學：由級任教師填寫，但學生本人概況，家庭狀況及部份項目，可經由問卷調查法，交由學生帶回，請家長填寫，教師再轉載入紀錄表內。

★國民中學以上之學校：除有考評性項目外，餘可由學生自填。

學生資料保管與取用之限制：

學生的資料有效的應用，有利輔導工作的進行。除資料的有效應用之外，資料的管理，亦為一重要工作，宜顧及下列的原則：

一、資料保管及取用均便捷。
二、資料保管保密及安全。
三、資料保管整齊及清潔。

★學生資料之保管方式有三種：

▲集中式的保管：集中式的保管，指學校設有專人管理學生資料而言，此種管理方式，由學校輔導室提供地點，設置資料專櫃，每一班級使用一個抽屜，每一學生有一個資料袋，同時依照班級學生姓名，設立索引。

優點：

(1)易於保密。
(2)資料完整。
(3)便於查閱。

缺點：

延續性或累積性的資料不易補充，由於資料是動態的，必須由有關人員經常應用，並隨時紀錄，方能發揮資料的價值，倘因集中，加上調閱上的種種手續，其使用機會價值將受到影響。

▲分散式的管理：分散式管理是學校不設專人管理，亦不提供特定地點存放資料，係將學生資料交由班級導師自行管理。

優點：

(1)補充記載方便。

(2)應用方便。

缺點：

(1)資料容易散失。

(2)保密困難。

(3)對教師形成一種負擔。

▲分類式的管理：係將一般資料或不常用的資料，由學校派專人管理，（大型學校通常為輔導室，小型學校為教務處註冊組或訓導處生活輔導組）將比較特殊或經常需要應用的資料交由負責輔導這些學生的教師（級任教師）自行負責。此種方式兼具前二者之長，使教師可視實際需要隨時應用資料或補充資料，同時又可與專任管理資料人員合作管理資料。

★資料取用之限制：

此處所指資料包括諮商晤談內容、書面紀錄、錄音、錄影紀錄、測驗及調查記錄等，此等資料之保密問題，一向是專業道德行為中爭論最多亦最複雜之問題，其中牽涉輔導人員對輔導專業工作之責任，對學校當局之責任以及對當事人本身之責任。一般而言，資料是否應予保密，應視(1)資料的性質與(2)資料公開對當事人的影響兩方面而定。學者指出七項保密資料的原則（林幸台，民67）

▲保密之義務應視情況而改變，並非絕對一成不變。

▲資料應否保密應視其性質而定，若該資料已是公開或很容易成為公開之資料，則不需保密。

▲資料本身不具任何傷害性，則不須保密。

▲若資料對輔導人員或機構具有使用的價值，且為必需使

用者，則此資料不受保密限制。

▲資料之保密應以當事人的權益與聲譽爲主，即使與法律相違，輔導人員亦應保障當事人之權益。

▲資料之保密亦應考慮輔導人員的聲譽及權益，使其不受傷害或攻擊。

▲資料之保密亦應考慮無辜之第三者及社會的權益。

以上可爲資料保密的大原則，以下將進一步就錄音、錄影及測驗兩方面資料的保密問題予以說明：

▲錄音與錄影的保密問題

此項問題可分爲兩方面討論，一爲輔導員是否可以將晤談內容加以錄音或錄影？一爲在何種情況下，錄音與錄影資料可否公開說明？就第一種而言，雖然一般主張唯有在當事人同意的情況下，輔導員才能實施錄音或錄影，但多數輔導員均經驗過兩種爲難之情況，一爲當事人不同意錄音，可是該段晤談頗具研討或使用價格；一爲當事人同意錄音，但錄音機的存在增加當事人的憂慮感，甚至嚴重到無法思考其問題的地步。若遇前種情況，輔導員可於晤談之後，詳細紀錄晤談過程，或與他人進行角色扮演，將扮演過程加以錄影。若遇後一種情況，輔導員應視當事人之反應斟酌是否該繼續錄音，就錄音與錄影資料的使用問題而言，一般認爲輔導員應遵守下列原則：

(1)必須取得當事人之同意。

(2)使用的對象必須爲專業輔導人員，使用之目的必須爲專業目的，譬如：爲解決當事人的問題，或研討諮商技術與處理方法等。

(3)使用時，當事人的身分與涉及當事人的權益部分應予以修改或刪除。

▲測驗資料的保密問題。

有關測驗的實施原則亦屬輔導人員應遵守的專業道德行爲，測驗的實施需合乎下列原則：

(1)測驗之實施乃爲必要者。

⑵所選擇的測驗合乎施測之目的。
⑶測驗之實施步驟符合測驗手冊的指示。
⑷輔導人員對該測驗的實施、解釋與運用應具專業性知識。

至於測驗資料的保密，需視當事人接受該測驗之目的而定，若當事人做該測驗是爲增加其自我瞭解，則該資料沒有公開之必要，輔導員只須針對當事人本身解釋運用該測驗資料即可；若該測驗資料對當事人問題的診斷或處理有幫助，必要時，輔導員可在個案會議中提出以供研討。

基於以上所言，爲了保護學生的隱私權，資料應予保密，不得隨意公開，這也是從事輔導工作的職業道德，不過若爲保密，設限過嚴，則有礙於應用，兩者似乎是衝突的，如何能做到保密、又方便使用，應該是「方便有關人員使用，限制無關人員查閱」。在學校裏那些是有關人員？校長、處主任、組長、該班級導師及該生任課教師等是有關人員，其餘爲無關人員，應限制其查閱，以維護學生資料的保密性與學生的權益。對於學生家長需瞭解其子弟情形，可由教師間接提供或解說其所希望獲得的部分資料，不可將資料直接交其翻閱，以免發生「誤解」、「誤用」、「濫用」等情事發生，更不可讓他窺視他人資料，以免誤傳。

學生資料之轉移：

依國民教育法施行細則第九條第四款之規定「……。學生個人資料應隨學生轉移，俾供繼續輔導之參考。」

★轉移的時機：學生轉校、升學、就業等。

★轉移的方式：

▲由原校直接函轉。
▲將資料密封後交由學生攜帶至新學校報到。

▲由新入學校來函向原校索取再轉。

以上三種資料轉移方式，站在輔導觀點第一種最好，第二種不宜使用，以防學生之好奇心中途拆閱，易招致不良後果。第三種方式雖然可行，但並不理想，資料之轉進轉出，目的在使對方及時應用資料瞭解學生進行輔導，應遵守制度，學生一經離開學校，而確實知道其去向，便應主動將該生資料轉至對方學校，利人利己，沒有等待的必要，爲免予遺失及責任分明，資料轉出應有登記，必要時可使用三聯單。

★應轉移之資料有那些？

至於那些資料應隨學生之離開而實施轉移？學生的學籍資料保留外，其餘輔導方面資料均應轉移。

對於不升學學生資料，若已就業者，視就業機構的需要而轉移，否則，暫存原校，不就業也不升學的學生資料，亦應由原校暫時封存，以備將來有需要時提供。

第五節　輔導資料的應用要領

關於學生資料的應用，可從班級團體資料及學生個人資料兩方面說明：

班級團體資料的應用：

班級團體的資料，多屬統計資料，並加以圖表化，係以學生個別資料作基礎，予以歸類、統計、繪成圖表。某項資料統計的結果，繪成圖表後，可以一目了然該班在該項特質上的一般趨勢，輔導教師瞭解某一趨向後，即可迅速提供有關係人員參考，例如：智力測驗的結果，經過統計後，從統計表中顯示某班級有偏低現象，輔導教師據此可通知教務處轉知各任課教師和級任教師，在教學上應給予適當的注意，或調整自已的教法，或降低期望水準，以適應這種差異。其實各種統計資料不論好壞，都應通知有關人員，作爲教育上採取因應措施的參考。

學生個別資料之應用：

配合輔導的功用，應用學生個別資料，大致可分爲下列七個層次（教育部教育計畫小組，民67）

★行政上的應用：配合行政上的目的，如寄發各種通知單，成績單或調製統計圖表等，各級學生紀錄表上，即有學生姓名、住址等的記載。

★一般性的預防：輔導人員利用學生資料，分析學生個人長處、短處，以防患問題於未然。例如：學生有某方面的優點，當提供機會，使其能充分得以發揮，以免長期被埋沒，致形成不良適應問題。又如學生有視覺或聽覺上的障礙，在資料中有明顯的記載，輔導教師便應通知級任導師或有關人員，在班級編座位時就不可將該生置於後座，教師上課時應留意他是否能聽得到或看得見？否則，便會影響到他的學習生活。

★特殊性的預防：輔導人員委請有關教師——級任導師，將學生資料提供給學生，藉回饋作用，幫助學生了解自己，其目的在使學生由自覺而增進自我調適的能力，例如：某生在資料中載有自卑、畏縮的焦慮反應不良適應，並在紀錄中知道該生家境貧困，父母教育程度低（不識字），而該生智力屬中上。輔導教師據此判斷，該生之所以有自卑、畏縮現象，可能係起因於家境因素，轉知該生導師，幫助學生了解自己所處環境，要改變自己境遇，還是須靠自己的努力，先求適應環境，然後努力以求創造突破。

★一般性的次級預防：輔導人員用以提供訊息，諸如形成某種問題的可能性及如何使這些問題免於惡化。例如：學生遇考試即裝病藉故不上學或逃學，是常犯的毛病，若某生經常如此，日久頑生，積習難返，說不定會弄假成眞，遇考試即生病或逃學，將會演變成更嚴重的問題。

★特殊性的次級預防：輔導人員根據學生資料，找出那些學生在教育上、職業或生活適應上等方面有較高造成問題的可能性，其目的在減少不良事件的發生及減低問題的嚴重性，例如：某生有偷竊行爲的不良紀錄，而且是一種偷竊癖，至國中後，輔導教師即據國民小學轉來的資料，通知級任教師留意，並注意輔導，期減低該生不良行爲的發生，如果在班級中仍有失竊事發生，而不知爲何人所爲時，教師因有這些資料，便可縮小偵查範圍，當不致失之過遠，以免造成喧騰一時擾攘不安的局面。

★一般性的治療：輔導人員從學生紀錄中，獲得特殊的診斷資料，以便將學生安排於特殊教育措施中，或接受特殊課程。其用意在使學生作暫時性或部份時間的隔離，以便實施治療。例如：在一項學習診斷測驗中，發現某生在數學除法中小數點移位有困難，輔導教師據此通知該生的數學教師，設法給予該生補救措施，使他將問題弄清楚再從事下一步的學習。

★特殊性的診治：輔導教師藉學生資料瞭解有學習特殊適應困難，而非學校教師或輔導工作者能力所能及，當作個案轉介，委請專家或心理醫師，以作個別深入的治療，例如：一個患有生理嚴重疾病或精神分裂症的學生，這些不是學校教師或輔導人員可治療或輔導的，必須專業醫師的治療不爲功。

學生資料的應用，除以上一般原則外，在學校輔導工作中，最重要的是要認清學生綜合資料每個項目及站在輔導的觀點了解其所含的涵義。同時在這方面具有充分的知識，方有助於運用資料，發揮資料的功效。例如：學生的藉貫、血型，依心理學者研究，與個人個性有關；學生的健康狀況、生理缺陷、家庭環境、兄弟姊妹人數及排行、父母的教育程度和職業、家庭氣氛、父母關係、管教方式、家居環境、社會背景、學生生活習慣、人際關係、適應問題等均與學生的學習及生活直接或間接有很大的影響。這些項目，在資料表中，自小學至大學均有明確的記載，倘能隨時留意，發現某一問題，適時加以處理，資料便得到充分的應用，這種資料才是眞正有價値的資料：

在進行下列各項輔導活動時，均應充分應用學生的資料：

★生活輔導方面：

▲實施日常家庭生活、學校生活及社交活動輔導。
▲實施學生休閒活動輔導。
▲輔導不良適應學生，進行個案研究。
▲評鑑學生的健康狀況，對於生理障礙學生擬訂生活輔導的依據。
▲瞭解學生的品德及交友與社會關係的情形，作爲實施延續輔導。
▲其他有關學生生活輔導事項。

★學習輔導方面：

▲瞭解學生智力、性向、興趣、擬訂實施學習輔導的計畫。
▲分班編級或教學小組。
▲瞭解學生學習的困難因素，輔導學習方法解決困難。
▲學生的升學輔導及延續輔導。
▲其他有關學生學習輔導事項。

第四章　輔導計畫

第一節　擬訂輔導計畫注意事項

凡事豫則立，不豫則廢。學校輔導工作，必須擬訂一分週延、可行、具體的計畫。

輔導活動工作計劃與學校一般行政計劃的擬訂過程，並無異樣，僅其工作內容稍有出入而已。擬訂輔導活動計劃時，應注意下列事項：

★計劃要簡明、切合需要、具體可行：

計劃不須用過多的描述形容詞，條列式易懂易了解即可，且確確實實適合學校學生需要，不可好高騖遠，作爲裝飾的花瓶，不必用空洞的口號、贅詞、贅語，花費閱讀時間。

★輔導活動計劃必須與學校校務計劃配合：

校務計劃是整個學校教育工作的藍本，輔導活動是整個學校教育工作的一部分，它與教務、訓導、總務一樣，爲構成校務計劃的一個單元。輔導計劃不是一種例行公事，而是幫助教育目標的達成所必須之措施。因此，在擬訂輔導計劃時，必須考慮時間與空間與校務工作計劃配合。例如：輔導室要在某一時間實施智力測驗，在作此項決定前，必須於事前與教務處及訓導處協調，在這段時間裡，是否有其他重要活動，以免衝突，無法實施。又如新生入學始業訓練，在輔導活動中稱之謂「定向輔導」(Orientation)　，是一項很重要的工作，實施之始，必須與整個校務計劃配合。

★擬訂輔導工作計劃，必須以全體學生爲著眼：

輔導活動工作對象，不是限於少數學生的治療性輔導，應以全體學生發展性輔導爲原則。不良適應學生需要輔導，使他變成好學生，好學生也需要輔導，使其潛能得以更大的發展。輔導工作計劃不限於在校學生，畢業離校學生亦應納入追蹤輔導；是使學生始終有被關懷與被重視的感覺，學生離校後遭遇困難，學校有責任去幫助他們，師生情感永遠聯繫在一起，並促進學校、家庭、社會的密切關係。

★輔導工作計劃應顧慮學校實況：

擬訂計劃之始，務必衡量學校本身條件，如人員、設備、社區環境、學生需要等，應確實考慮配合擬訂，以免訂出無法執行或執行非常勉强的計劃。況且，輔導計劃沒有兩個學校是完全相同的，他校所訂計劃，僅可供作參考，不可完全照樣取來實施。

★輔導工作計劃應包含全體教職員：

計劃工作分配，一本人人參與原則，分工合作，並要顧慮教師專長，勞逸要平均。

★應有明確的目標及重點：

應有明確而可行的目標，以便工作者瞭解向何方向進行，並應將每一年級及每一學期的重點明白指出，以及配合重點，訂定每學年及每學期的工作。

★計劃訂定後，必須使全體教職員生知照：

計劃之擬訂，固然以輔導室爲主，事前協調，事後合作，計劃擬訂完成，必須提校務會議討論，博徵眾議，此即合作，計劃擬訂完成，必經會議通過，是爲一致的意願。經校長核可判行，公布全體師生知照，一致遵行，使人人知道計劃內容，貫徹實施。

★計劃內容應使家長了解：

計劃訂定公布後，亦應利用種種方法，使家長知道此一計劃措施，以便於以後家長之配合及社會資源的運用。

★顧及計劃的延續性：

輔導活動是一繼續不斷的過程，任何措施都可能有延續性，不可能到此爲止，以後可能發生的事都應於計劃中作好預測。

第二節　輔導計劃內容

擬訂一份完整的輔導工作計劃，其內容可依據「七W」：

一、何事（Which）：爲工作的主體、主題、目標、計劃內容皆由此而發。

二、何故（Why）：何故是工作計劃中的緣由，爲什麼要擬訂這份計劃，輔導活動計劃緣由，便是幫助學生學習生長與發展。

三、何法（How）：方法係構成計劃重要要件之一，任何計劃，莫不以完成某一特定任務爲目的，輔導活動用何種方法完成，是計劃的重要部分，方法是執行計劃的具體行動、無方法則不成計劃。輔導活動工作計劃執行的方法，是以計劃目標爲圭臬，一個目標可用多種方法完成，唯多種方法不可彼此矛盾，以致相互抵觸。採用方法務必考慮那一種最爲有效，在兩種同屬有利的方法中相權，自應取其重。

四、何人（Who）：人是工作計劃的主體，執行工作少不了人，擬訂計劃時，必須考慮何人做何種工作最爲適合。計劃中對人分工，應按其工作能力分配，務使人人適才適所。要因事設人，不可因人設事。何種事需用何種人，校內有那些人，可以做那些事，在計劃中應加考慮。

五、何物（What）：任何一項工作，少不了物品用具，這些就是經費。輔導工作某一範圍項目，須用多少財物才能完成，除於計劃前要考慮外，並須明列於計劃中，爾後按照計劃執行支用。

六、何時（When）：時間是控制工作進度的有效手段，什麼時間，完成什麼工作，在計劃中務必明確訂定。

七、何地（Where）：某項工作，應在何處實施，在何種環境進行最爲有利，在擬訂計劃時，皆須說明，尤其輔導活動的某些工作，必須在特定的環境才能進行的，那些地方需要特別措施，在計劃中不可遺漏。

輔導活動計劃內容，更具體而言，至少應有下列各項，亦可視爲計劃的架構：

一、依據：指擬定此一輔導工作計劃的法令規定。

二、目標：指實施此一輔導工作計劃所欲達成之標的。

三、原則：指實施此一輔導工作計劃所應遵循的原則，如輔導工作所重視的民主原則、均衡原則、發展原則、個別原則、服務原則等。

四、重點：輔導工作範圍甚廣，不可能在一年的工作計劃中包羅盡致，可分年列出年度的工作重點，並依據年級的不同，列出工作要項，據以執行。

五、實施方法：即依輔導工作重點所訂的實施方法，如資料建立、會議座談、個別晤談、團體輔導、評鑑……等，依不同工作性質，採取不同的實施方法，以達輔導的目的。

六、經費設備：輔導工作所需經費設備，應依計劃需要核定編列。

七、評鑑：評鑑係指對學生實施輔導的成效及輔導工作推行的績效，實施自我評鑑。其目的在對於輔導工作計劃的成效做定期的檢討，以促進輔導工作計劃的不斷更新與進步。

各級學校輔導活動內容，教育部有統一的課程標準，訂列甚詳，應爲擬訂計劃的依據。

第三節　輔導計劃的種類

學校實施輔導活動，究應擬訂那些計劃，難有一定標準，可隨學校環境，學生需要而訂，目前我國各級學校所訂的輔導活動計劃，常見的大體上分爲三類：

一、總計劃：即一個學校輔導工作綜合計劃，包含縱貫若干年的工作計劃進度。此種計劃只包括工作重點及主要項目，至於單項工作及詳細內容，應另訂單項計劃和分年計劃。

二、分年計劃：根據總計劃分年訂定年度計劃，此種計劃應把握分年重點、詳細訂定工作項目及進展。

三、專案計劃（分項計劃）：指某項問題特別重要或複雜，有單獨訂定計劃實施之必要，乃在分年計劃中分開而單獨訂定。例如：升學輔導計劃、測驗計劃、團體輔導計劃……等。

分年計劃、專案計劃可以說都屬局部計劃、細部計劃或行動計劃。

輔導計劃舉隅

總計劃擬定架構方式：

〔例一〕×××國民小學輔導室工作計劃

壹、依據：

一、依教育部八十二年九月新頒課程標準國民小學輔導活動實施要領。
二、國民教育法及其施行細則。

貳、目標：

一、協助兒童了解自己的各種能力、性向、興趣及人格特質。
二、協助兒童認識自己所處環境，適應社會變遷，使其由接納自己、尊重別人而達群性發展。
三、協助兒童養成良好的生活習慣與樂觀進取的態度，以增進兒童的身心健康。
四、協助兒童培養主動學習態度以及思考、創造與解決問題的能力。
五、協助兒童發展價值判斷的能力。
六、協助兒童認識正確的職業觀念與勤勞的生活習慣。
七、協助特殊兒童，適應環境，以充分發展其學習與創造的潛能。

叁、實施原則：

一、輔導活動之實施，一、二年級不另訂時間，可利用導師時間及相關教育活動隨機輔導，並與各科教學密切配合。
二、輔導活動之實施，三至六年級，除與各科教學及各項教育活動相互配合外，並應按規定設科教學，每週一節四十分鐘。並得與團體活動配合，採隔週連排方式實施。
三、全體教職員人人參與學生輔導工作。

肆、實施方式：

一、個別輔導與團體輔導並重。

二、利用觀察、調查、測驗、諮商、診斷……等作成具體紀錄，綜合研判，以瞭解學生個別差異。
三、採用討論、報告、參觀、表演、繪畫、工作、唱遊、填表、演講、辯論……等，於各科教學活動中瞭解學生，發掘學生有關問題。
四、對於學生特殊問題，於課外時間，以個別輔導方式行之。

伍、組織與職掌：

一、成立輔導活動推行委員會：

㈠主任委員：×××（校長）
㈡委員：×××、×××、×××、×××、×××

二、設置輔導室：

㈠輔導室主任：×××
㈡輔導教師：×××、×××、×××、×××

三、工作分配：

㈠輔導活動推行委員會：負責全校輔導活動推展之工作，每學期開始及結束召開會議一次。
㈡輔導室主任：負責全校輔導活動策劃工作及協助全體教師實施工作。
㈢輔導教師：分掌學生資料及輔導工作業務。
㈣教務處：配合輔導室規劃學生學習輔導事宜。
㈤訓導處：配合輔導室規劃學生生活輔導事宜。
㈥級任教師與科任教師：爲實施輔導活動的基本人員，負責學生「初步」輔導工作。

陸、工作要項：

一、生活輔導方面：

㈠協助兒童認識並悅納自己。
㈡協助兒童適應家庭生活。
㈢協助兒童認識學校，並適應學校生活。
㈣協助兒童認識人己關係，以增進群性發展。
㈤協助兒童認識社區，並能有效地運用社區資源。
㈥協助兒童增進價值判斷與解決問題的能力。
㈦輔導兒童培養民主法治之素養並協助其過有效的公民生活。
㈧輔導兒童妥善安排並運用休閒生活，增進兒童活潑快樂的生活情趣。
㈨培養兒童正確的職業觀念及勤勞的生活習慣。
㈩輔導情緒困擾適應欠佳兒童，以疏導其情緒，矯正其行為。
(土)協助特殊兒童開發潛能，並輔導其人格與社會生活之正常發展。

二、學習輔導方面：

㈠協助兒童培養濃厚的學習興趣。
㈡協助兒童建立正確的學習觀念與態度。
㈢協助兒童發展學習的能力。
㈣協助兒童養成良好的學習習慣與有效的學習方法。
㈤協助兒童培養適應及改善學習環境的能力。
㈥特殊兒童的學習輔導。
㈦輔導兒童升學。

柒、實施方法與步驟：

前列「生活輔導」與「學習輔導」各項工作詳細內容，除依課程標準規定徹底實施外，至於各項工作於執行時，如有必要，後當另列實施方法與步驟。

捌、評鑑：

每學期（年）結束實施自評。

玖、經費：

本計劃所需經費，除特殊情形外，其他支出均在本校教育經常費項內支應。

拾、本計劃有未盡事宜得隨時修訂補充之。

拾壹、本計劃經校務會議討論通過簽請校長核可後公布實施。

※　　※　　※　　※

〔例二〕×××國民中學輔導工作計劃

壹、依據：

本計劃依據八十二年教育部新修訂頒布「國民中學課程標準」及「加强學校青年輔導工作實施要點」，並參考本校實際需要而訂。

貳、目標：

一、協助學生了解自我的能力、性向、興趣、人格特質，認識所處的環境，以發展自我、適應環境、規劃未來，促進自我實現。
二、協助學生培養主動積極的學習態度，有效的應用各種學習策略與方法，養成良好的學習習慣，以增進學習興趣，提高學習成就，開發個人潛能。
三、協助學生學習人際交往的技巧，發展價值判斷的能力，培養良好的生活習慣，以和諧人際關係，建立正確的人生觀，適應社會生活。

四、協助學生試探職業興趣與性向，瞭解工作世界與行業職業概況，陶冶職業道德，幷作生活規劃，以為未來的生活發展作準備，豐富個人人生，促進社會進步。

叄、原則：

一、根據學生各項資料及記錄進行輔導，資料力求客觀詳實。

二、輔導工作為全校教職員工和家長的責任，輔導對象為全體學生。

三、以學生自動自發、自我指導為原則，教師配合家長從旁輔導。

四、輔導工作有賴全校各處室的密切配合和執行，輔導室推動策劃與統籌。

五、輔導是繼續不斷的過程，不僅注意學生入學前的背景，更應追踪畢業後的生活。

肆、工作重點：

一、一年級以生活輔導，學習輔導為重點，兼顧生涯輔導之準備。

二、二年級以學習輔導、生涯輔導為主，兼顧生活輔導。

三、三年級以學習輔導、生涯輔導為重點，兼顧延續輔導。

伍、組織：

一、設輔導室，校長擔任輔導會議主席，置輔導主任一員，下設輔導、資料及特殊教育三組並各置組長一人，另輔導教師二員協助各組工作之推動。導師及專任教師配合輔導工作計劃，協助輔導工作之進行。

二、輔導會議

㈠依據國民教育法施行細則第十七條的規定，國民中學應定期舉行輔導會議。
㈡輔導會議出席人員包括各處室主任及有關組長、輔導室主任及全體輔導教師、導師各年級代表、專任教師各學科代表。
㈢每學期定期舉行兩次，必要時得隨時召開之。
㈣輔導會議由校長擔任主席，輔導室主任籌劃會議的一切工作。

陸、職掌

一、輔導會議主席（校長）

㈠綜理全校輔導工作。
㈡監督並支持輔導工作計劃的執行。
㈢遴選合格而適任的輔導工作人員。
㈣鼓勵輔導人員在職進修。
㈤提供適當的設備與資料，以利有關人員合理運用。

二、輔導室主任

㈠擬訂輔導工作實施計劃。
㈡執行輔導會議決議事項。
㈢協助輔導教師推展各項輔導工作。
㈣對學校行政人員、教師及家長提供輔導專業服務。
㈤與校外有關機關協調聯繫，並運用社會資源。
㈥協助編列輔導經費預算。
㈦策劃輔導工作評鑑事宜。

三、資料組

㈠建立並保管學生資料。
㈡擬訂實施應用各類測驗及調查計劃。
㈢辦理學生綜合資料卡的轉移。

㈣提供教師所需各項學生資料。
㈤蒐集並提供升學及職業有關的訊息。
㈥蒐集輔導參考資料，並提供有關人員參考。

四、輔導組

㈠籌劃個案研究進行事宜。
㈡進行個別輔導。
㈢實施團體輔導。
㈣協助教師實施班級輔導活動。
㈤協助家長、導師解決學生問題。
㈥規劃學生升學、就業輔導事宜。

五、特殊教育組

㈠擬訂學校特殊教育實施計劃。
㈡進行特殊班級學生的個別輔導與團體輔導。
㈢從事特殊學生的甄別工作。
㈣實施特殊教育教學活動。
㈤協調特殊教育班級課程的安排。
㈥從事特殊教育的實驗研究。

六、導師

㈠配合學校需要，擔任「輔導活動」的實施。
㈡對新生進行始業輔導。
㈢配合學校需要，擔任班級輔導活動的實施。
㈣指導學生填寫各種資料。
㈤蒐集並填寫學生動態資料，並妥爲運用。
㈥實施並整理各項心理與教育測驗。
㈦舉行個別或團體輔導。
㈧舉行家庭訪問及個別談話。
㈨協助學生升學或就業輔導。
㈩輔導學生選修有關科目。

㈦其他有關班級學生輔導事宜。

七、專任教師

㈠就擔任的課程實施學業輔導。
㈡隨時發現並輔導學生問題。
㈢利用教學時間，進行生涯輔導。
㈣參與並協助學校輔導工作。

柒、工作內容：

類別	項目	實施方式
㈠一般性輔導	1.釐訂工作計劃及進度，編列預算	⑴開學前由主任召集組長及輔導教師共同擬訂工作計劃及單元活動進度。 ⑵召開資源班教師工作協調會。 ⑶編列輔導工作預算。
	2.充實輔導室設備	⑴請購年度所需各種設備、測驗工具及印製各類表格。 ⑵佈置輔導室、諮商室。 ⑶增購圖書。
	3.建立學生基本資料	⑴向有關國小函索資料以便延續輔導。 ⑵建立新生基本資料。 ⑶建立轉入學生資料，移轉轉出學生資料。 ⑷重新調整編班後之學生資料。 ⑸彙集資源班成員遴選之各項資料。 ⑹建立特殊個案研究資料。 ⑺建立個別諮商輔導紀錄。 ⑻建立學生家長會談累積紀錄。
	4.召開輔導教師聯繫會議	⑴召開輔導室工作協調會。 ⑵召開輔導活動教學研究會。
	5.統計分析各項調查	⑴登錄各項測驗結果。

	及測驗結果	⑵做綜合性分析及統計並撰寫報告提供全校參考。
	6.加強教師輔導知能及觀念	⑴鼓勵教師參加在職進修。 ⑵商請專家蒞校指導或專題演講。 ⑶鼓勵教師參加各類有關之研習或座談會。
	7.溝通家長觀念	⑴舉辦親職教育座談會。 ⑵提供親職教育資料。 ⑶成立電話諮商中心，以利家長運用。
	8.主動聯繫教、訓導處，提供參考資料	⑴個案資料建立及處理方式會訓導處協同辦理。 ⑵提供智力測驗及性向資料，做為教務處編班及安排課程之參考。
㈡生活輔導	1.實施生活適應測驗	⑴語句完成測驗。 ⑵適應欠佳學生三種檢出工具： ①認識自己。 ②演話劇。 ③認識你的學生。 ⑶社交測量。
	2.辦理各項服務工作	⑴辦理輔導書刊借閱。 ⑵辦理針線及急用金借用服務。 ⑶透過輔導園地宣導。
	3.個別諮商	⑴鼓勵學生利用輔導信箱主動尋求諮商。 ⑵接受主動來談學生。 ⑶約談轉介學生。 ⑷各班導師對每位學生每學期至少進行一次個別談話。
	4.家庭訪視	特殊個案進行家庭訪問。
	5.個案研究與輔導	⑴透過調查主動發現適應欠佳學生。 ⑵建立個案資料。 ⑶聯繫家長共同參與輔導計劃。 ⑷定期召開個案會議。 ⑸成立校內「春暉」密集輔導小組。

	6.實施小團體輔導	(1)商請有經驗之輔導教師策劃。 (2)視情況成立同質或異質小團體。 (3)定期舉辦有系統之團體輔導。
	7.實施青少年心理衛生輔導	(1)利用週會時間聘請專家或由輔導教師專題講演。 (2)利用班會或班級輔導活動時間實施。
(三)學習輔導	1.實施與學習相關之測驗	(1)智力測驗。 (2)學科成就測驗。 (3)學習態度測驗。 (4)學習困擾調查。 (5)彙整各項測驗及調查結果並撰寫報告提供有關處、室及教師參考。
	2.成立英語暨美術資源教室	資優學生經個別測驗鑑定，編入資源班。
	3.成立體育實驗班	培訓優秀桌球運動人才。
	4.學習方法之輔導	(1)利用週會或朝會時間安排各科教師作學習方法之輔導講話。 (2)輔導學生充分利用圖書館。 (3)透過測驗問卷分析了解學習困擾所在。 (4)利用輔導活動時間舉行有關學習之座談會。 (5)提供與學習有關之資料給學生參考。
	5.升學就業意願調查	(1)實施二年級學生升學就業意願調查。 (2)進行家長意願調查。 (3)統計並提供教務處參考。
	6.升學輔導	(1)函索高中高職、五專各校簡介及招生簡章，提供學生參考。 (2)舉行升學校友座談會。 (3)協助學生根據自己之性向、興趣與能力進行擇校。 (4)升學追踪輔導。
	7.輔導學生申請甄試或投考軍校	(1)配合訓導處鼓勵男生投考軍校。 (2)收集有關資料供學生參考。

	8.輔導學生選修課程	協助學生根據能力、興趣、性向選修有關科目。
(四)生涯輔導	1.實施職業相關測驗及調查	(1)區分性向測驗。 (2)白氏職業興趣量表。 (3)三年級學生升學就業意願調查表。 (4)各項結果分析、登錄。
	2.協助學生了解職業內容，建立良好職業道德觀念	(1)舉行導正職業觀念演講比賽。 (2)舉行職業常識漫畫比賽。 (3)利用輔導活動時間介紹各類職業。 (4)加强職業市場訊息之提供。 (5)聘請專家進行職業講話。
	3.參加群集式技藝教育	依學生之智力及興趣於第二學年結束前作技藝教育志願調查，爲編班之參考。
	4.實施畢業生進路個別晤談	(1)安排學生職業參觀活動。 (2)觀看職業簡介錄影帶及資料。 (3)分析個人情況並做個別諮商。
	5.提供就業機會	(1)介紹各地就業輔導處。 (2)轉達就業輔導處提供之就業機會。 (3)主動聯絡廠商、公司及機關，爭取就業機會。
	6.就業延續輔導	(1)建立畢業聯絡網。 (2)發函或透過校友調查就業學生資料。

捌、本計劃於執行時所需經費由年度輔導活動事項下支應。

玖、評鑑

一、學期終結，召開輔導工作檢討會議，檢討本計劃執行之得失。

二、學年終結由輔導室組成評鑑小組實施校內自評。

三、配合教育局及上級單位實施評鑑。

拾、本計劃各項工作將視需要，另訂單項工作計劃，以利執行。

拾壹、本計劃有未盡事項得隨視需要修訂之。

拾貳、本計劃經校務會議討論後送請校長核可公佈實施之。

〔例三〕××國中輔導工作六年發展計劃

壹、依據：

本計劃依據「國民中學法規」及部頒「國民中學輔導活動課程標準實施方法」暨「台灣省國民中學推行全體教師參與輔導工作試辦要點」訂定。

貳、目標：

一、正式成立輔導室加强推行輔導工作。
二、徹底執行教育局所訂國民中學輔導活動工作重點。

參、計劃架構：

爲配合本校特質，本計劃區分爲近程（一年）、中程（三年）、長程（六年）計劃，包含三大部份，即生活輔導、學習輔導、生涯輔導等的硬體建設以及軟體資料的建立，逐步進行完成。

肆、原則：

一、以六年為限，並配合國教六年計劃。
二、著重質的提昇與面的擴充，使輔導工作發揮具體成效。
三、以本校能力、物力所能執行者為計劃內容。
四、本校座落於安樂社區，配合發展全國示範社區的特色為藍本，訂定本計劃。

伍、內容：

××學年度

一、近程計劃————全校 24 班，設輔導主任一人。

生活輔導：
- 1.舉辦全體教師參與輔導技能研習。
- 2.建立輔導新知，增進觀念溝通。
- 3.加强新生始業訓練輔導。
- 4.舉辦親職教育座談會。
- 5.進行適應欠佳學生調查。
- 6.確實做到全體教師參與輔導工作分配事宜。
- 7.實施班級輔導。

學習輔導：
- 1.實施智力測驗作為編班依據。
- 2.輔導活動課程「正名」重視。
- 3.輔導活動課程由本科系教師擔任。
- 4.採用「主席排」進行輔導活動課程。
- 5.舉行輔導活動科教學研討會。
- 6.舉行輔導活動科教學觀摩。
- 7.安排輔導活動課填寫學生基本資料。
- 8.舉辦三年級導師升學輔導座談會。
- 9.應（歷）屆畢業生升學就業調查。

生涯輔導：
- 1.建立輔導專欄，宣導職業概念。
- 2.畢業生就業機構參觀。

××－××學年度

二、中程計劃————設置輔導主任、輔導組長、資料組長。

生活輔導：
- 1.劃分輔導室輔導組長與訓導處生活輔導組長之職責。
- 2.實施心理測驗人格測驗，行爲偏差學生作客觀處理。
- 3.加强轉入學生的輔導。
- 4.建立學生晤談預約，培養學生主動約談教師，會關心自己。
- 5.舉辦個案研討會報。
- 6.舉辦愛心育樂營，促進小團體輔導。
- 7.重視導師責任制，加强家庭訪視。
- 8.舉辦基隆市國中輔、訓人員研討會。

學習輔導：
- 1.確立輔導組與資料組分層負責明細表。
- 2.完成三年級學生基本資料ＡＢ二表。
- 3.製作「建德」書籤。
- 4.創辦輔導期刊，提供輔導技能知識。
- 5.實施修訂句子完成測驗，並逐年增購區分性向測驗題本。
- 6.製作歷屆畢業生升學就業統計比較圖。
- 7.進行區分性向測驗完成統計報告。
- 8.調查各年級學習困擾原因分析。
- 9.鼓勵製作輔導活動科教具。
- 10.推廣輔導工作實驗研究報告。
- 11.抽屜式學生資料櫃設置。

生涯輔導：
- 1.倡導職業輔導月（四、五月）。
- 2.鼓勵學生參加職業訓練或輪調式建教合作。

└─3.加强學生生涯教育，職業陶冶，建立工作神聖觀念。

××－××學年度

三、長程計劃————除輔導室行政人員編制外，並設置輔導教師三名及幹事一名。

生活輔導：
- 1.每位教師均熟諳諮商輔導技巧，懂得運用學生基本資料，協助學生成長。
- 2.導師每年至少與本班學生個別諮商並有紀錄。
- 3.建立資優、智能不足、殘障、特殊才能學生檔案。
- 4.購買「父母管教態度測驗」、「學習態度測驗」、「孟氏行爲困擾調查」各二〇〇份及指導手冊二本。
- 5.每年級各班均辦理親職教育座談會。
- 6.舉辦社區民眾與師生聯誼活動。
- 7.調整輔導室位置居於教務處，訓導處之間。
- 8.爭取北區七縣市輔導工作人員研習會。

學習輔導：
- 1.全校師生對測驗問卷會解釋。
- 2.出版輔導工作專輯。
- 3.電腦登錄學生基本資料以及整理輔導紀錄。
- 4.增購輔導叢書達一二〇〇冊。
- 5.教育廳指定三年級課業輔導統由輔導室辦理。
- 6.每位教師均懂使用「主席排」隨機教學。
- 7.增闢輔導活動課專科教室。

8.籌辦地區民眾升學補習事宜。
9.舉辦全市校際輔導活動科協同教學觀摩。
10.爭取辦理北區七縣市學校教育行政會議（與會人員有校長、教務、訓導等五處室單位主管。）

生涯輔導：
1.延長職業教育加强職業陶冶。
2.結合社區民眾力量創辦金工、木工，綜合商業二科技藝班。

（註：本計劃範例引自基隆市立建德國中所訂輔導工作計劃）

分年計劃之擬訂架構方式

〔例一〕××國民小學××學年度輔導工作計劃

工作項目	實施要點	執行單位		實施	檢討		備
		主辦	協辦	時間	完成	未完成	註
一、建立組織	1.成立輔導工作推行委員會。	校長	輔導室	84.9.			
	2.遴聘輔導教師。	校長	輔導室	84.9.			
	3.成立輔導小組。	校長	輔導室	84.9.			
二、擬定輔導工作計劃	1.年度計劃。	輔導室	輔導室	84.9.			
	2.學期行事曆。	輔導室	輔導室	84.9.			
	3.配合各科教學進度表。	級任	輔導室	85.2.			
	4.「小叮噹活動」實施辦法。	輔導室	訓導處	85.2.			
	5.心理測驗實施。	輔導室	教務處	84.10.			
	6.特殊才藝學生輔導計劃。	輔導室	教務處	84.10.			
	7.「小叮噹之聲」實施辦法。	輔導室	訓導處	84.2.			
			訓導處	84.2.			

三、建立資料	1.一至六年級建立綜合資料。	級　任	輔導室	84.　9.		
	2.學生家長電話聯絡表。	級　任	輔導室	84.　9.		
	3.轉出、入學生資料移轉或補充。	級　任	輔導室	經常辦理		
	4.家庭訪視及聯絡紀錄。	級　任	輔導室	84. 10.		
	5.個別輔導記錄。	級　任	輔導室	經　　常		
	6.諮商記錄。	輔導室	輔導室	經　　常		
	7.個案研究紀錄。	輔導室	輔導室	經　　常		
四、生活輔導	1.新生始業訓練。	訓導處	輔導室	84.　9.		
	2.班級團體輔導。	級　任	教務處	經常辦理		
	3.愛心服務。	輔導室	總務處	經常辦理		
	4.輔導信箱。	輔導室	總務處	經常辦理		
	5.輔導專欄。	輔導室	總務處	經常辦理		
	6.個別及團體諮問。	輔導室	教務處 訓導處	經常辦理		
	7.假期生活輔導。	輔導室	訓導處	85.　2.		
	8.學生育樂營（小叮噹活動）	輔導室	訓導處	每月一次		
	9.畢業生升學輔導。	輔導室	訓導處	85.　5.		
	10.女生生理衛生講座及安全講座。	輔導室	訓導處	84. 12.		
	11.協助模範學生選拔。	訓導處	輔導處	85.　3.		
五、學習輔導	1.教師補救教學。	級　任	教務處 輔導室	經常 實施		
	2.互助學習（導生制度）。	級　任	輔導室	84. 10.		
	3.低成就學生輔導。	輔導室	級　任	定期舉行		
	4.學習輔導講座。	輔導室	教務處	定期舉行		
六、心理測驗	1.瑞文氏彩色圖型智力測驗。	級　任	教務處 輔導處	定期舉行		
	2.瑞文氏黑白圖型智力測驗。	級　任	輔導處	定期舉行		
	3.完成句子測驗。	級　任	輔導處	定期舉行		
	4.其他各類問卷。	級　任	輔導處	定期舉行		
七、延續輔導	1.個案追踪輔導。	級　任	輔導室	經常辦理		
	2.畢業生追踪信函。	輔導室	總務處	85.　4.		
八、家長輔導	1.家長到校諮詢。	級　任	輔導室	經常辦理		

	2.教學參觀日、教師會談。	級　任	輔導室	定期舉行			
	3.書信、電話、家庭聯絡簿。	級　任	輔導室	經常辦理			
	4.家庭訪問。	級　任	輔導室	定期舉行			
	5.印發資料溝通意見。	輔導室	教務處 訓導處	經常辦理			
九、教師輔導觀念培養	1.校內外輔導工作研習。	輔導室	教務處 訓導處	定期舉行 定期舉行			
	2.學年輔導會議。	輔導室	訓導處	定期舉行			
	3.教學觀摩。	輔導室	訓導處	84.　9.			
	4.研擬配合各科教學進度。	輔導室	教務處	85.　2.			
	5.提供輔導技術及資料。	輔導室	教務處	經常辦理			
十、社會資源運用	1.與圖書館及社會服務團合辦輔導相關活動。	輔導室	教務處 訓導處	定期舉行 定期舉行			
	2.洽商鄰校支援測驗工具。	校　長	總務處	定期舉行			
	3.洽請「張老師」提供資料、服務、轉介。	校　長	輔導室	經常辦理			
	4.要求提供畢業生追踪輔導。	校　長	輔導室	經常辦理			
十一、添置設備	1.「愛心服務」項目物品。	總務處	輔導室	84.　9.			
	2.張老師月刊。	總務處	輔導室	84.　9.			
	3.測驗與輔導雙月刊。	總務處	輔導室	84.　9.			
	4.輔導叢書。	總務處	輔導室	隨時添購			
	5.玩具、玩偶、積木。	總務處	輔導室	隨時添購			
	6.佈置器材。	總務處	輔導室	隨時添購			
	7.團體輔導圓型桌椅。	總務處	輔導室	隨時添購			
	8.其他：	總務處	輔導室	隨時添購			
十二、工作檢討	1.輔導工作檢討。	輔導室	輔導室	85.　2.			
	2.輔導活動推行委員會工作檢討。	推行委員會	輔導室	85.　7.			
說　明	1.本年度經費預算另列。 2.本計劃如有未盡事宜，應隨時補充之。 3.執行情形「ｖ」表示之。 4.預定工作如未辦理，應註明原因，以便檢討改進。 5.本計劃經校務會議討論通過，簽請校長核准後公布實施。						
經　算　預　算	建立資料　3000						

	生活輔導　3000 學習輔導　2000 測驗問卷　1000 延續輔導　1000 親職教育　1000 教師進修　3000 設備布置　4000 其他　2000
	合　計　20000

※　※　※　※

分項計劃（專案計劃）擬訂架構方式

〔例二〕××國民小學畢業生追踪輔導實施辦法

一、依據：依本校輔導工作計劃第×條第×款「輔導學生升學」辦理。

二、目的：

㈠了解畢業生離校後的動向。
㈡協助畢業生解決困難。
㈢增進師生情感。

三、工作項目：

㈠調查應屆畢業班學生畢業後的志願及家長對該生未來的安排。
㈡鼓勵畢業學生於畢業後與母校聯絡通訊。
㈢輔導畢業生成立聯誼組織。
㈣協助畢業離校校友解決困難。

四、實施方法：

㈠由輔導室調查應屆畢業生畢業後志願，於六年級下學期實施，並予以統計。

㈡由輔導室設計畢業生通訊卡片，分發各畢業生，俾至新校或其他地點後，即時寄回。

㈢畢業生進入國中後，如遇困難，得隨時寫信或電知母校，請求幫助。

㈣輔導歷屆本校畢業校友設立同學聯誼會，互相合作，相互琢磋。

㈤本校輔導室輔導組，專司追踪輔導之責，並聯絡原畢業班級任教師共同參與。

㈥輔導室主任、輔導組組長設法定期或不定期至各地，探訪校友狀況。

㈦各班級導師，對該班畢業校友，平時應用各種方法保持聯繫外，遇有特殊事故，並應設法協助解決或慰問。

㈧輔導室資料組，對校友之概況，應隨時予以掌握，並提供校長參考。

五、本計劃所需經費在學校年度學生輔導費項下支應。

六、本辦法有未盡事宜得隨時修訂補充之。

七、本辦法經校務會議通過後簽請校長核可公布實施。

行事曆擬訂架構方式

行事曆的編擬應以分年輔導工作計劃爲藍本，而以清晰詳盡爲原則。目前各級學校多以週爲單位，編撰每學期各單位工作行事曆。輔導工作行事曆中，除應標明週次、日期外，還應詳盡羅列各項工作項目、工作進度、執行單位與協辦單位，並預留檢討及備註欄，做爲工作執行與建議改進之用，或可利用備註欄註明學校及其他重要活動，以利單位間工作之協調與配合，現以高級中學一個學期爲例，其他國中、小學可依此格式將內容變更塡入即可。

〔範例〕第一學期輔導工作行事曆

××　高級中學　××學年度第一學期學生輔導中心行事曆							備註
週次	日期	預定執行事項	實際執行情形				
			如期辦理	逾期辦理	未辦	逾期或未辦原因	
預備週	月月 〳 日日	協辦新生始業輔導。 增添設備及美化環境。 彙整各項輔導資料及圖書刊物。					
第一週	月月 〳 日日	召開輔導教師座談會。 編訂班級輔導職責分配表。 輔導高一新生填寫綜合紀錄A、B表。					
第二週	月月 〳 日日	敦請校長遴聘輔導委員及諮詢服務指導教師。 遴選各班級輔導聯絡員。 編印輔導工作資料冊。					
第三週	月月 〳 日日	蒐集各年級重讀生個別資料。 舉辦班級輔導聯絡員講習會。 召開輔導委員會議。					
第廿週	月月 〳 日日	召開輔導委員會議。 收回學生綜合紀錄A表。 整理學生輔導紀錄表。					
第廿一週	月月 〳 日日	實施自我評鑑（召開輔導教師座談會）。 通知班導師填寫綜合紀錄B表。 出刊輔導通訊。					
第廿二週	月月 〳 日日	期末考試。 收回學生綜合紀錄B表。 整理輔導資料表格。					

第五章　輔導組織

第一節　學校輔導組織的類型

學校輔導組織，分為永久性的組織及臨時性的組織，前者係依法令而設置，如國民教育法及其施行細則；後者，係針對某一特定工作任務組成，如各種委員會，工作任務完成後，即予解散，但也有永久性的委員會，當視情況而定。

學校輔導組織的類型，原係基於學校行政首長對於輔導工作的認識、學校的設備及學生的人數而定。因此，對於大型學校或小型學校，都市學校或鄉村學校的輔導組織，自然不能完全一樣。茲以美國為例，再述我國學校輔導組織型態，以為參考。

美國一般學校的輔導組織類型：美國一般學校的輔導組織類型可分為下列三種。

★集中式的輔導組織：

美國有些學校，專設輔導單位，聘請專業的工作人員，而將全校的輔導工作集中於此一單位辦理，稱之為集中式的輔導組織。此種組織類型的優點，在於專設單位，專人辦理，成效或較為顯著。其缺點在於學校其他的許多教師常不能直接參與輔導工作，對全校輔導工作之進行，不易普及。

★分權式的輔導組織：

另有一些學校，不聘請專任輔導人員，而將全校的教師均視為輔導專家，由大家共同推動全校的輔導工作。此一類型，其優點在於大家參與，其缺點在於缺乏專門負責策劃與推行的人員。由於一所學校的教師未必人人都具有輔導的專業知識與技術，故此種組織實際上亦可能等於沒有的組織。

★綜合式的輔導組織：

有些學校一方面聘有專業的輔導人員，依學校規模的大小，學生人數之多寡，聘請專任輔導人員，按照學生年級或輔導工作性質等分配工作。有的成立「輔導委員會」，作爲顧問性質的組織，輔導工作的責任仍集中於專任輔導員身上，此即上述集中式輔導的應用。

第二節　我國各級學校輔導組織

我國各級學校輔導組織大體上亦分爲三類：

★輔導人員專任制：

有些學校，設有輔導的組織及專責工作人員。專任的機構爲輔導室。但有的屬於訓導處，有的爲獨立單位。輔導室設主任一人，主持全校的輔導業務，另依學校規模的大小，學生人數之多寡，聘請專任輔導人員，按照學生年級或輔導工作性質等分配工作。有的成立「輔導委員會」，作爲顧問性質的組織，輔導工作的責任仍集中於專任輔導員身上，此即上述集中式輔導組織的應用。

★教師共同負責制：

有些學校的輔導工作由校內全體教師共同負責，每人於教學之外，均兼負輔導學生的責任，此種學校不另設立輔導單位，也沒有受過訓練的專任輔導人員，而認爲輔導與教育是一體的，不必分開，教師當然都是輔導員。這種方式，在理論上雖然是講得通，但實施起來亦常不夠理想。因爲大多數教師都缺乏輔導工作的專門知識與技能，對於輔導任務未必能完全勝任。但是在一個規模很小的學校裏，如經費與人力兩感困難，又無法得到專門的輔導人員或受過專業訓練的教師，如要實施輔導工作，這種方法亦算是一種權宜的辦法。

★教師兼輔導員制：

這是以上兩種類型的混合方式，即由學校選擇一部分教師兼任輔導員，先予以短期進修，然後再減少他們授課的時間，使能負責全校輔導策畫工作。有些學校，爲了加强輔導工作的推行，則先設置一位輔導主任，負責策劃與聯絡工作，另將各年級的輔導工作委由其他教師兼任。這種方式的優點，是有專業的輔導人員負責主持與策劃並協助各位教師從事輔導工作，而又能發動學校中大部份的教師參與工作，共同推進。

我國各級學校依法令皆有輔導組織、輔導人員採專任制，茲以國中、小學及高中（職）輔導組織，分述如下：

國民小學輔導組織：

我國國民小學輔導組織型態，應屬輔導人員專任制無疑，依國民教育法施行細則第十二條：「國民小學及國民中學之行政組織，除依本法第十條及國民小學與國民中學班級編制及教職員工員額編制標準之規定外，依下列各款辦理。

一、國民小學行政組織：

㈠十二班以下者設教導、總務二處及輔導室或輔導人員，教導處分設教務、訓導二組。

㈡十三班至二十四班者設教務、訓導、總務三處及輔導室或輔導人員。教務處分設教學、註冊二組；訓導處分設訓育、體育、衛生三組；總務處分設文書、事務二組。

㈢二十五班以上者設教務、訓導、總務三處及輔導室。教務處分設教學、註冊、設備三組；訓導處分設訓育、生活教育、體育、衛生四組，總務處分設文書、事務、出納三組，輔導室得設資料、輔導二組。」

「設有特殊教育班級者，輔導室得依辦理特殊教育類別增設各組。」

「第十七條：國民小學………。並視實際需要組設委員會。」

根據上列條文，以其班級數（學校大小）試繪輔導工作組織系統如下表一、輔導室與各處之關係如表二、三、四。

（表一）國民小學輔導組織系統表

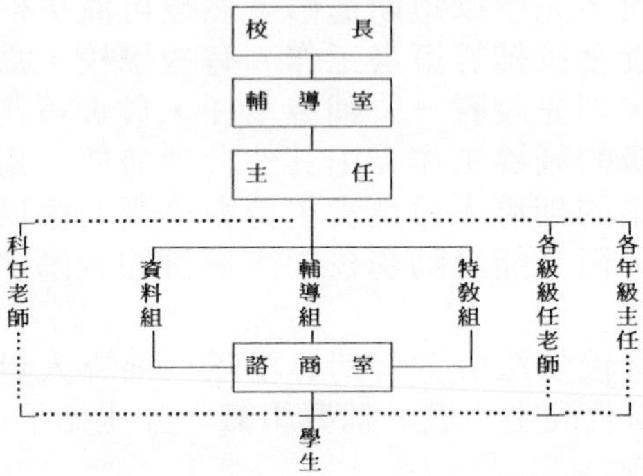

（表二）國民小學十二班以下學校輔導組織系統與各處（組）之關係圖

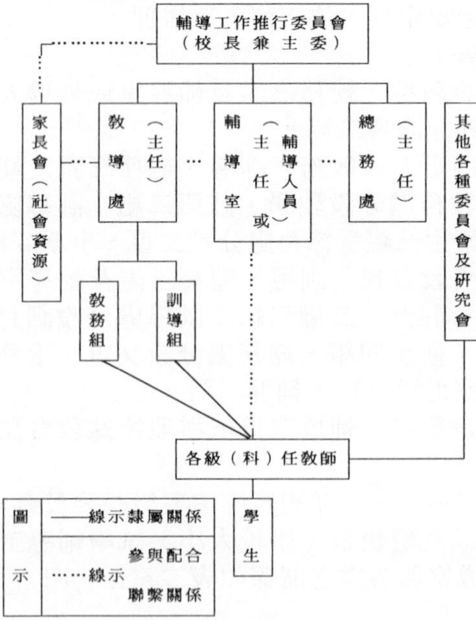

（表三）國民小學十三班至二十四班學校輔導組織系統與各處（組）之關係圖

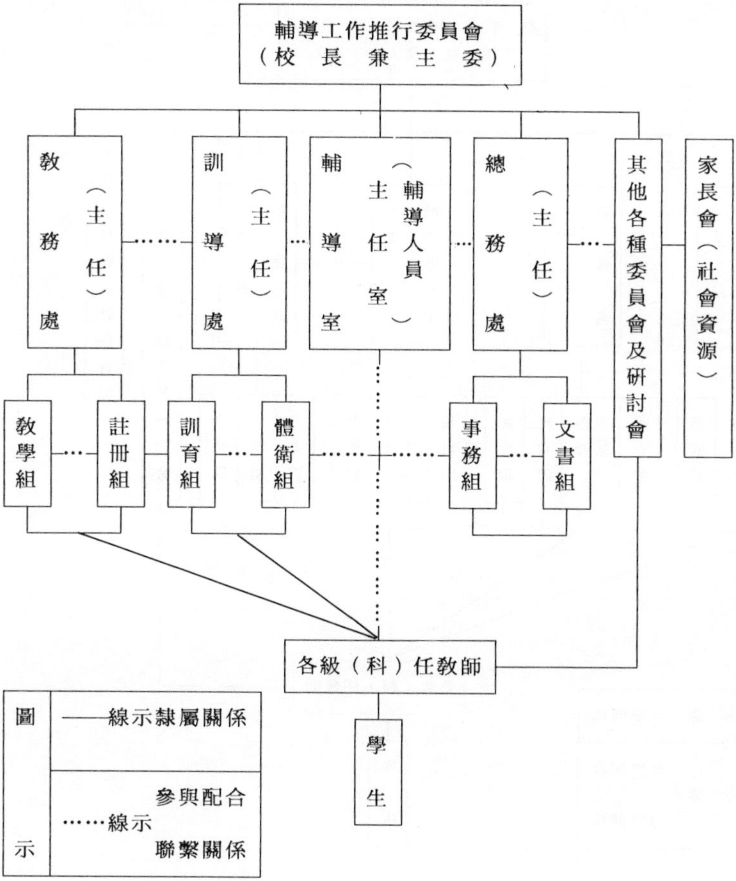

（表四）國民小學廿五班以上學校輔導組織系統與各處（組）之關係圖

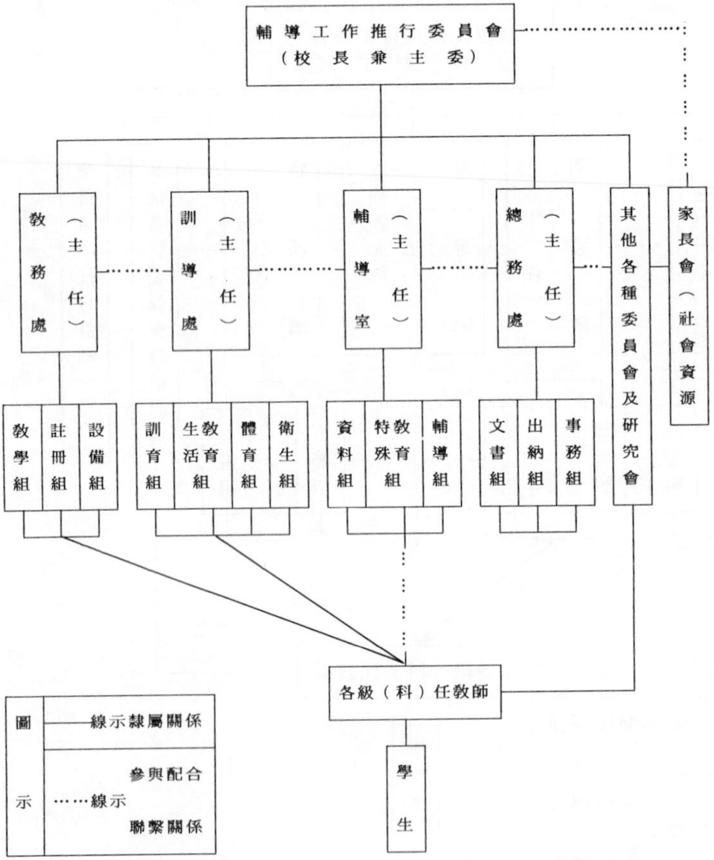

國民中學輔導工作組織：

依國民教育法施行細則第十二條第二款

「國民中學行政組織：

⑴六班以上者設教導、總務二處及輔導室。教導處分設教務、訓導二組。
⑵七班至十二班者設教務、訓導、總務三處及輔導室。教務處分設教學設備、註冊二組；訓導處分設訓育、體育衛生二組；總務處分設文書、事務二組。
⑶十三班以上者設教務、訓導、總務三處及輔導室。教務處分設教學、註冊、設備三組；訓導處分設訓育、生活教育、體育衛生三組，二十五班以上者，體育、衛生分別設組；輔導室得設資料、輔導二組（編者按特殊教育組與國小同），總務處分設文書、事務、出納三組。」

第十七條：「………國民中學………。並得視實際需要設置委員會。」

根據上列條文試擬其組織系統與校內各單位之關係，如下表五、六、七、八。

（表五）國民中學六班以下學校輔導組織系統與各處（組）之關係圖

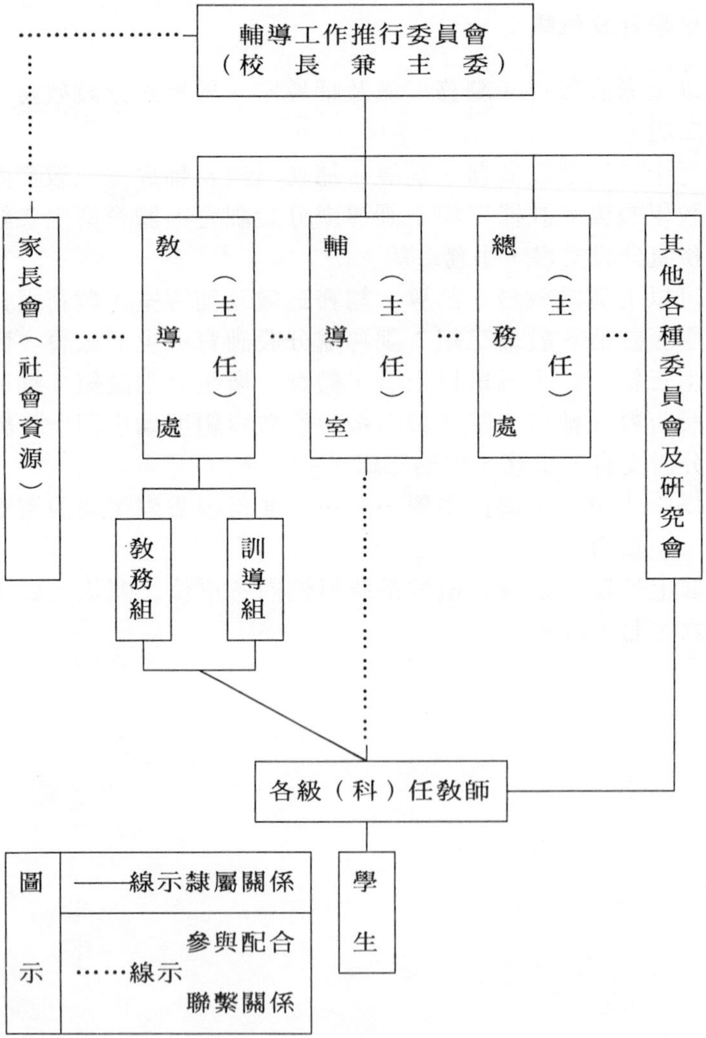

（表六）國民中學七～十二班學校輔導組織系統與各處（組）之關係圖

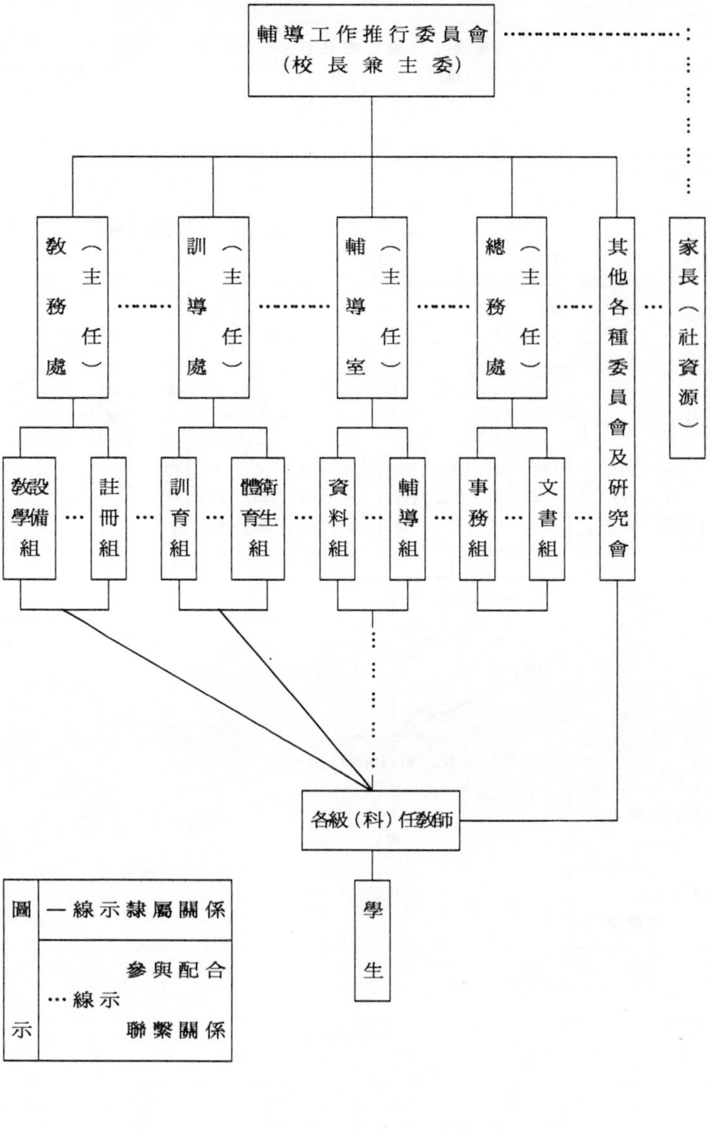

附表七　國民中學十三班以上學校輔導組織系統與各處（組）之關係圖

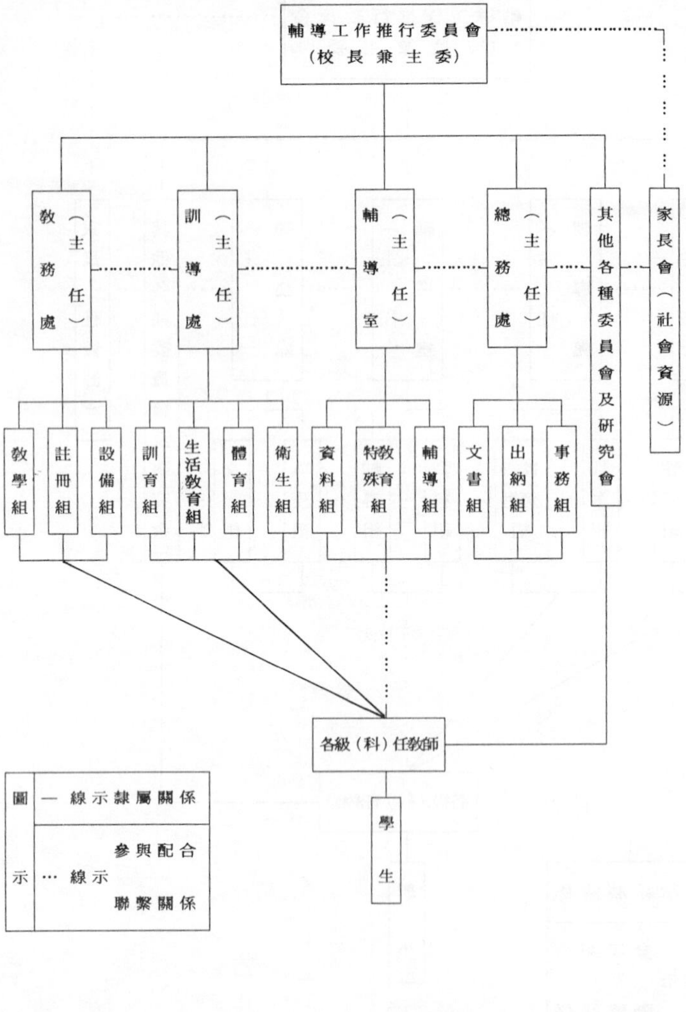

高級中學輔導工作組織：

高級中學輔導工作組，依教育部民國六十八年公佈高級中學法第十三條：「高級中學設輔導工作委員會，規劃、協調全校學生輔導工作。」

又民國七十五年修訂公布之高級中學規程：

第廿一條　高級中學應就學生能力、性向及興趣，輔導其適當發展，其範圍如下：

第卅二條　高級中學輔導工作委員會，由校長兼任主任委員，聘請各處室主任及有關教師爲委員。

輔導工作委員會置專任輔導教師，以每十五班置一人爲原則，由校長遴聘具有專業知能之教師充任，並由校長就輔導教師中遴聘一人爲主任輔導教師，負責規劃、協調全校學生輔導工作。」

茲依上列法規試擬高級中學輔導工作組織系統如表八。

高級職業學校輔導工作組織：

高級職業學校輔導工作組織，依教育部民國七十三年五月七日公佈職業學校規程第三十七條：「職業學校設置輔導工作委員會，由校長兼主任委員，聘請各處室主任（含軍訓主任教官）及有關教師爲委員。輔導工作委員會置專任輔導教師，以每十五班置一人爲原則，由校長遴聘具有專業知能之教師充任，並由校長就輔導教師中遴選一人爲主任輔導教師，負責規劃、協調全校學生輔導工作。」

依台灣省教育廳民國七十四年四月二十八日公佈之台灣省加强高級職業學校實施輔導工作三年計劃第一項「健全組織：各校設置輔導工作委員會，定期召開委員會議：

表八　高級中學輔導組織系統表

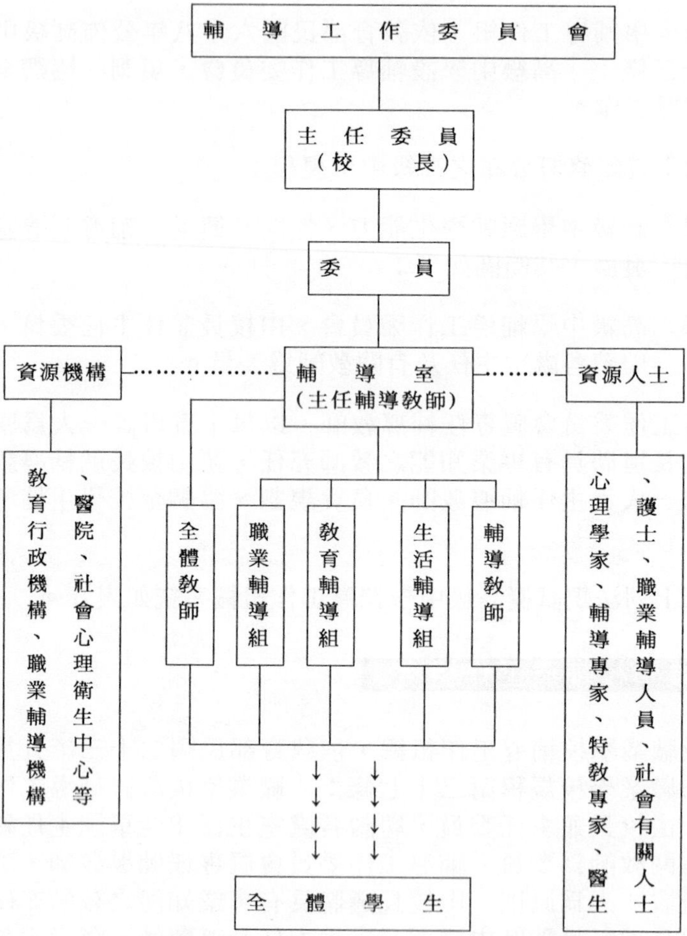

（本表引自台灣省立級中學輔導工作手冊）

㈠輔導工作委員會成員包括校長（主任委員）、教務、訓導、總務、實習輔導及圖書館（人事、會計）等處室主任、主任教官、主任輔導教師及教學、訓育、管理、衛生、實習、就業等組長及各科教師代表若干名，輔導教師等組成。」

依上述規定，試擬高級職業學校輔導工作委員會組織系統，如表九。

（表九）高級職業學校輔導工作委員會組織系統表

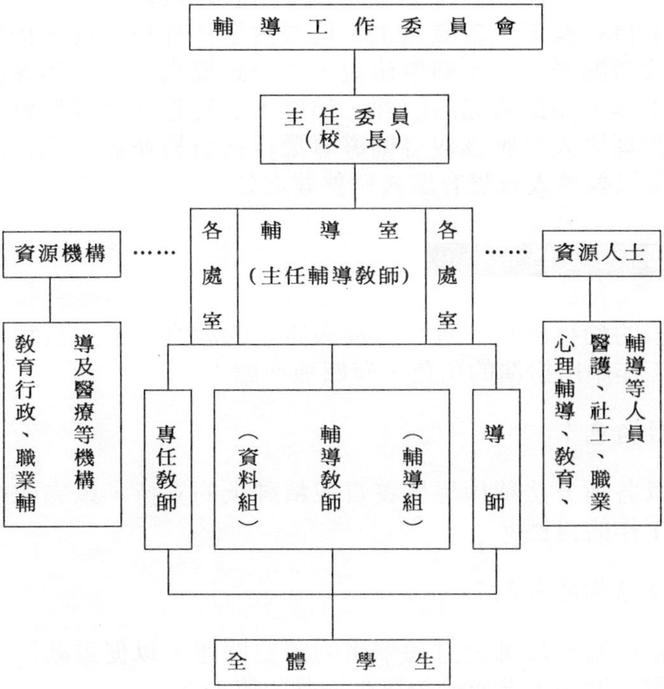

（引自：台灣省高級職業學校輔導工作手冊）

第六章　輔導人員

第一節　輔導人員的角色任務

若依輔導工作精神而言，輔導是全體教職員的責任，如此學校中上自校長下至教職員工，均須對學校輔導負責，依我國教育行政機關歷年所頒輔導法規，均一致要求全體教師參與輔導學生工作，如此廣義的解釋，輔導人員實包含全體教育人員；狹義的輔導人員應爲取得輔導專業合格資格並經正式任命的人員，所以輔導人員實有廣義與狹義之分。

廣義的輔導人員角色：

廣義的輔導人員，包含學校內所有的教育工作人員角色，在輔導工作中所扮演的角色，有四種型態：

★支持性角色：

以各種方法積極提供實質或精神上的支持，以完成學校輔導工作的目標。

★顧問及諮詢的角色：

應經常與教師們討論學生的需要問題，以促進教師與輔導工作的關係，進而給予學生適當的協助。

★轉介的角色：

轉介是輔導工作中的重要工作，推薦需要輔導的學生，使學生能獲得最適當的協助。

★服務的角色：

學校內所有教育工作人員均扮演重要的服務角色，其中包括彼此的服務，對社區團體及機構的服務，對學生的服務。

狹義的輔導人員角色：

狹義的輔導人員的角色，主要是以輔導工作的專業職責爲重心，角色內涵相當繁雜，惟就其直接、間接對學生所提供的服務而言，美國人事與輔導學會（APGA）認爲學校諮商員（School Counselor）的角色有三種，亦即所謂的3C：諮商（counseling）、諮詢（consultation）、和協調（coordination）。凱特（Keat，1974）認爲小學輔導員之主要角色有七種：1.諮商（counseling）、2.諮詢（consultation）、3.協調（coordination）、4.溝通（communication）、5.課程發展（curriculum development）、6.培育學生成長與發展（foster child growth & development）、7.教導克服困難之技術（teaching coping behavior），即所謂的7C。

美國學校諮商員協會（American School Counselors Association）與輔導人員教育及視導協會（Association for Counselor Education and Supervision，ACES）共同研究有關諮商員角色的報告中，該研究擬定了十類四十八項的中等學校諮商員專業職責，此十類職責（角色）分別是：

1.策劃和發展學校輔導計畫
2.諮商
3.學生評量
4.教育與職業計畫
5.個案轉介
6.升學與就業安置
7.協助家長教育子女
8.教職員諮詢

9.地區性輔導研究
10.公共關係

在這十類中，特別强調學校諮商員必須將其大部分工作時間放在學生個別或小團體諮商上。（Jones, 1970 ）

瓊斯（Jones 1970）提出小學諮商員的角色包括：

(1)提供教師在職教育
(2)提供教師和家長諮詢
(3)學生諮詢服務
(4)學生的轉介工作
(5)追蹤服務和研究工作
(6)評鑑。

宋湘玲等（民67）認爲：輔導人員的角色任務爲：

★訂定輔導計劃。
★決定輔導程序。
★分配輔導工作。
★安排輔導活動。
★協助學生澄清其動機、衝突、興趣與能力。
★幫助學生藉可用的資料作自我評估。
★協助學生確定影響其教育與職業計劃的因素，訂定自己的計劃。
★協助學生了解在不同的計劃中成功的可能性。
★提供學生教育或職業資料。
★發現並了解學生的問題，及時給予適當的輔導。
★評鑑輔導工作的效果。
★幫助教師建立正確的輔導概念，並提供必要的資料與協助。

第二節　輔導人員的人格特質

一般教育人員雖然負有輔導學生的責任，但不等於輔導人員，因爲輔導人員有其人格特質，並非人人具有，茲舉其要者說明如下：

對輔導工作感興趣：

輔導工作與一般教育工作不同，前者，所面對的是學生內在心理問題的探索與解決，人心不同各如其面，沒有兩個相同的心理，面對種種複雜行爲問題，如果不是對此項工作有興趣的人，很難深入，更談不上輔導解決問題；後者，往往是將課程授完，學生成績優良即可，至於學生成績或行爲爲什麼會不好，不是他們的主要課題，更沒有興趣去研究。尤有甚者，一些人本來對輔導工作之煩瑣，毫無興趣可言，祇是在暫謀一職作跳板，伺機再議，這種人罪無可恕，害人不淺。

身心成熟：

一個身心不成熟，行爲乖張的人，不管他年齡多大，學位多高，不能從事輔導工作。

身心成熟的輔導員其情緒穩定，心理調適較能平衡，對事物也較能持客觀成熟的看法，使當事人有信賴感。輔導人員能表現這些適當的行爲，才能保證輔導能增進當事人的福祉。

對人眞誠：

輔導員能眞誠待人，才能使當事人撤離防禦心理，輔導人員眞誠的流露，是使對方處處感到被關心、受尊重，同時亦設身處地爲他著想，態度和靄可親。

對事敏感：

能對事敏於觀察，迅速反應，當機立斷的人，可防患於未然，立即處理於已然。輔導員工作的對象是人，藉人際的溝通達成輔導的功能，在溝通中，有時當事人不敢直接表明自己的情緒、困擾或期望，而會以間接或隱含的方式傳達，此時輔導員應對別人的態度和反應具敏感性，洞察對方的言外之意，如此才能眞正協助對方。

學識淵博：

輔導人員不僅要具備本身的專業知能，對社會一般知識，更須廣泛的涉獵獲取，方足以面對複雜的人類行爲問題，尤其國小的輔導人員，因爲他們仍須教學，筆者曾從事國小輔導人員工作取向研究，探討應走純粹的心理治療路線，以確立自己的專業形象，抑或專業與通才併重，51%多數的人認爲是專業與通才並重。（教育部輔導工作六年計劃專案研究報告．民82）

活動力及持續力強韌：

輔導工作是一種非常繁瑣的工作，過重的工作負擔，層出不窮的困難問題，都能使人不勝負荷而感疲倦。而且平日又要面對學生家長及社會上熱心的人士，往往在工作上受到不合理的干擾，這些都是容易使人灰心喪志。因此，輔導人員須有充沛的活動力及堅毅的持續力，才能勝任這項繁雜的工作。

情緒穩定：

輔導工作，至爲繁劇，加諸校內其他人員的不合作，往往使得輔導人員的性格變得急躁、抑鬱、孤僻、固執，這種不穩定情緒對自己、對學生、對工作，都有莫大的損害。

第三節　輔導人員的資格

教育爲一種專業，各國對教育人員的任用都有一定的標準，輔導更是一種專業，學校輔導人員除應具備一般教育人員的資格外，尤特別強調輔導專業技術訓練的資格，可以說學校輔導人員在教育系統中是專業的專業。

美國學校輔導人員資格：

在美國由於學校輔導人員教育係屬於研究所教育，故欲取得學校輔導人員證書，必須至少擁有碩士學位，且一般還需有若干年的教學經驗。學校諮商員多半出身於大學教育學院，接受過專業準備，具有若干年的教學經驗後進入研究所專攻輔導與諮商，在獲得輔導或諮商碩士學位後始具有學校諮商員的資格。學校心理學家則多半出身於心理系，在獲取學校心理學或臨床心理學等方面碩士或博士學位後始取得資格。一般學校諮商員須受一年左右專業訓練，學校社會工作者需二年，而學校心理學家則需要二年至四年的專業訓練。

我國各級學校輔導人員資格：

我國各級學校輔導工作人員，除須具備教育部規定教育人員任用條例中之資格外，並須按不同層次具備其輔導專業訓練資格。

甲、國民小學輔導室主任資格：

教育部七十二年函頒國小輔導室主任應具備下列條件之一：

「一、具有國民中學輔導活動科目教師登記資格者。
二、曾在師範院校或經主管教育行政機關指定之機關學校修習與輔導活動有關課程十學分以上者。
三、曾參加主管教育行政機關主辦或委託其他機構舉辦與輔導活動有關之研習活動四週以上者。

有關國小輔導室主任資格內所列「修習與輔導活動有關課程十學分以上者」乙節，須比照教育部所頒「國民中學各學科教師本科系相關科系及專門科目學分對照表（見表十）內所列有關輔導活動科目應修習之專門科目爲準。惟在未經主管教育行政機關指定之一般公私立大學所修習之專門科目學分不得併計。」

（表十）教育部頒「國民中學各學科教師本科系相關科系及專門科目學分對照表」（輔導活動科目部份）

科　目	本科系	相關科系	專門科目	學分
輔導活動	輔導學系教育心理學系	教育學系心理學系特殊教育學系應用心理學系	一、輔導原理	3
			二、諮商理論與技術	4
			三、發展心理學	4
			四、心理與教育統計學	6
			五、心理與教育測驗驗	6
			六、心理衛生	3
			七、學習心理學	3
			八、學習輔導	2
			九、青年心理學	3
			十、青少年問題研究	3
			十一、教育心理資料分析與應用	2
			十二、教育與職業資料分析	2
			十三、職業輔導	2
			十四、人格心理學	3
			十五、團體活動指導	2
			十六、特殊學生心理與教育	2
			十七、教育心理學	4
			十八、社會心理學	3
			合　計	57

國小輔導主任除遵照教育部規定應具備之專業知能外，台灣省教育廳、台北市、高雄市教育局對其所屬國小主任（含教

務、訓導、總務、輔導）皆須經過甄選考試、儲訓八～十週以上結業，始得候用派任。所以輔導室主任仍須在輔導主任專業儲訓結業後始得正式任用。

至於一般之教務、訓導、總務主任經過儲訓過程，雖非參加輔導主任專業儲訓，目前擔任教務、訓導或總務主任，有意轉任輔導主任者，台灣省教育廳規定：「如具有教育部頒輔導專業知能者，可轉任輔導室主任。」

國民小學輔導組組長、資料組長、特教組長等資格之規定，不必經過儲訓結業，由各校校長自行選用，其資格法令少有規定。

乙、國民中學輔導室主任資格：

國民中學輔導主任資格，依教育部規定應具備下列條件之一：

「一、具有國民中學輔導活動科目教師登記資格者。（見表十）

二、曾參加主管教育行政機關主辦或委託其他機構舉辦與輔導活動有關之研習活動八週以上者。」

目前國民中學輔導室主任，祇要具備下列資格之一，可由學校校長聘任，不須經過儲訓結業。但依據教育部七十一年十二月二日臺71叁字第四六〇四二號函訂頒之「國民中小學教育人員甄選儲訓及遷調辦法」第十條規定，國中輔導主任應兼具一般主任資格及輔導之專業知能。對一般主任應具之資格依「臺灣省公立學校教師及職員遴用辦法」第十八條規定：國民中學教導或教務主任及訓導主任應具有下列規定資格之一者聘兼之：

★大學教育研究所得有碩士學位，曾任教育職務一年以上，成績優良者。

★師範大學院校、大學教育學系畢業或大學其他院系畢業，曾修習教育學科二十學分，曾任中等學校教師兼主任一年或組長、導師二年以上成績優良者。

★師範大學專修科或師範專科學校畢業，曾任中等學校教師兼主任二年或組長、導師三年以上成績優良者。
★大學畢業曾任中等學校教導、教務、訓導主任二年以上或中等學校教師兼組長或導師四年以上成績優良者。
★專科學校畢業或中等學校教師登記或檢定合格，曾任中等學校教導、教務、訓導主任三年以上，或中等學校教師兼組長或導師五年以上成績優良者。」

依教育部解釋：「有關國民中學輔導室主任所具之輔導專業知能，如係分次參加與輔導活動有關之研習活動，彙計八週，准予併計。如學校尚無輔導合格教師可予聘兼，准由合格之教師兼代，惟以一學年爲限。至於曾在師範院校或經主管教育行政機關指定之機關學校修習與輔導活動有關之課程十學分以上者，核與規定不符，不得聘爲國民中學輔導室主任。」這裡要注意的是參加與輔導活動有關之研習活動，彙計八週，准予併計，並不等於就此可聘爲輔導主任，因爲輔導主任尙有其他條件。

至於國中其他輔導專業人員資格，只須具備輔導活動科目教師登記資格即可，當然其基本條件仍須符合教育人員條例之學歷。

丙、高中、高職主任輔導教師資格：

高級中學及高級職業學校輔導工作委員會主任輔導教師遴用資格標準，依據省府七十三年二月八日，七三府教人字第一四二一四九號函之規定：七十三學年度起，省立高級中等學校設輔導工作委員會並置主任輔導教師（著作按：高級職校原稱輔導工作執行秘書，現已統一改稱主任輔導教師），其遴用資格除應符合高級中等學校輔導工作專任教師規定資格外，並應具備下列條件之一：

★輔導、教育或心理研究所畢業得有碩士學位曾任輔導教師、導師、學校行政主管或銓敘合格教育行政人員二年以上，成績優良。

★師範院校輔導學系、教育心理學系畢業，曾任輔導教師、導師、學校行政主管或銓敘合格教育行政人員二年以上，成績優良。
★師範院校或大學教育學系、心理學系、特殊教育學系、應用心理學系，曾任輔導教師、導師、學校行政主管或銓敘合格教育行政人員三年以上，成績優良。
★師範院校、大學或研究所畢業，除應修滿教育學分外，並應修滿登記輔導教師專門科目二十學分以上，曾任輔導教師、導師、學校行政主管或銓敘合格教育行政人員四年以上，成績優良。
★現已高中、職合格教師四年以上，曾在師範院校輔導研究所或教育研究所在職進修修滿四十學分，服務成績優良。

其他輔導專業人員資格，只要符合輔導科教師本學系、相關學系及專門科目學分規定（詳見本書表十），即可由學校校長聘任為輔導專業人員。同樣地亦須符合教育人員任用條例的學經歷為基本要件。

第四節　輔導人員的工作態度與倫理

輔導人員之工作態度：

輔導人員必須具備和藹可親而且端莊大方之態度。應該竭力避免主觀用事，也不當視同兒戲的處置問題，如此才能使對方感到你具有誠意替他解決問題。因為一個內心或精神上發生困擾不安的人，渴望獲得一個知心人一吐胸中鬱悶，也只有一個態度誠懇的輔導人員才能使對方深信不疑，解除苦悶，而且不致於感到有被人控制的恐懼。同時，使對方接受輔導不可有先入為主，存有成見，應該遵守輔導人員大公無私的人格，並且相信無論任何問題，只要雙方面竭誠合作，互相諒解，一定可以得到圓滿的解決。使輔導工作有效可行，雙方面一定要合作無間的面談會商，解決難題。任何一方面有了偏見就可能使問題擱淺。所以，輔導人員能夠盡量與當事人之間建立良好的晤談氣氛，點頭微笑，拉手攀肩，都可以使緊張局面化爲祥和之氣。

實施輔導工作，難免有些問題應該向其他有關人員查詢調卷，不過，受人之托，忠人之事，輔導人員在處理對方私人事務，尤其涉及個人秘密時，應該在會辦本案時，叮囑其他同事千萬替學生保守秘密，這是最重要的職業道德問題。

輔導人員工作倫理道德責任：

美國人事與輔導協會曾提出該學會會員應遵守的道德守則，其中較重要的部分如下：

諮商方面

★輔導人員應尊重當事者人格的完整，並增進其幸福。
★由諮商關係得來的資料必須保密。
★所有諮商紀錄應視爲專業資料，雖可用於諮商、研究和諮商員訓練，但不應洩露當事者之身份。
★輔導人員應於諮商之時或之前向當事人說明服務的性質與條件。
★輔導人員有權與其他有能力的專業人員討論其當事人。
★輔導人員在無法對當事者提供專業協助時，應拒絕建立或中止諮商關係。
★當輔導人員從諮商關係中獲知某人可能受到傷害時，他應告知有關當局，但不得洩露當事者身分。
★若當事者的處境發生明顯及緊急的危險時，輔導人員應據實報告有關當局，或必要時採取其他緊急措施。

測驗方面

★心理測驗主要提供客觀、比較性的數字，以便自我或他人可就一般或特殊特質給予評價。
★輔導人員應提供測驗結果適當的說明或資料以配合使用。

★向大衆報導有關測驗消息時，應特別小心，務使內容正確無誤。
★輔導人員應了解自身在測驗方面能力的限度，且只做所能勝任的事。
★爲當事者選擇測驗時，輔導人員應分別考慮到這些測驗在一般情況下或特殊情況下的效度、信度與適用性。
★測驗應在標準化的情境中實施，若有特殊情況應特加注意並予註明。
★確保測驗的安全是輔導人員應盡的一項專業義務。
★輔導人員應告知受試者測驗的目的，並應就受試者的福利與先前對他的了解去決定何人可得知此測驗結果。
★除非已得原作者或出版者同意，輔導人員不應侵佔、複印或修改已出版的測驗。（引自張文哲，測驗與輔導，第20期，p.p 309～310）

中國輔導學會經多年研擬修訂，於民國七十九年十二月會員大會通過該會諮商人員專業倫理責任如下：

一、確信輔導爲教育整體之主要部份，其目的在協助個人達成完整人格之發展。
二、諮商員應重視個人之專業輔導工作，不斷充實專業知能，以促進其專業成長，提昇服務品質。
三、從事專業諮商實務之人員，應接受適當的諮商專業教育或訓練，以取得正式的專業資格。
四、諮商員應認淸及恪遵服務機構之政策、目標和規定，表現高度之合作精神。若發現服務機構之政策、目標和規定有違專業目的，又無法達成協議時，應考慮本身之去留，以維護其專業精神。
五、諮商員的首要責任，在協助當事人學習解決問題的知識和技巧，並提供完整的、客觀的及正確的資訊。
六、諮商員應覺知自已對國家、社會、及第三者的責任。
七、若判斷當事人之行爲，可能爲危及其個人或他人或團體之生命、財產安全時，應審愼研究，並立即採取適當措施，向相關之個人或機關提出預警，唯應避免透露當事人之身份。

八、要以公正、公平的態度對待當事人，不得有歧視、利用及誘惑之行爲。

九、諮商員應保持「價值中立」（Value neutral），避免對當事人作價值判斷，雖然諮商員有義務表現自己價值，亦應避免將這些價值加在當事人身上。

十、諮商員有責任向當事人說明自己的專業資格、輔導或諮商目標、過程和技術上運用等，以利當事人自己決定是否接受。

十一、諮商員應瞭解自己專業知能之限制，避免接受超越專業能力之個案，必要時予以轉介。

十二、提供諮商服務，應認淸自己的專業經驗及價值觀，不得强制受諮商者接受。

十三、諮商員應該根據當事人或團體、機構或組織的實際能力和現有資源，提供解決問題的策略方法或技術，切實解決問題，以滿足其需要。

十四、提供諮商服務前，應與接受諮商者就事情眞相、主要問題、及預期目標，先達成一致的瞭解，然後再提供解決問題的策略方法，並預測可能產生的結果。

十五、在開始諮商關係之前，應向當事人說明可能影響諮商關係的各種因素，諸如互相信任、自我表露、積極參與、角色衝突等………，以協助當事人決定是否建立諮商關係。

十六、開始諮商時，應向當事人說明雙方對諮商機密的權利與責任，以及保密行爲的性質、目的、範圍及限制。

十七、實施輔導或諮商服務時，應知悉本身對當事人生活的影響及對社會的責任，謹言愼行，以免貽害社會及當事人。

十八、實施諮商工作時，應認淸自己的諮商角色與功能，只在協助諮商者成長，並培養其處理問題的能力和技巧，而非代替他解決問題或做決定，以避免養成其依賴諮商人員的習慣。

十九、諮商員亦應尊重當事人的隱私權，謹守保密的原則，唯因爲其未成年之當事人，應向他詳細說明諮商機密的性質、保密的內容、原則、和限制；尤其須說明父母對他的合法監護權，以及保護他的安全和福祉、父母及師長應盡的責任及義務，以增強他對諮商關係的信任感。

二十、對未成年之當事人之諮商，宜事先徵得其家長或監護人之同意，以示對合法監護權之尊重。

廿一、在學校或其他機構服務，宜把輔導與行政角色劃清界線，把行政資料與諮商資料分開處理，不得任意將諮商資料公開。

廿二、在諮商關係中，諮商員應誡慎個人的言行，避免損害青少年之身心，凡事以其福祉爲重。若爲幫助他改變不良行爲，並確知此不良行爲後果堪虞，而他又缺乏適當的抉擇能力，必須採用含有危險性之技術予以矯正時，應預做適當之安全措施，以避免或減低可能造成之傷害。

廿三、青少年的自由決定權利亦應受到尊重。在諮商關係中，應審愼衡鑑當事人的自已抉擇能力，並對其抉擇之後果的利弊予以衡量比較。必要時，應做適當的價值澄清，協助他建立較正確的價值觀，並做較明智的決定。

廿四、保守諮商機密是諮商員的倫理責任，未徵得當事人之同意，不得對外洩露任何晤談內容或其他諮商資料。不得强迫、誘導、或規勸他表露其隱私。

廿五、諮商機密旨在保障當事人的隱私權，保護諮商專業人格之完整，維護專業輔導工作的形象，並徵信於社會大衆。諮商員應切實遵守諮商保密原則。

廿六、在團體諮商中，諮商員必須爲團體參與者所表露的一切訂定保密規範。

廿七、若必須提供諮商資料時，應以當事人之權益爲優先考慮。以不透露當事人身份爲原則，盡可能提供客觀正確的事實。

廿八、諮商過程中，決定錄音或錄影之前，必須獲得當事人的許可。凡是諮商記錄、錄音、錄影、以及往來信函、有關文件、測驗結果及解釋等資料，均屬機密，應妥爲保管，嚴禁外洩。因故必須提供有關人員參考時，須先徵得當事人之同意，拆閱資料者亦有保密責任。

廿九、若爲專業教育、訓練、研究之目的，需要利用諮商及相關機密資料時，除須先徵得當事人之同意及避免透露當事人之眞實姓名外，使用資料者亦應有保密責任。

三十、當事人之父母、合法監護人、或對當事人負有行爲責任之非輔導專業人員，要求提供諮商資料時，輔導員應向當事人說明要求提供資料者之合法性，徵得同意後，方可提供資料。

卅一、在諮商關係中，諮商員的主要責任是促進當事人的福祉及人格之完整，應避免可能造成當事人身心傷害的任何不道德行爲。

卅二、從事輔導或諮商工作時，不得利用當事人滿足自己的需要或圖利他人。

卅三、由於諮商服務關係著當事人或團體機構的福祉，諮商者應先確定提供諮商服務的眞實需要，切勿爲人情所困，介入受諮商者個人利益之紛爭。

卅四、應確認諮商關係爲一特殊的專業關係，諮商員與當事人之間不得介入某種名分或感情。

卅五、爲保持諮商關係的超然立場，諮商員不得利用諮商關係，建立其他與諮商無關之關係，以滿足自己的需要，或順從當事人的要求，諸如領養、乾親、交易、或親密關係等，以免產生角色衝突，或影響判斷的客觀性及專業行爲。

卅六、諮商員若遇有行政、督導、或評鑑等，與諮商發生角色衝突時，宜避免與當事人建立諮商關係。

卅七、接受個案或處理個案時，若發現案主正在接受其他輔導人員諮商，應徵得原諮商員之同意，並要求取得其諮商資料，否則應拒絕給予諮商或即刻停止諮商。

第五節　我國各級學校人員的輔導職責

我國各級學校教育及輔導專業人員，其職責分別訂於有關法令或課程標準中，顯明的，學校輔導工作極其繁瑣，實難盡形諸於條文內，本節將分別條列有關條文，惟應體認這些條文，非常零碎、不週全、不統整，不無掛一漏萬之嫌，但教育工作係一種良心事業，應本諸予學生有利的都是該做的，絕不可拘泥各條文所列。

國民小學教育人員的輔導職責：

一、依照國民教育法施行細則第九條規定：國民小學及國民中學之輔導工作依下列各款辦理：

「(一)國民小學輔導工作應兼顧生活輔導及教育輔導。國民中學輔導工作應兼顧生活輔導、教育輔導與職業輔導。

(二)學生之智力、性向、興趣、人格等應由輔導教師會同導師作有計畫有步驟之試探與評量，建立個人資料，並對特殊學生加強個案研究，作爲輔導與諮商之依據。

(三)全體教師應負輔導之責，協助學生瞭解自己所具條件並適應環境，使其具有自我指導之能力，俾發展學生潛能，以達人盡其才及促進社會進步之目的。

(四)國民小學及國民中學輔導工作應力求連貫，依各年級學生身心發展狀況予以適切輔導。學生個人資料應隨學生移轉，俾供繼續輔導之參考。」

二、第十條第四款國民小學及國民中學有關輔導室之職掌如下：

「輔導室（輔導人員）：掌理學生資料蒐集與分析，實施學生智力、性向、人格等測驗，調查學生學習興趣成就與志願，實施輔導與諮商，輔導學生升學與就業等業務。」

三、依照教育部頒國小課程標準輔導室的主要職責有六項：

「輔導室除負責聯繫各單位及全體教師推動輔導工作外，應協助全體教師從事下列各項工作：

㈠蒐集並瞭解學生各項個人事實，建立學生基本資料。
㈡定期舉行各種教育與心理測驗。
㈢舉行諮商與個案研究。
㈣舉行參觀訪問與調查工作。
㈤舉行家庭訪視與懇親會等家庭聯繫。
㈥設計各年級的輔導方案，供有關教師參考實施。」

國民小學各教育人員在輔導工作中所應擔負的職責，並未詳細劃分，只是概括地說：「國民小學輔導工作由輔導室策劃，並由全體教師共同負擔輔導學生之責。」茲依輔導活動精神及理論原則，提出國民小學校內教職員對輔導工作的職責分述如下：

校長在輔導工作中的角色：

※政策的領導者：掌握方向，領導群倫，確認輔導活動爲教育核心工作，全力以赴。
※思想的啓迪者：看法、說法、做法一致，具有前瞻性，確認輔導在教育上的功能，革新思想。
※技術的指導者：疑難的解答，困難問題之處理，排難解紛，積極主動負責。
※行政的督導者：有效的分工，勞逸平均，貫徹執行，並給予充分的支持。

校長在輔導工作中的職責：

※遵照教育當局指示，徹底執行輔導工作。
※提供適當之場地與設備，促進輔導工作之發展。
※督導輔導室擬訂輔導通盤計畫。
※出席指導輔導室各種會議。

※協調仲裁工作的歧見。
※給予時間，以便利輔導工作的實施。
※合理分配經費，支援輔導工作的執行。
※主持校內教師研習會，研習輔導活動理論與方法及溝通全體教職員的觀念。
※與家長及社會人士溝通，爭取社會資源支援。
※協助輔導室解決困難，並積極給予支援。
※主持輔導活動效果評鑑。

輔導室主任的職責：

※秉承校長之命，策劃學校輔導工作。
※綜理輔導室工作事宜。
※協助輔導室各組組長及有關人員，擬訂輔導工作計劃。
※主持輔導室工作會議及個案研究會議。
※出席校務會議，報告輔導工作計劃及工作概況。
※參與家長會議，報告輔導工作內容，並與家長交換意見。
※與校外地方社會資源人士或單位取得聯繫，爭取輔導支援單位。
※蒐集資料，協助所屬工作之推展。
※協助教師推展輔導工作，並解決其困難。
※與教務、訓導協調配合，實施學習輔導與生活輔導事宜。
※配合學校及社區特殊需要，從事各種輔導工作。
※評鑑（檢討）輔導工作績效。

輔導組長的職責：

※擬訂學校年度工作實施計劃，工作進度表及行事曆。
※配合教務、訓導實施學習輔導及生活輔導工作。
※諮商與個案研究及個案轉介。
※定向輔導與追蹤輔導的實施。
※協助教師及早期發現適應欠佳學生，並實施個別輔導。
※協助教師解決輔導工作技術問題。
※計畫並參與家長會議，必要時從事家庭訪問，協助家長輔導

其子女。
※從事研究工作，以求輔導工作的改進。
※評鑑校內年度的輔導效果。
※其他。

資料組長的職責：

※策訂學生資料蒐集與建立計劃。
※協助有關教師建立學生資料。
※協助有關教師有效運用學生資料。
※學生輔導資料之安全管理。
※協調教務處註冊組適時辦理學生資料之轉移。
※策劃全校學生實施心理測驗工作。
※參與學生輔導工作。
※評鑑（檢討）輔導工作。
※其他

教務主任在輔導工作中職責：

※督導所屬各組及教師參與輔導工作。
※協助及督導各科任教師與輔導活動實施配合聯絡教學。
※督導註冊組協調輔導室保管學生資料。
※依計劃與輔導室及訓導處聯繫，辦理新生（定向）輔導。
※配合輔導計劃，調整班級時間俾實施各種測驗。
※督導課務組及各任課教師，實施學習輔導。
※配合輔導計劃，辦理畢業班升學輔導及追蹤輔導。
※出席輔導委員會議或個案研究會議。
※其他教務與輔導工作相關事宜。

訓導主任在輔導工作中職責：

※督導所屬各組及班級導師參與輔導工作。
※與輔導室、教務處協調，辦理新生始業（定向）輔導工作。
※協助生活教育組組長配合輔導計劃辦理學生生活輔導。

※會同輔導室安排家庭訪視及舉辦懇親會與家長聯繫。
※參與個案研究會議。
※參與輔導工作委員會策劃學生輔導工作。
※會同輔導室實施學生行爲困擾等問題調查與處理。
※督導保健室與輔導室協調，推展學生健康輔導，必要時將學生體檢資料轉輔導室集中保管。
※會同輔導室及教務處安排學生休閒活動。
※會同輔導室及教務處辦理畢業生追蹤輔導。
※其他輔導工作事宜。

總務主任在輔導工作中職責：

※參與輔導工作委員會，共同策劃學生輔導工作。
※給予輔導室適時適切的各項行政支援。
※督導所屬提供支援任務及參與學生輔導工作。
※其他輔導工作事宜。

學年主任在輔導工作中的職責：

※召開學年輔導研討會。
※召集教師參與輔導活動配合各科教學單元活動設計。
※參與個案研究。
※執行學年輔導活動工作項目。
※參與輔導工作委員會，共同策劃學生輔導工作。
※其他輔導工作事宜。

各班級導師在輔導工作中的職責：

※取得各方面的支援與協助，負責實施班級學生之輔導工作。
※對班級學生實施生活輔導與學習輔導。
※與輔導室協調，辦理各種心理測驗。
※參與蒐集建立學生各種資料。
※實施班級學生團體輔導。
※從事學生個別輔導。

※實施輔導活動教學。
※協助健康中心辦理學生體檢，將紀錄塡入資料表內。

科任教師在輔導工作中的職責：

※協助輔導室實施生活輔導與學習輔導。
※協助進行團體輔導。
※協助實施個別輔導。
※實施輔導活動配合教學。

校內其他行政人員在輔導工作中職責：

健康中心護士：

※協助輔導室實施學生健康生活輔導。
※發現身心障礙學生適時告知輔導人員及班級導師。
※會同輔導室及班級導師實施健康檢查，必要時將檢查結果送班級導師登記，存入學生個人基本資料袋內。

各處書記、幹事：

※對輔導室之設施給予全力支援。
※協助班級導師輔導學生。
※學生遇有特殊事件，當機立斷處理與輔導，並將詳情轉知轉導室或有關人員。

國民中學教育人員的輔導工作職責：

依國民中學輔導活動課程標準「第四　實施方法　肆、工作分掌。」所訂校內各級人員對輔導工作的職責如下：

校長——輔導會議主席：

※綜理全校輔導工作。
※監督並支持輔導工作計劃的執行。
※遴選合格而適任的輔導工作人員。

※鼓勵輔導人員在職進修。
※提供適當的設備與資料，以利有關人員合理運用。

輔導室主任：

※擬訂輔導工作實施計劃。
※執行輔導會議決議事項。
※協助輔導教師推展各項輔導工作。
※對學校行政人員、教師及家長提供輔導專業服務。
※與校外有關機關協調聯繫，並運用社會資源。
※協助編列輔導經費預算。
※策劃輔導工作評鑑事宜。

輔導教師：

※建立並保管學生資料。
※擬訂實施應用各類測驗及調查計劃。
※辦理學生綜合資料卡的轉移。
※提供教師所需各項學生資料。
※蒐集並提供升學及職業有關的訊息。
※蒐集輔導參考資料，並提供有關人員參考。
（以上屬資料組工作）
※籌劃個案研究進行事宜。
※進行個別輔導。
※實施團體輔導。
※協助教師實施班級輔導活動。
※協助家長、導師解決學生問題。
※規劃學生升學、就業輔導事宜。
（以上屬輔導組工作）
※擬訂學校特殊教育實施計劃。
※進行特殊班級學生的個別輔導與團體輔導。
※從事特殊學生的甄別工作。
※實施特殊教育教學活動。
※協調特殊教育班級課程的安排。

※從事特殊教育的實驗研究。

《以上屬特殊教育組；按國民教育法施行細則第十二條第二款第七項規定：「設有特殊教育班者，輔導室得依所辦理特殊教育類別增設各組。》

※執行輔導工作計劃，並訂定進度，檢討改進。

※襄助輔導室行政業務。

※對學校教師及家長提供輔導專業服務。

※從事實驗研究與教具製作。

（以上屬共同工作）

導師：

※配合學校需要，擔任輔導活動的實施。

※對新生進行始業輔導。

※配合學校需要，擔任班級輔導活動的實施。

※輔導學生塡寫各種資料。

※蒐集並塡寫學生動態資料，並妥爲運用。

※實施並整理各項心理與教育測驗。

※舉行個別或團體輔導。

※舉行家庭訪問及個別談話。

※協助學生升學就業輔導。

※輔導學生選修有關科目。

※其他有關班級學生輔導事宜。

科任教師：

※就擔任的課程實施學習輔導。

※隨時發現並輔導學生問題。

※利用教學時間，進行生涯輔導。

※參與並協助學校輔導工作。

高級中學教育人員的輔導工作職責：

有關高級中學各級教育人員的輔導工作職責，在教育部所訂有關輔導法規中，未見詳列，但是台灣省、台北市教育廳、局，編訂輔導工作手冊中，則有明文規定，茲以台灣省教育廳所訂爲例，摘記於下：

輔導工作委員會之職掌：

※審訂輔導工作各項章則。
※訂定輔導工作實施方針與計劃。
※研討實施輔導工作所需器材及設備之購置事項。
※推動全校教職員協力合作，共負輔導工作之責。
※監督輔導工作之實施。
※辦理輔導工作評鑑。
※其他有關輔導工作推展事宜。

主任委員之職掌：

※爲全校輔導工作最高負責人，綜理全校輔導工作計劃。
※積極領導與支持有關人員實施輔導工作計劃。
※遴聘適任而合格的輔導工作人員。
※增進在職教職員的進修研究。
※提供適當的設備與資料，以供有關人員運用，推展學校輔導工作。

主任輔導教師之職掌：

※秉承主任委員（校長）之指示，擬訂輔導工作計劃並負責執行。
※規劃全校學生個別資料之設計、整理、保管、使用等事宜。
※籌劃全校學生各項心理與教育測驗之實施運用等事宜。
※辦理個案輔導，個案研究等事宜。
※協助導師實施班級學生個別輔導等事宜。
※搜集升學資料，規劃學生升學、就業輔導等事宜。
※會同教務處，籌辦學業輔導及補救教學等事宜。
※會同訓導處，辦理學生生活輔導和行爲輔導等事宜。

※籌辦學生選組選系志願調查和輔導等事宜。
※聯絡學生家長，會同導師共同輔導學生學業，行爲等各項問題。
※籌編輔導工作有關刊物。
※籌編各種測驗和調查問卷之編製、修訂等事項。
※辦理各項問題研究和資料統計等事項。
※規劃輔導室之設置等事宜。
※其他輔導工作之有關事項。

輔導教師之職掌：

※襄助主任輔導教師辦理輔導工作之聯絡，推廣等事宜。
※襄助主任輔導教師編訂各項輔導工作計劃並執行之。
※辦理學生心理與教育測驗等事宜。
※實施學生個別輔導及個案研究等事宜。
※辦理學生個別資料之整理、保管、使用等事宜。
※辦理升學與就業輔導資料之搜集、整理，提供師生參考。
※聯絡學生家長，會同導師及教官進行各班學生之個別輔導工作。
※辦理輔導工作資料之整理、統計、研究等事項。
※整理各項測驗與輔導資料，編印輔導之工作報告。
※其他有關事項。

導師之職掌：

※對新生進行始業定向輔導，協助其認識並適應新環境。
※指示學生塡寫個人各種資料。
※搜集學生日常資料及軼事資料，並妥善予以運用。
※協助輔導室實施各項心理與教育測驗。
※實施個別輔導與家庭訪問。
※每學期末將學生之操行評語塡入個別學生綜合資料紀錄表內。
※與家長或社會人士及輔導教師聯繫學生輔導事宜。
※其它有關班級學生輔導事宜。

高級職業學校教育人員的輔導工作職責：

高級職業學校教育人員在輔導工作中的職責，依台灣省教育廳編印之高級職業學校輔導工作手冊所訂，有下列各項：

輔導工作委員會：

※策訂輔導工作章則、方針、計劃及預算。
※協調各處室推展輔導工作。
※協助全體教師參與學生輔導工作。
※研商解決輔導工作所遭遇的困難或障礙。
※督導輔導工作的執行。
※評鑑輔導工作的成效。
※其他有關輔導工作推展事項。

主任委員——校長：

※甄聘合格主任輔導教師與輔導教師。
※定期召開輔導工作委員會。
※領導輔導工作之推展。
※督導全體教師參與輔導工作。
※溝通全校教職員輔導工作觀念。
※社區的聯繫及其資源之運用。

主任輔導教師：

※秉承主任委員之指示，擬訂輔導工作實施計劃及年度預算。
※擬具輔導工作實施步驟，並執行委員會決議事項。
※分配並督導輔導教師執行工作。
※從事輔導工作改進之研究。
※直接或間接執行各項測驗計劃，並領導有關人員進行統計、分析研究工作。
※出席下列會議。

▲輔導工作委員會會議。

▲校務會議。
▲教務會議。
▲訓導會議。
▲導師會議。
▲其他有關會議。

※策劃及主辦下列活動。

▲輔導室工作會報。
▲教師輔導知能研習會。
▲心理輔導專題演講。
▲心理輔導座談會。

※設置與充實輔導工作設施。
※擔任協調工作與各處室共同實施輔導工作。
※聯繫校外有關資源，並爭取其協助。
※其他有關輔導工作事宜。

輔導教師：

共同職責

▲辦理輔導工作行政事宜。
▲秉承主任委員及主任輔導教師之指示，執行輔導工作計劃。
▲協助導師及專任教師解決學生問題。
▲參加導師會報及個案會診。
▲進行個別諮商，從事個案研究。
▲實施團體輔導。
▲研究輔導工作之改進。
▲參加有關進修及研習活動。

分組職責

輔導教師在主任輔導教師領導下，目前可暫分兩組，其職責分別為：

▲輔導組

●個案之接受與輔導職責之分配。
●個案研究會之召開。
●團體輔導之策劃及執行。
●輔導工作研習會、演講、座談會、個案會診、導師輔導工作會報之策劃與執行。
●測驗之計劃與執行。
●輔導專題研究。
●與各處配合，實施各項生活、學習及職業輔導工作。

▲資料組

●學生資料之建立、整理、保管與運用。
●輔導知能資料之搜集與提供。
●圖書、期刊之申購與管理。
●財產、非消耗品之申購與管理。
●輔導工作檔案之整理與保管。
●各項有關輔導活動之協辦。

導師：

※學生基本資料之建立並隨時補充之。
※始業輔導之實施。
※家長之聯繫與家庭訪問。
※各項測驗實施之協助。
※學生特殊問題之發掘與輔導。
※學習輔導之實施。
※生涯輔導之實施。

專任教師：

※、主動參與輔導研習會，吸收輔導知能。
※、注意學生行為表現，特殊問題之發掘與輔導。
※、配合學校輔導計劃，參與各項輔導工作之執行。

第七章　諮商理論與技術

第一節　一般概念

諮商的意義：

諮商是輔導活動中至爲重要的工作，是達成輔導目標不可或缺的方法過程。

諮商一詞，在今日社會各階層，使用甚廣，只要遇上問題，必須與對方協調溝通，就脫口而出諮商。按辭源解釋，「諮者，謀也。問也。」後漢書趙典傳：「朝廷有災異義，輒諮問之。」，「商者，度也。商略也。度配量度。反復酌度。」簡言之，諮商即詢問疑惑，審訂策略。但若按心理輔導而言，諮商一詞，係譯自英文「Counseling」，民國四十七年中國輔導學會成立，當時各學者專家爲了推展輔導工作，介譯各種輔導名著，Counseling一字即由宗亮東教授譯爲「諮商」，一直至今爲國內心理學者及輔導界所沿用。目前社會各階層所使用諮商一詞，知其然而不知其所以然者頗多，正如Tyler（1969）所說：「諮商（Counseling）是一個字，似乎每個人都了解它，但是十分明顯的，似乎沒有兩個人的解釋完全一樣。由於諮商專業的成長是如此迅速，以致於對諮商的定義有所混淆以及爭論。混淆的部分原因，可能是因爲諮商起源於一些相關的學科，但卻是一門分離的領域。」（齊隆焜，民75）

有關諮商一詞的解釋，國外一些學者的觀點如下：

皮楚勞弗薩及何曼（Pietrofesa & Hoffman, 1978）等認爲：

★諮商是由具法定資格的諮商員所提供的專業服務。
★諮商是諮商員與當事人互動的過程。

★諮商所關心的是做決定的技巧和問題的解決。
★諮商是使當事人學習新的行爲或態度。
★諮商必須是當事人與諮商員共同投入的歷程。
★諮商不能明確的被界定，因爲它是不斷改變的實體，但有一些共同的技巧可催化此種關係。
★諮商是生活的方向。

威廉遜（Williamson E. G. ,1937）認爲：

「諮商是兩個人面對面的情境。其中一個人受過訓練，具有技能，被另一個所信賴，而就第二個人所面對的問題，如何知覺、解決、下決心等，給予幫助。凡諮商員與來談者爲瞭解並解決所面對的問題所做的一切努力均包括在內。總而言之，諮商即援助某人的人格發展及統一的過程。」

美國心理協會（APA, 1961）認爲：

「諮商包括了協助個人建立計劃，使其能在所處之社會環境中扮演積極的角色，不管我們用這個計劃去協助這個人，他是好的或是生病的，正常或不正常的，事實上這都無關，重點則在於其價值（asset）、技能、耐力以及進一步發展的可能性，人格的缺陷僅僅在對個人的進步構成障礙時才加以處理。」

經由前面的敘述，可以將諮商之定義歸納如下：

諮商是一種治療與成長的歷程，透過諮商員協助當事人界定目標、做出決定、解決關於社交、教育與職業方面的問題。專門化的諮商則對生理和社會之復健，雇用與受雇、心理健康、婚姻與家庭、宗教和價值的選擇，乃至於生涯發展等問題供給協助。

諮商與心理治療的分野：

諮商與心理治療兩個含義亦使人混淆不清，大部分的諮商專家均認爲諮商與心理治療是一種連續性的服務。諮商處理的是正常的個人，這些人的問題具有發展性的；反之，心理治療是處理那些有某種缺陷的人。諮商關心的是正常的個人，而其特徵是著重於意識的知覺、問題解決、教育、支持以及情境等；另一方面，心理治療則是關心人格之重建，强調深入、分析以及著重於潛意識，特別是神經病患者和情緒問題。就一般而言諮商與心理治療是互相牽連的、重疊的。

諮商與心理治療的不同：可經由三方面區別：分別是支持（supportive）、頓悟——再教育（insight-reeducation）以及頓悟——重建（insight-reconstuctive）。前面兩種方法爲諮商最常用，後一種方法則是心理治療常運用，就像其他人一樣，顯然諮商與心理治療具有連續性。

國內學者李東白等亦曾分別說明諮商與心理治療之不同。李教授認爲：「諮商與心理治療，一般而言很難加以區分，通常諮商可能用以幫助當事人處理有關現實的問題（reality problems），克服成長上的種種障礙，期使個人獲得最適宜的發展。而心理治療則注重於內在的人格衝突（internal personality confoicts）或嚴重的心理失常（mental disorders），其主要步驟在於消除破壞性的行爲方式，而代以建設的、健全的行爲，同時並使個人趨向於自我堅强，藉能應付外界的情況。」

經由分析可以概要歸納諮商與心理治療之異同點如下：

★相同點：

▲基本上兩者的目標相同，均在協助當事人自我探索、自我了解，乃至行爲的改變。

▲兩者都强調協助當事人發展做決定以及計劃的技巧。

▲兩者在實施時重視與當事人的關係。

▲兩者都在協助當事人的成長、解決問題、改變行爲。

★相異點：

▲諮商所處理之問題不太涉及人格方面；心理治療則往往

是深度的人格分析。

▲諮商中當事人不被視爲「有心理疾病」的人；心理治療則反之。

▲諮商中諮商員不強將自己的價值觀等加諸當事人，但也不加以隱藏；心理治療則往往將社會認爲正當的價值觀等加諸當事人。

▲諮商中諮商員往往扮演老師或伙伴的角色；心理治療則扮演專家或權威的角色。

▲諮商員較注意改變行爲，不注重內在之「頓悟」；心理治療者不但要使當事人行爲改變，而且更追求當事人內在之「頓悟」方爲痊癒。

總之，可以說諮商之重點在於發展性、教育性及預防性；心理治療之重點則在於補救性、調適性、治療性。

諮商的理論與派別：

諮商的理論，多以人格心理學作基礎，因分析人格，心理與行爲，各人所持觀點不同，乃形成不同的派別，且各派間有相攻訐的現象發生，儘管如此，每家有其短處，亦有其優點，輔導工作者，應用他們的長處、優點，避免其短處、缺點，不失爲中庸之道，因此，從事輔導工作，對這些理論的了解，非常重要，在工作中，那些個案適合用那種理論去支持和解釋，極需慎重，這些理論並非放諸四海而皆準，在採用時，須靠自己的經驗累積與體會，創造出自己的諮商方法。

諮商的派別，歷來學者區分它爲三大派，即：指導派諮商、非指導派諮商與折衷派諮商，其實若細加分類，則難計其數。人們往往將不屬於指導派或非指導派者，劃入折衷派，這些不同的派別，多是從人格結構去分析，進而提出不同的諮商方法，不論如何，每一派都難以週全，因爲人類的行爲與心理，確是複雜的，沒有人能夠全然地解釋一個人的內心眞實世界。本書限於編幅，僅提供數種（派）具有代表性的，且常爲大眾熟悉的加予討論。

第二節　指導派諮商（Diretive counseling）

一般概念：

指導派諮商，又稱診療派諮商，認爲諮商的任務，在使當事人願意接受諮商或心理治療，輔導員以專家自居，故又稱此派爲「輔導員中心派（Counselor Centered Method）」。

代表人物：

威廉遜（Williamson E. G., 1931）年畢業於美國明尼蘇達大學，爲心理學博士，在該校服務達四十三年之久，1969年退休，四十三年的學生人事服務是指導派諮商形成的根源。

基本論點：

認爲當事人對問題是無能爲力的，不成熟的，需要專家或一位較成熟的人去幫助他，助他解困。此派學者注意到人的特質與因素（traits and factors），認爲輔導爲援助學生解決一切問題，此種觀點是由測驗的推展而來。

威廉遜是在人事服務工作中加入輔導的概念，此種觀念是承自職業輔導家派得生（Donald Paterson）的觀念，希望藉測量（measurement）來了解學生的人性、人際調適及個人潛能。

諮商技術：

指導派諮商的任務，在使當事人願意接受諮商，以蒐集資料、測驗爲輔導的基礎，找出個別差異，以第三者的立場告訴當事人「應該怎樣辦」」。所蒐集的資料非常廣泛，如：個人生活史、軼事紀錄、家庭史、生長史、智力、性向、人格、投射測驗………等，再以指導方式進行諮商，係充分利用臨床心理學成果實施諮商。

指導派常用的諮商方法是對當事人忠告、建議、指導、說服、教導、處罰、獎勵、控制、管理、診斷與解釋。諮商的過程如下：

★建立友好關係：

開始諮商時，輔導員首先與當事人建立保持正常友好的關係，務使當事人相信他有能力爲他解決問題。

★瞭解當事人問題之所在：

聽取當事人情況報告，問題內容眞相如何？應有客觀正確的記載。

★決定問題有關資料：

根據蒐集的資料加以整理，決定何者與問題相關一致歸納起來。

★蒐集資料：

就問題有關的資料作進一步的調查，自家庭、學校或社會多方面蒐集資料。

★分析資料：

將已得到資料逐件加以分析、評估、比較其重要性。

★診斷困難：

輔導人員憑其知識經驗，對各種疑難加以判斷，就當事人多種行爲，發現其徵候，幷一一加以查明原委。

★設計可能解決的辦法：

針對診斷結果，提出多種可能解決方案，並設法付諸實施。

★依照所決定方法處理當事人問題：

當事人的困難問題，依照輔導員所提出辦法，一一付諸實行。

評論：

※一個人的成功、失敗或行爲問題，是多方面的，不可能單從測驗或某些資料可以解決，因爲還有個人動機，情感及其他的期望與因素存在，同樣智力的人，以後各人發展不一，有的會成功，有的會失敗，不可一概而論。
※指導派給人一個壞印象，就是統計資料太多，不知怎樣使用，過分强調測驗。
※雖然指導派有上述缺點，受別人攻擊，但並不削弱他的地位，尤其在「學習輔導」方面，有其重要的價值，因學生學習不可能沒有教師方面的協助，不能全憑學生內心的頓悟（insight），唯有藉著測驗，了解其學習成功與否，作爲補救的依據，不失爲可行方法之一。

第三節　當事人中心法諮商（Clint—Centered Method）

一般概念：

當事人中心法諮商，是對人類經驗採取主觀的觀點，在處理當事人的問題上，賦予更信任、給予更多的責任，反對指導派以專家優勢作爲去指導當事人，因而又稱之謂「非指導派諮商（non-directive counseling）」。

代表人物：

非指導派諮商，係以羅吉斯（Rogers C. R., 1902～1987）爲開創者，氏於一九四〇年代所發展的一種非指導性的方法，也是心理分析法的一種反動。一九四〇年代，氏即因反對個別治療上的指導與傳統的心理分析，而發展了「非指導派諮商」

。

基本論點：

羅吉斯的基本論點是：人本質上是可信賴的，人有瞭解自己與解決自己問題的潛能，不需要諮商員在一旁作指導性干預，而且，如果當事人能涉入諮商過程之中，有自我導引（self-direction）成長之能力。

羅吉斯從現象學的觀點，認爲人具有下列的特徵：

※人是自我實現者，能不斷朝向潛能的發展及一理想的目的前進。

※人是社會性、理性的動物，唯有透過與他人的關係，人格才能健全發展。

※情緒之發展與認知發展一樣重要。

※人基本上是有向善之可能，每一個人均是獨特的，不需要藉外在的力量加以塑造，只需藉良好的環境，即可使其健全發展。

哲學觀點：是個人天生具有一種遠離不良適應，朝著心理健康方向發展的能力。

個人中心法注重當事人更能面對現實之責任與能力，最瞭解自己的當事人，就是一位能覺察何種行爲最爲適當的人。

羅吉斯深信人假如處於一種尊重與信任的氣氛中，將會有發展積極與建設性之態度的趨向。他不相信諮商員必須是以一位優勢者與「專家（expert）」的地位來指導、激勵、教導、處罰、獎賞、控制與管理當事人之理論，他一向主張產生一種激勵成長的氣氛，以促使個人能朝向他們所能成長的方向邁進。諮商員應把基本的責任加在當事人身上。而不是一位無所不知的專家，而當事人只是被動的服從。因此，其根本目的是增強當事人之覺察力，與作抉擇的能力。

根據個人中心治療法的理論，心理治療只是提供一個建設性的人際關係而已。當事人在與一些對其有所助益之人所建立的關係中，或經由此種關係，將能感受到心理的成長。與一位具有內外一致性、能接納，並具有同理心的輔導員所建立之關係，有助於當事人的改變。要激勵當事人使之心理成熟必須有深厚的人性做基礎，此種方法適用於功能正常的人，也適用於心理感到非常不適應的人。

諮商技術：

依照羅吉斯（1977）的看法，治療之目的不僅僅是在解決問題，更重要的，在協助當事人自我成長，以使當事人能克服其現在與未來所遭遇的問題。治療的基本目標是提供良好的氣氛，以幫助個人成爲一位功能充分發展的人，個人中心法諮商員的角色是以本身之方法與態度爲基礎，而非以技術支使當事人作某些事。在引導當事人作改變方面，諮商員的態度重於其知識、理論或技術。基本上，諮商員把他們自己看成是一種促使當事人作改變的工具。其功能則是要建立一種能幫助當事人依循著治療過程而進展的氣氛。

個人中心法能創造一種助人的關係，以使當事人感受到有足夠的自由去探索自己的生活領域，這種生活領域目前既無法自我覺察，也受到扭曲，如此方能使他們的防衛因此減少，並更能對自己與世界開放。

最先與最基本的是，諮商員在諮商關係中，必須有表現眞誠的意願，不應對當事人的病症類型懷有先入爲主的觀念，而能以此時此刻（moment-to-moment）之經驗基礎，接近當事人，並幫助當事人進入他們的世界。透過眞誠、關懷、尊重、接納、與瞭解的態度，當事人因而能放鬆防衛和固著的觀念，從而能具有更高層次的個人功能。

根據羅吉斯（1967）的理論，促使人格之改變，須要有下列六種必須且充分之條件：

一、兩個人能有心理上的接觸。

二、第一個人——亦即當事人，是處於不眞誠、易受傷害與焦慮的狀態中。

三、第二個人——亦即治療者，在治療關係中是一位眞誠且具有統整性的人。

四、治療者對當事人能無條件的積極尊重（unconditional positive regard）。

五、治療者對當事人的內在參考架構能擬情地瞭解（empathic understanding），並能努力地將此種經驗與當事人作溝通。

六、治療者的擬情瞭解與無條件的積極尊重，是以漸進方式增長的。

羅吉斯認爲除此之外不需要其他條件。假如此六種條件存在於諮商過程中，則人格將會有建設性的改變。此外，這些條件不是只有心理治療才有必要，也是所有人際關係之應用上必須與充分的要件。治療者並不需要具備專門的知識，正確地心理診斷亦不需要，它只會干擾治療效果而已。

在諮商關係中，諮商員需要具備三種非常重要的個人特質或態度：

一、一致性或眞誠（congruence or genuineness）

一致性意謂著諮商員是眞實的人，亦即是在諮商中是眞誠、統整、眞實的人。沒有錯誤的前提，內在經驗與外在表現能相切合，可以開放地向當事人表露現時的情感與態度。眞誠的諮商員是一位自發性的人，能表露現有的情感與態度，包括正向與負向的情感。由於諮商員將甚多負向的情感加以表露(self-disclosure)（或接納），使能眞誠的與當事人溝通。但諮商員的自我表露亦應恰到好處，否則毫無限制的自我表露反而顯示治療者的虛僞。完全的眞誠是很難的，不能期望治療者能完全眞誠，眞誠和接納，均非全有或全無，而是程度上的區別。

二、無條件的積極尊重與接納（unconditional pasitive regard and acceptance）

無條件的關懷是，把當事人看成有人性、人格尊嚴的個體，不會對當事人的感情、思想、與行爲作好與壞的評估或批判，諮商員能看重並溫馨的接納當事人，而不會在接納之中加入條件。諮商員透過行動顯示看重當事人所擁有的一切，並認爲當事人具有自由的感情之權利，但並不是全然地贊同當事人所有的行爲，對當事人所有的外顯行爲並不需要全部予以讚賞或接納的。

三、正確的擬情瞭解（accurate empathic understanding）

正確的擬情瞭解，也是正確的同理心的瞭解，是諮商員設身處地站在當事人立場而言，諮商員的一項重要任務，是在諮商過程中敏銳與正確地觀察當事人與諮商員相接觸之時的經驗與情感。諮商員應努力去覺察當事人的主觀經驗，尤其是此時此地的經驗。擬情瞭解之目的，是要激勵當事人更能親近他自己，能更深層與密集的體會自己的情感，並能認知與解決內在不一致性的問題。

評論：

★優點：

▲尊重當事人，符合民主潮流。

▲諮商關係容易建立。

▲個人中心法主要在反映內容與情感、澄清訊息、幫助當事人把握他們自己的資源，並激勵他們去發現問題的解決之道，這種方法比其他各種模式顯得安全，因爲其他模式常把諮商員居於指導者的地位，用以作解析、形成診斷、探究潛意識、分析夢、並促使人格作根本的改變，對一個諮商心理學、人格動力學、心理症狀學等背景有限的人而言，個人中心法正可以提供當事人之心理不致受到傷害的保證。

▲個人中心法對個別諮商與團體諮商有其貢獻。它提供一種人文的基礎，用以瞭解當事人的主觀世界。因爲當事人有主觀的世界，使得他的心聲很少有機會能眞正讓他

人所知曉。如果當事人感到他們的話有人在聽，可能會以自己的方法表達情感。有可能成爲眞正的自己，因爲知道不會受到批評或論斷，感到可以自由地試驗新的行爲。他們期望爲自己負責，而且在諮商中會爲自己調整步伐。以自己想作改變的目標爲基礎，決定想要探索的領域。

▲個人中心法使當事人對方才所作之溝通，有立即與特殊的反應。諮商員像是一面鏡子，反映了他們深層的情感，因而他們可能對先前只是半分知曉的自我結構（self-structure）層面，能有更深層的體認。他們注意到甚多以往未曾注意的事，因而能使整體的經驗增加。

★缺點：

▲個人中心法的最大缺點，是某些實務工作者誤解或淡化這種方法所必備的重要態度。並非全部諮商員都可以應用，因它有甚多哲學尙不能加以證實。

▲將反應與諮商風格侷限在反映與擬情傾訴之中。傾聽與眞正的聽當事人的訴說，並作反映與溝通性瞭解，必然有其價值。但是心理治療的目的更甚於此，也許傾聽與反映只是治療關係之前提而已，它們不能與治療的本身相混淆。

▲此外，個人中心法強調當事人的「頓悟（insight）」，各個人的基本能力不同，不可能全然鼓勵當事人用於頓悟去解決自己的問題，頓悟 (ingsight) 對成年人也許有效，對中小學學生不是那麼容易，尤其在學習輔導方面，不能單靠學生頓悟可以奏效。

第四節　心理分析法諮商（Psychoanalysis）

一般概念：

心理分析法（Psychoanalysis）是心理治療第一個有體系的理論。心理分析是一種人格理論、一種哲學體系、也是心理治療的一種方法。心理分析法以決定論觀點來看人生。他假定人類被潛意識、性驅力、非理性力量、心理能源、尋求平衡穩定與早年兒童期經驗所限定。在實務上，認爲諮商者在作診斷，將當事人的歷史加以概念化，決定諮商的計畫與使用解析的技術，逐漸去發掘潛意識題材等方面，是居於專家的地位。它強調對過去事件的洞察與瞭解，而過去事件可以被技巧性的統整。它是一種長期的心理治療法，目的是要使人格產生巨大的改變。

代表人物：

心理分析論的創始者是佛洛伊德（Sigmund Freud, 1856～1939）。佛氏是出生於維也納的猶太人，廿六歲獲維也納大學醫學學位。中年以後將全部精力貢獻在心理分析理論的建立上。其理論是所有心理治療理論中歷史最悠久的，且是影響最深遠的一派；不只對心理治療上有影響，且對文學、藝術、教育………等方面亦有其重大的影響。

基本論點：

人性

心理分析派認爲人類基本上是受心理能源、早年經驗所限定。潛意識動機與衝突是現在行爲的中心。非理性力量是很強烈的，個人受「性」與「攻擊」之驅力所驅使。性本能和攻擊本能是決定人類行爲的重要因素，早年的發展是重要的，後期人格問題都根源於早年（出生前五年）兒童期的衝突。

總之，佛氏的人性觀是宿命論者，消極的，受潛意識控制的，人性本惡的、尋求生理滿足的。

人格結構

依照心理分析的觀點，人格包含三個體系：本我（id）、自我（ego）、和超我（superego）。本我是屬於生物性要素，自我是心理性要素，而超我則是社會性要素。

★本我（id）

「本我」是人格的基本體系，「本我」是與生俱來的，它是心理能源（psychic energy），以及本能（seat）的。不能忍受緊張，它會對緊張作立即反應，以維持一種均衡的狀態。「本我」受制於「快樂原則」（the pleasure principle），其目的在減輕緊張、避免痛苦，以及獲得快樂，「本我」是非理性、無道德的，並且受到爲滿足本能的需要以切合快樂原則所驅使。「本我」永遠不會成熟，也不會思慮，僅有慾求或行動。「本我」是屬於潛意識層面的，但也可能浮現在下意識或意識中。

★自我（ego）

「自我」是與眞實的外在世界相接觸的部份，它是管理、控制與調整人格的執行者，它的職責是在協調「本我」與週遭環境之間的關係。「自我」控制意識，並從事檢核工作，它受制於現實原則（the reality principle），能做現實性與邏輯性思考，並對滿足需求的行動作計畫。「自我」是智慧與理性的本體，對盲目的本我驅力作檢核與控制。「自我」不僅僅顧及主觀的現實層面，它也能區分外在世界的心理印象與外在事物之間的關係。

★超我（superego）

「超我」是人格中道德或正義的部分。它是一個人的道德信條，主要在判斷行動的好與壞，對與錯。它代表理想而非現實，與努力追求完美，而非快樂。它也是傳統價值與社會理想的代表，這些傳統價值與社會理想是由父母傳遞給兒女的。

人格的發展

心理分析指出人從出生到成年的社會心理與性心理發展，它提供輔導員一種概念性工具，用以瞭解人生的發展趨向、各種階段的發展任務、正常與變態的個人和社會功能、人的重要需求和滿足或挫折、初期不完全的人格發展導致後期的適應問題，以及健康與不健康的運用自我防衛機轉等。佛氏將人的生長發展分爲以下五個時期，當然不是截然的，是重疊的：

★口腔期（oral period）：出生第一年

佛洛伊德認爲一個人由幼至長的社會失敗，可以從嬰兒期與兒童期性經驗的文化禁忌和個人的表現方面來加以瞭解。從出生至一周歲的嬰兒有著口腔期的經驗，從吸吮母親的乳房滿足了食物與快樂的需要。在這個時期，嘴與唇是敏感帶，嬰兒從吸吮中獲得性愛的經驗，嬰兒仍沒有發展出自我與超我，僅有需慾與求立即滿足的「本我」。

在此發展階段的兩種活動是口腔吸入（oral-incorporative）與口腔攻擊（oral -aggressive）的行爲。這些早期行爲可看成是成年個性特質的原型。

口腔吸吮的行爲能從口腔的刺激獲得快樂，性愛的能源集中在口腔，隨後身體其他部分逐漸成熟，成爲快樂滿足的部位。但成人仍表現過度的口腔需慾（如：過多的吃、咀嚼、說話、抽煙與喝酒）可能是一種口腔期固著（oral fixation）的現象，嬰兒期的口腔滿足被剝奪了，可能在成年時產生這些問題。

嬰兒長齒以後，開始了口腔攻擊期，咬是這個時期的活動之一。成年時的諷刺、敵意、攻擊、饒舌，與囑咬他人等特質，與此時期發展的事件有關。

貪婪與貪心可能是人生最早期沒有獲得足夠的食物與愛所致。兒童所追求的物質東西可以替代他們所眞正希慾的東西，例如：從母親那兒獲得食物與愛。由口腔期所產生的人生後期人格問題，可能發展成對外界不信任、恐懼與他人接觸、對愛與信任產生恐懼、低自尊、孤立與退縮、並且無法形成或維持親密的關係。

口腔期的主要發展任務是獲得信任感——信任他人、世界與自我。愛是對付恐懼、不安全、不適當的利器，一位被他人所愛的兒童，不難被他人所接納。假如兒童感到不被需要、不被接納、與不被愛，他很難自我接納。被拒絕的兒童學到了對這個世界不信任，他們把世界看成是一個恐佈的地獄。嬰兒被拒絕的結果導致兒童期的恐懼、不安全、尋求被注意、嫉妒、攻擊、敵意與孤獨。

★肛門期（anal period）：一至三歲

肛門期是發展的另一個階段。這個階段的發展任務是學習獨立、個人獲得權力、自主與學得如何認識負向情感。

人生前二、三年，肛門區域成爲形成人格的重要部位，此時期兒童的父母對兒童有所要求，兒童在操弄物體或探索的環境，以及去控制內臟時會遭遇挫折。在兩歲開始的大小便訓練，使兒童首次經驗到在被訓練著。大小便訓練方法，和父母的情感、態度與反應有關，對兒童人格特質的形成有深遠的影響。兒童對自己身體功能的態度，很多是從父母的態度所學習而來。人生後期的人格問題，如强迫性行爲，源自於此時期父母之如何養育孩子。

兒童也許會以忍著不大小便，或者便溺不定時等方式來控制父母，假如大小便訓練過於嚴格，兒童可能以便溺不定時或不定處來表示他們的憤怒。這種行爲形成後期成年特性之基礎，如：殘忍、不當的表現憤怒、或漫無法紀。佛洛伊德認爲這是一種肛門期攻擊性人格（anal-aggressive personality）的表現。兒童在大小便時，父母可能施以獎勵或過分注意兒童的排泄行動，這也許會導致兒童誇大這種活動的重要性。這種注意力可能與一個人的「產出需求」有關。往後成年的個性是以這時期的經驗爲根基的，因此，成年期的發展如有著漫無法紀、守財奴、頑固、與吝嗇等個性，可將之稱爲肛門滯留人格（anal-retentive personality)。

當肛門期在發展中，兒童將會感到一些所謂負向的情感，如：敵意、破壞、憤怒、狂暴等。兒童得知這些情感是可以被接納的，是非常重要的事。在治療中的當事人很多不會接納對他們所愛的人的憤怒與怨恨，因爲他們直接或間接的被教導著，認爲這些情感是不良的，而且每當他們把這些情感忍住，父母則會接納他們，導致他們把這些負向情感壓抑下來。

在這個階段兒童開始獲取自己的權力，獨立與自立感是非常重要的，假如父母供給孩子太多，只會使兒童以爲他們是一個無法自我發揮功能。

★性器期（sexal period）：三至五歲

三至五歲間這個時期是兒童說話、思考、與控制肌肉等發展迅速的階段。動作與知覺的能力開始發展，因此，也有了人際交往的技巧。兒童從被動接受的階段進展到另一個主動控制的性心理發展階段——性器期。這個時期性的活動變得更爲緊張，兒童的注意力集中在性器——男生的陰莖和女生的陰蒂上。這時是意識發展的階段，兒童開始學習道德標準。有一個最大的危險是父母的道德信條是頑固與不切實際的，這可能被帶到成年期，阻止了他去享受與他人親密的快樂。父母親的信條成爲一種幼稚意識——亦即是兒童害怕去發問或思考自己，而只是盲目的接納，因而無法思考道德，只是恐懼而已；另外的影響是導致固執、強烈衝突、罪惡、自責、低自尊與自我非難。

這個階段兒童需要去接納他的性情感，把它看成是自然的事，而且也需要健康的悅納他的身體。他們需要性別角色適當認同的模式，他們對身體快樂的態度，像何者是「對」或「錯」，什麼是「陽性」，什麼是「陰性」的態度，正在形成中，他們對男女兩性的關係有所認識，正決定如何去感受他們之所以爲男孩或女孩之角色。

此時兒童的原始快感中心轉移到性器官上。此階段的衝突主要來自兒童的潛意識中，有時以異性的父母爲愛戀的對象，由於此情感在本質上具威脅性的，使幼兒產生罪惡感，並加以壓抑。此時男童對母親懷有獨佔的渴望，對父親心懷敵意，此即所謂的「戀母情結」（Oedipus complex）。但當幼兒發現父親具強大的能力，內心的焦慮與不安，乃以「認同」父親的行為來消解。女性亦會產生戀父情結（Electra complex），亦以認同母親的行為來化解內心的焦慮。此階段父母親應接納其對性的好奇，並輔導其性行動。如果父母灌輸嚴苛的道德標準，可能幼兒會發展成衝突、罪惡感、低自尊、低自我評估。

★潛伏期：五至十二歲

此時重要的人格結構（本我、自我、超我）大大的形成，在各體系之間也有了相互關係。在潛伏期階段，新的興趣替代了性衝動，兒童開始社會化，並對外在廣大的世界感到興趣。性的驅力從學校活動、嗜好、運動、以及與同性朋友之間的友誼中得到昇華。

★兩性期（genital period）：十二歲至成年

口腔、肛門、與性器期常併在一起，可稱為前兩性期（pregenital period）。這個階段重要特徵是有自戀傾向（nascissistic orientation），或是以內化與自我中心為第一要務。在兒童期中期 (middle childhood)，兒童開始向外轉而注意與他人的關係，這時期的兒童對內外在世界同樣感興趣，這個階段持續到青春期為止，青春期的青少年則開始建立對成人之認同感，並有了生殖的傾向。

兩性期階段，青少年在性器上很多的舊課題，會在此時重生與再現。青少年會對異性感到興趣，沈迷於某些性經驗之中，開始承擔成人的責任。當他們脫離青春期進入成熟的成人階段，他們發展了親密的關係，擺脫父母的影響，並發展對他人感興趣的能力。這也離開了自戀的傾向，而導向利他行為，並且關心他人。依照佛洛伊德的看法，「愛」與「工作」是成熟成人的中心特質，亦即是：自我有愛與工作，並能從愛與工作中獲得滿足，乃是至高無上的事。

諮商技術：

心理分析的技術主要在於逐漸的覺察、明晰洞察人的行爲、以及瞭解症狀所顯示的意義。諮商之進展在於讓當事人說話，使之渲洩（catharsis）與洞察，以處理潛意識題材，達到理智與情緒化的瞭解，以及再教育的目標。希望人格爲之丕變。心理分析有五種基本技術是：

★自由聯想（Free Association）

是分析者輔導當事人，盡可能的將心中的話說出，能不加考慮地立即報告出來，不管它們是多麼的瑣碎、無邏輯、不淸楚，當事人仍直覺的、不加思考的流露出來。在自由聯想的過程中，治療者的任務是鑑別及解析潛意識中被壓抑的事件和當事人症狀有關聯的資料。當事人通常躺在長椅上，而輔導員則坐在他們後面，這才不致於在自由聯想的時候限制了當事人。

★夢的分析（Dream Analysis）

在睡眠中防衛是比較低的，一些被壓抑的情感會表面化。佛洛伊德把夢看作是通往潛意識的大道，在夢中一個人的潛意識慾求、需要與恐懼表現出來。某些不被人所接受的動機會以爲僞裝或象徵形式表現出來，而非直接的顯現。

★拒抗的分析（Resistance Analysis）

抗拒（resistance）是當事人抗拒治療者所採取的各種諮商方法，使治療者無法獲取當事人的潛意識資料，以致諮商毫無進展。佛氏認爲當事人會抗拒的原因是一種潛意識的防衛作用，以逃避自己去面對自己所無法忍受的焦慮的意識化。處理抗拒的方法是治療者指出當事人的抗拒心理，幫助當事人了解抗拒的原因，使當事人正視抗拒的行爲，並藉此探討潛意識的作用。

★擬情的分析（Transference Analysis）

擬情是指當事人在諮商的過程中，把治療者當成是他過去生命中的一個重要人物（如父母、或其他重要的人），當事人並以對待此一人物的情感移轉來對待治療者。在諮商過程中，此擬情作用是一關鍵，因爲透過擬情作用，治療者有機會去具體的觀察和了解當事人的人際關係，並解析問題行爲的衝突所在。

治療過程中，它是當事人過去重要人物的「未完成的事務」（unfinish business），導致他們現在的痛苦，並把分析者當作是自己的人生最重要人物的替身。

擬情的分析是心理分析的主要技術。它允許當事人在諮商中重現過去，使當事人能洞察自己固著與被剝奪的本性，它並使之瞭解與現在切身有關之過去的影響力。

擬情關係的分析使當事人能處理停留在現在，並阻止情緒成長之衝突。最重要的，乃是早年需求無法滿足所產生的心理症狀，可以透過與分析者的關係而克服相似的情緒衝突。

★解析

解析是使用自由聯想、夢、抗拒、與擬情分析的一種基本過程。這種過程包含分析者的指點、解釋、甚至教導當事人呈顯現在的夢、自由聯想、抗拒、與治療關係之中的行爲意識。解析的功能是允許自我吸收新的題材，加速深入發現潛意識題材的過程。

解析注重適時，否則會有所排斥，分析者必須解析當事人對他們自己所不曾看見的，解析必須由表面事件開始，然後盡其可能的深入當事人能夠經歷到的情境中。最好在解析情緒或衝突以前，指出抗拒或防衛之所在。

評論：

佛洛伊德的理論博大精湛，在心理治療上幾乎大部分的理論均受其影響，心理分析論的主要貢獻是：

建立心理健康的知識，以協助人類減輕心靈的痛苦；發現潛意識世界，解釋人類除了有意識的理性的行爲外，人類尙有潛意識的、非理性的、不爲個人所知的另一面；主張「六歲看大」，認爲童年的人格成長經驗對個人成年後的生活適應有極大的影響，使一般人能重視兒童早年的人格教育。

除此之外，佛氏對諮商有影響，尤其是注重早期創造性經驗使諮商重視親職關係與注重當事人的盡量表達。同時，心理分析提供輔導員一個概念架構，以正視並瞭解現在症狀的起源和功能，瞭解自我防衛是焦慮的一種反應，假如輔導員忽視當事人早期生活的歷史，將不能對造成當事人現在的痛苦，以及當事人現在的生活型態有所眞正瞭解，應用他的理論了解學生是有幫助的。

心理分析派理論，對輔導工作雖然有很大貢獻，但亦有可議之處，主要是：

從背景而言，佛洛伊德是處於父權至上時代，論點包含很多歷史與文件成份，在那個時代裡，婦女之壓抑情緒是可以理解的，尤其在性方面，所以他的論點，偏於「性」方面居多。

一般學者對佛氏的批判認爲：他完全以變態神經病人爲對象作爲其建立理論基礎，沒有科學化的驗證。非常費時，當事人必須有忍受密集與長期治療過程的意願。一般而言，當事人接受治療，每週將有數次，並持續三至五年。每次治療通常要花一個小時。

今日若以國中小學生而言，此種諮商顯明不可能適用，這階段的學生人生經歷尙淺，只不過是一些白日夢而已，沒有深刻的挫折情緒壓抑與焦慮，對於「頓悟」、「自由聯想」的能力更是談不上。不過他提供的人格發展理論是頗有價值的，這些可以作爲認識個案的參考資料，不容忽略。

第五節　行為治療法諮商（Behavior Therapy）

一般概念：

行爲治療一詞的來源，係 1953 年史肯奈（Skinner B. F.）和他的同僚，首先用操作制約原理去矯治精神病患，稱之謂「行爲治療（Behavior Therapy）」因而得名。

行爲治療法强調特殊的行動與作爲，以契約爲基礎，認爲治療者之角色宛如一位敎師，它是一種認知的方法。行爲治療强調人的認知層面與各種行動取向的方法，用以幫助個人採取明確的步驟，以改變行爲。就某方面而言，行爲治療法認爲所有的行爲均由學習而得，不良的行爲亦是。假如神經質是由學習而來，它當然可以由學習去除，較爲有效的行爲也可以經由學習而獲得。

行爲治療法特別注重消除當事人的不良行爲，並幫助他建立新的行爲。實務上，行爲治療乃採取一對一或團體的型式進行的。行爲治療法包含甚多的概念、研究方法、以及處理技術，用以解釋和改變行爲。

行爲改變技術（Behavior modification）一詞，最先出現在 1962 年華生（Watson, R. L.）所發表的一篇文章上。1965年烏爾曼和克拉斯納（Ullmann, L. P & Krasner, L.）在其合編的書中定義：「行爲改變技術是應用學習理論與實驗心理學的成果去改造不良適應行爲的方法，其著重點是外在行爲的改變或發展。」（陳榮華，民75·頁 10）。

代表人物：

作爲治療派的代表人物，依其發展分爲三派：

一、古典制約派：代表人物渥爾比（Wolp J.），班度拉（Bundura），拉茲路斯（Lazarus A.）及艾森克（Eysenk, H.）。

二、操作制約派：代表人物爲史肯奈（Skinner B. F.）。
三、認知治療派：代表人物爲貝克（Beck），及梅清波（Meichenbaum）。

基本論點：

行爲治療法，依傳統的觀點論人性，人是屬於環境決定論，認爲人一出生，心靈就像一張白紙，「近朱者赤，近墨者黑」。人性本無善惡之分，是中性的，其向善向惡完全由後來的環境所塑造和決定。認爲人爲環境所控制，人是被環境及遺傳因子所決定的反應式的有機體，人在其生存的環境中，透過對環境的刺激所作的反應，形成了其行爲及性格。故行爲和性格是學習而來的。

依科學的觀點，認爲人的行爲是有規律的，即是學習的原理原則，使用這些原理原則，就可改變人類的行爲。

現代的行爲治療者，統合了傳統派認爲人是被環境所控制的被動反應者，注意到人的行爲取向（action-oriented）的治療法，即幫助當事人主動的改變自己的生活，並重視當事人對刺激物的認知，强調個人的行爲責任，透過輔導、自我管理、自我鞭策等，改進其不良行爲。

歸納行爲治療法對人性論點，不外：

★不適應行爲是由學習而來。
★不良適應起源於個體無能力操縱自己行爲。
★良好適應是語言與思考行爲來控制的。
★輔導是由自己知道控制自己行爲的一種學習過程。
★自我概念是個體描述動機形成與人際關係的連續性，爲一種有組織的語言，或非語言行爲。
★行爲的改變是爲了目標的達成。
★行爲是一種習慣。
★對某事情的期望是一種自我概念。
★學習更理智、分析更細心，瞭解行爲中的新關係，以達到新的自我概念。

治療方法：

一、確定治療目標

目標在行爲治療中被置於首要地位。當事人可以選擇諮商的目標，此種目標在治療過程的開始，即加以特別的界定。在治療中持續的評估目標有效達成的程度。行爲治療的一般目標是創造一種新的學習制約。當代的行爲治療有一個很明顯的趨向，即是使當事人亦有選擇目標之可能。此外，治療者與當事人之間發展良好的關係，也被視爲必要（即使並不充分），以澄清治療的目標，並共同合作達成所設定的目標。

二、治療者功能角色定位

行爲治療者在治療上必須採取主動與指導的角色，應用科學的知識，發現解決人類行爲的途徑。行爲治療者的功能基本上宛如一位教師、指導員、與專家的角色，在於診治不良適應的行爲，並提出適當的處方，希望能導致新行爲的發生。另外一個重要的功能是，治療者是當事人的角色模範。班都拉指出多數的學習乃經由直接的經驗而獲得，也可以經由對他人行爲的觀察而獲得。

三、實施治療：陳榮華（民75）教授擬訂出改變行爲的系統步驟

★問題行爲的檢出

首先確定問題行爲的種類、問題發生的情境及條件。

★問題行爲的評量

在處理問題行爲前、後，依問題行爲的性質，判斷問題行爲的範圍及嚴重程度。評量方式以次數、強弱、時間、數目………等加以量化評量。評量時應注意客觀性、穩

定性、及可信賴性。

★探究問題行爲的前因後果

首先考慮引發行爲的有效條件，或稱引發要項、前提事件。其次是當事人的機體變項及行爲反應，看看行爲反應後的行爲後果如何。

★確定目標行爲與終點行爲

目標行爲（target behavior）是諮商員計畫去改變的某項特定行爲。如：打人、不繳作業、課堂內發怪聲等行爲。終點行爲（terminal behavior）則是一種訓練前所訂定的預期表現的行爲標準，即期待目標行爲達到的改善標準而言，如：每天由打人八次降低到打人兩次以下。目標行爲及終點行爲的特點是明確具體。

★執行行爲改變方案

此階段以各種行爲改變的技術輔導當事人改變行爲，在執行行爲改變方案之前，雙方應先訂立明確、公平而可信的契約，以利執行。執行中應紀錄自變項（輔導處理）對依變項（行爲改變）的影響，以了解輔導的成效，作爲評估、修訂輔導方案的參考。一般用來分析與評估行爲改變技術之效果的研究法叫單一個案實驗法（Single Case Experimental Designs），又稱應用行爲分析法（Applied Behavior Analysis）。

行爲改變技術，通常採用的方法：

★增強法（Reinforcement method）

所謂增強是指個體產生行爲反應之後若得到愉快、滿足的結果，則該項行爲反應的出現頻率將增加，反之則減少。此種增強作用包含正增強與負增強兩種，前者使用正增強物，例如：食物、讚許、微笑等；後者使用負增強物，例如：懲罰、嘲笑、責罵等。其作用均是增加個體某一正確反應的可能性。

★消弱法（Extention method）

消弱是指個體產生行爲反應之後，若未獲得任何增强，則其出現率將趨遞減，例如：學生爲引起教師注意而產生之喧鬧行爲，若未獲得教師之注意，則此喧鬧行爲將逐漸消弱。

除上述的行爲改變技術外，適合實務工作者使用的行爲改變方法與技術有：鬆弛訓練（relaxation training）、系統減敏（systematic desensitization）、閉壓治療（implosive therapy）、「洪水法」（flooding method）、嫌惡治療技術（Hatred therapy techniques）、代幣法（token economies）、示範法（modeling methods）、寬廣認知法（a wide range of cognitive techniques）、自我管理法（self-management programs）等所有的方法，皆以學習原理爲基礎，用以促使行爲的改變。時常使用診斷、資料蒐集、問「是什麼」、「如何」與「何時」，但不問「爲什麼」等問題。

評論：

★行爲治療派對恐懼症，變態行爲，拜物狂等治療很有效，獲得大家的肯定，但對精神情緒困擾者缺乏治療效果。

★依 Corey G.（1991）觀點，行爲主義者對諮商領域有所貢獻，因爲他們注重特殊性，而且以系統化的方法來應用諮商技術。他們激勵考驗整體的諮商方法。

※行爲治療有兩個主要的貢獻，

▲第一是對治療結果之研究與評量的重視。此種方法有其特殊的效益，因爲實務者只擁有治療之技術是不夠的。

▲另外一個貢獻是治療者可以應用各種特殊的認知與行爲技

術。因為行為治療強調「作為」，反對僅僅談論問題與獲得頓悟而已，因此實務工作者可以使用一些行為策略幫助當事人訂定行為改變的計畫。

★此種方法的主要限制是它對情感與情緒在治療過程中之角色，不予重視。它只重視當事人之行為導致不需欲行為的認知型態，而對於感情之角色不予理睬。一般的批評與誤解是：

▲可以改變行為，但不能改變情感。
▲忽視治療中重要的關係因素。
▲無法導致頓悟。
▲忽視現在行為的歷史原因。
▲太過把人作機械化反應，操縱控制，沒有人性，因為人有高度的心智反應能力，並非是單純的反應。

面對以上的批評，行為治療派的答辯為：

★批評認為在行為改變之前必須先改變情感。行為治療者則認為：「假如一個人改變了他的行為，則必然也已經有效地改變了他（她）的情感。並且沒有實徵性的證據足證在改變行為之前必須要先改變其情感。」

★就治療者與當事人之間的關係而言，Corey G. 認為在合作與工作關係階段，行為治療是最具效果的。——也就是說，當當事人與治療者一起共同完成當事人的目標時，兩者之關係效果最高。無庸置疑的，某些治療者受到行為治療所吸引，因為它們可以指導、可以表現專家的角色、也可以避免建立個人關係所產生的焦慮與迷惑。

★至於行為治療無法導致頓悟的批評：行為矯正治療者，認為頓悟並非需要的。行為是直接地加以改變，假如頓悟之目標是行為的一種改變，則行為矯正法已經被證實含有某些頓悟的作用。假如目標相同，則較具實徵性技術，當然效果較高。

★對於第四點批評，Corey G. 認為行為治療派是對佛洛伊德或其他學者所主張的歷史方法或傳統的心理分析法的一個反動。佛洛伊德假定每一個創傷都是現在不良功能的根源。發現基本的根源，引導當事人頓悟、然後將現在的行爲改變。行爲矯正者也許知道偏離的反應有其歷史原因，但他們認爲反應仍然有效，因爲他們仍然被增強的刺激所把持著。重新學習或改變環境刺激是行爲改變所必須的。

★行爲治療派更認爲：

⑴人的心智是看不見的，行爲才可以看得見。

⑵任何諮商治療都是控制，行爲治療亦不例外。

⑶當事人樂於行爲治療，是他自己要求的，沒有不人道之處。

第六節　諮商的實施

諮商是輔導者與被輔導者二人面對面的晤談，研商解決問題的途徑，此謂之個別諮商，倘輔導者與多數被輔導者，面對面的晤談，謂之團體諮商，團體之大小，難以截然的劃分，通常三、五人乃至十人者，謂之小團體，以上者謂之大團體，如一個班級。

「諮商」與「晤談」常被人混淆其意，幾乎難以分開，但在輔導工作中，二者稍有差別，前者所涉及的較爲深入的個體內在心理及行爲態度的改變，人格發展與統一的過程居多，重矯治性方面；後者所涉及的層面較淺，多屬教育性與發展性方面。在應用上諮商的方法，可應用於晤談，但諮商需要受過專業的訓練，才可擔任，晤談的人則不必過於要求。諮商進行的場所較爲固定，個別諮商多在諮商室進行，團體諮商多在教室進行，會談不一定在固定場所，在走廊、教室、操場等祇要時機許可都可以進行。

諮商的目的：

諮商的目的在藉與學生直接的商談，使學生瞭解自己，並研擬解決問題的辦法與計畫，協助與鼓勵達成目的，使其得到更大的適應與發展。但諮商並非替學生解決問題，而係協助學生去解決問題。諮商的目的，如分開來說，有下列各點：

★使學生獲得成功所需的情報。
★獲得解決學生的問題所需的個人資料。
★增進諮商教師與學生間的相互瞭解。
★援助學生擬定解決其困難的計畫。
★幫助學生充分瞭解自己的興趣、能力、性向、機會等。
★鼓勵並發展特殊能力與正當的態度。
★鼓勵學生爲達成目的而做有效的努力。
★幫助學生擬定升學就業的計畫。

諮商的原則：

教師或輔導員於進行諮商的過程中，如何始能有效達成上述的目的，必須講求諮商的方法與技術，同時並應遵守下列的原則：

★每一當事人（Client）須視爲可接受的個體，而由學生本身作最後的決定。
★諮商是一種隨意許可的關係，須尊重學生的意見。
★諮商應著重與學生共同思考，以客觀與同情的態度分析問題，雙方共同設法解決。
★諮商應符合民主的思想與態度，應民主、客觀，不可勉強學生接受。

諮商的實施方法：

諮商的實施，須視實際情況而訂定實施方法，一般而言，諮商的實施方法有以下幾點：

諮商對象之來源：諮商的對象有三種來源：

▲學生自動來訪：要使學生自動來找輔導員爲其解決困難，輔導教師應注意下列事項：

⑴在校內公布輔導工作中諮商的任務，有關服務的項目，最好印發學生參考。
⑵將諮商的意義、價值及內容向社區公布，使學生家長有所瞭解而鼓勵其子女前來諮商。
⑶利用團體輔導的機會向學生解說諮商的性質。
⑷輔導員本身必須有良好的聲譽及和善誠懇的態度，使學生有信心，而自動前來諮商。

▲輔導員亦可採取主動的方式通知學生前來，選擇對象的方式有三種：
⑴使用問題調查表：發現有特殊問題的學生，通知其前來諮商。
⑵檢查累積紀錄：利用學生既有資料以發現有問題的學生，通知其前來接受諮商。
⑶觀察：利用各種機會觀察學生，發現有不良適應者即通知其前來接受諮商。

▲校內外人士之推薦，如教師、家長等的介紹。

諮商的實施過程：

輔導活動諮商工作之實施，應參照前述各種技術就學校情況，針對學生個別問題，靈活運用。一般諮商實施的過程如下：

※建立開始關係：

要建立良好關係，輔導員之態度須和善親切，必須誠懇同情，以求得學生的信任，從而建立良好關係。

※構成諮商的情境：

諮商開始時，輔導員必須設法安排諮商進行的程序，靈活運用情感反映技術及引導技術，引導學生表達其眞正問題之所在。

※決定諮商的方法：

就學生問題的性質繁簡來決定諮商的方法。

※搜集並解釋資料：

輔導員須運用各種方法，搜集學生問題有關的資料，與學生共同研究，並加解釋，使學生有客觀的認識。

※考慮可能的實施的方法：

輔導員須協助學生認識社會環境，尋求可能解決問題的社會資源以滿足其的需要。

※協助擬訂計畫：

輔導員須協助學生爲其擬妥計畫，甚至與家長、教師等會商決定。

※提示綜合結論：

輔導員經過相互研討後，對若干問題的解決已獲可行的計畫，此時，輔導員須綜合多次的個別談話，提出共同的結論。

※延續研究：

輔導員在諮商結束後須繼續追蹤案主的行爲表現，並須隨時給予適應的協助。

諮商的基本技術及實例：

諮商是個別輔導的重心，諮商技巧因學派的理論而有差異，茲綜合舉出較爲主要的諮商技巧如下：（國立編譯館，民71）

一、建立友好關係的技術（Rapport）

輔導員第一次和來談者會面，即必須給予一種信任的感覺，能彼此相互了解、信任和慰藉，輔導員係藉著他的接納、溫暖的態度，對來談者表現出很大的關心，去建立友好關係。

在下面的情況中，均可建立友好的關係：

★寒暄：

輔導員可以和來談者握手，親切地叫其名字（喚名不冠姓，甚至呼小名），一般的禮貌均可給人深刻的印象。

★談話主題：

可先用來談者感興趣的話題來引起共鳴。

★坐姿舒適：

諮商室的物理環境均妥善安排，使來談者不會有焦慮感。

★態度：

透過自然的人際關係，則彼此很容易建立友好關係；會談內容絕對保密，讓來談者有一份安全感。

『實例一』

學生：（頭上冒汗，氣喘吁吁的走進諮商室）。
教師：「小明，看你滿身大汗，剛上體育課嗎？」
學生：「不是，我是從教室跑到這裏來。」
教師：「嗯，原來如此，今天想跟老師談些什麼？」或：「天氣好熱，你走這段路來很辛苦哪，要不要休息一下，喘口氣再談？」

『實例二』

學生：（有點緊張，坐立不安，眼睛瀏覽著諮商室牆上的圖畫）。

教師：「你覺得這張畫怎樣？」
學生：(低著頭，手不安的搓著手帕，沈默)
教師：「事情很難說出來，是不是？」或者：「不知道怎麼說才好，是不是？」
學生：「嗯。」
教師：「沒關係，想說什麼就說什麼，慢慢來，沒有關係。」

二、場面構成的技術 (Structuring)

「場面構成」是諮商初期所要達成的，換言之，諮商要如何實施？可以期待些什麼？來談者要做些什麼？輔導員的任務如何？關於這些，都需要在諮商初期加以說明，以期諮商過程能順利進行。這種程序在諮商的實際情境馬上會遇到。輔導員與來談者之間的場面構成是否順利，與諮商關係的建立有關。

『實例』

學生：「老師，這件事情我從來沒有對任何人說過。」
教師：「你放心好了，我們在這裏的談話，老師絕對會保密的。」
學生：「老師，我要怎麼辦？請你告訴我。」
教師：「嗯，我們一起來看看問題在什麼地方，相信只要你能夠把事情說得更明白，我們可以共同找出幾個解決的途徑，至於選擇那一種方法，還得由你做最後的決定。」

三、接納技術（Acceptance）

接納技術是以簡單的句子、如「嗯」表示接納，意味著來談者可就原主題繼續下去。簡單的接納技術可包含三個因素：

▲面部的表情及點頭。

▲聲調及音調的變化，可以「告訴」來談者輔導員是在接納他。

▲與來談者的距離和姿勢，能拉近彼此的距離，則接納技術實施起來更爲有效。

當來談者的談話中涉及家庭、社會、同學的不滿或言論很幼稚時，輔導員不可加任何的價值判斷或取笑其幼稚。輔導員無條件的接納，將使來談者感到親切，有個訴說的對象，可將內心想說的一切全盤托出，而輔導員就可對來談者作更深入的了解。

『實例』

學生：「我的父母根本就不瞭解我，我也沒讓他們知道這件事情。」
教師：「嗯！」
學生：「但是我想這是瞞不過他們的，如果他們知道這一次月考的成績這麼差，他們一定會罵我。」
教師：「你是說你父母會責備你這一次考試的成績不理想。」
學生：「那當然囉！他們只知道責備我，自己卻在屋裏打麻將，吵得我那裏能靜下心來讀書………。」
教師：「嗯！我想在那種情境之下很難靜下來唸書。」

四、感情的反映（Reflection of Feeling）

感情的反映是把來談者所表明的感情由輔導員加以把握，並反映給對方的意思。感情的反映並不止於語言的反映，應該也包括非語言方面，譬如：當來談者在表情上或動作上都表現他對於生存感到厭煩時，這時候輔導員也會很沈重地好像覺得自己已經失去了生存的活力一樣，必須能夠把握與對方的感情，加以回答。

『實例』

學生：「在教室說話的不只我一個人，爲什麼只有我要受處罰？」

教師：「你覺得處罰並不公平？」

※　※　※

學生：「今天老師說我的成績比他想像的還要好，我一直認爲只要我真的用功，一定會得到好成績的，這學期我就想肯定自己的這個想法，終於有了收穫。」

教師：「你下了一番功夫，終於達到自己的期望，一定會令你自己高興、滿意。」

※　※　※

學生：「同學們不喜歡我，現在我也不喜歡他們，爲什麼他們都這麼惡劣，笑我穿的衣服，我家買不起像那些討厭的傢伙穿的衣服，他們不用喜歡我，可是我希望他們不要再笑我。」

教師：「你覺得憤恨不平，覺得同學不應該取笑你穿的衣服。」

※　※　※

五、沈默的技術（Silence）

諮商過程中所出現的現象，有所謂沈默。即輔導員的回答傳達給來談者時，來談者的回答可能有中斷數十秒或數分鐘之久的情形。

在諮商關係中，到底現在的沈默代表怎樣的意義，自己或來談者對此感受如何，必須在諮商關係中加以推敲，傳遞給對方。

有時沈默具有治療意義。諮商初期，如果當事人陷於沈默，表示反映膽怯與抗拒；如雙方皆沈默，表示冷淡與隔閡。但在諮商關係業已建立之後，短暫的沈默可能不是尷尬的事，相反地，當事人藉此可以整理思緒，以便形之於文辭，表達其情感。這便是一種肯定的、接納的、積極的沈默。一般而言，沈默的意義約有下列幾種：

★在諮商時所提出的問題摸不清楚的沈默。
★整理自己的思考或感情的沈默。
★等待輔導員回答時沈默。
★拒絕或抗拒表現自己時的沈默。
★話題已經談盡時的沈默。
★覺得很厭倦時的沈默。
★不屬於以上各項的「空白」（譬如：包括來談者陷於混亂，而忘記自己所談過的事情，想要回想它的情形）。

『實例』

學生：「唉！到底我要怎麼辦呢？」
教師：………（沈默）
學生：「我還是主動向我們的老師道歉吧！」

處理沈默的方法：

★初期避免沈默。諮商有了進展之後才伺機用之。
★沈默時間不宜太長。
★沈默時要表示耐心地等待，不可顯現焦躁或不耐煩的樣子。
★藉沈默之際可以喝茶或抽煙，以保持自然愉快的氣氛。

六、觀察的技術（Observation）

在諮商過程中，輔導員要留神觀察一些行爲訊號，以了解當事人是否有神經質、羞愧、猶豫或緊張情緒。如不安地東張西望、眼皮頻頻跳動、臉上肌肉痙攣、頻頻搓手、手心冒汗、臉紅、眼內含淚、口吃、眼神不敢正視對方、發抖、咬指甲、吮手指等。這些行爲符號很可能具有特殊意義，而需設法使諮商情境向更不具威脅性的方向移動一些。

七、引導的技術（Leading）

「引導」有兩方面的意義：輔導員的思想在來談者思想之前或後，在前則指導來談者，在後則推動來談者。引導被解釋爲一種衝擊（impact），輔導員的問題具有高度的衝擊（high impact），而「嗯嗯」的反應是低度的衝擊或引導。

使用引導技術的原則

▲引導必須是當事人現在的能力與了解程度所能了解的。

▲引導須富於變化。

▲諮商關係未確立前，避免使用引導技術。

『實例』

學生：「那樣的家，我眞不想回去。」
教師：①「爲什麼？」（直接的引導）
　　　②「你能不能說得更清楚一點？」（間接的引導）

引導語的運用很重要，下面是一些可供參考的引導語：

你覺得……	你的意思是………
你似乎……	我覺得你………
根據你的觀點…	可能你覺得………
根據你的經驗…	我不敢十分確定你，你的意思是……
據你所知……	我得到的印象是………
你想………	我猜想你是……….
你相信………	………這是你的意思（感覺）嗎？

八、恢復信心技術（Reassurance）

「恢復信心」又稱爲「再保證技術」，可以減輕諮商時的焦慮，並針對某種行爲而給予鼓勵。恢復信心若用之不當，反而增加來談者對輔導員的依賴關係。恢復信心的技術，是接近諮商的終結時用得較多的技術。保證有三種：

第一種是保證問題並非與生俱有，接受諮商是對的。

第二種保證是保證來談者可以用與現在不同的方法來解決問題。

第三種保證可以憑自己的能力去解決問題，達到目標。

無論那一種保證，輔導員必須在來談者心目中是這一方面的權威者。如果輔導員作為保證的判斷是眞實的，而來談者能夠相信，則諮商可以收效。如果來談者認為輔導員的保證只是一種慰藉、一種虛構時，則容易引起與否定一樣的不信任感或反感。

『實例』

學生：「我想天天跟他鬧意見也不是個辦法，既然他是我的繼父、既然要生活在一起，恐怕我得改變自己的態度。」

教師：「你認為改變自己的態度才有助於解決問題，這是很好的想法。」

對於長期挫敗的抑鬱與自卑者，亟需重建信心，激發對理想的期望與試探的勇氣。方法：

▲言語的鼓勵：如「人生不如意十居八九」，「吾心信其可行，雖移山塡海之難，終有成功之日………」、「精誠所至，金石為開」、「最後的成功歸於不怕失敗的人」、「失敗為成功之母」等勵志小語激勵其士氣。

▲事實的印證：舉一些當事人成功的小事加以稱讚，如「那次抽考，你不是考得很好嗎？」「張三告訴我說你做人最誠實，好幾次拾物不昧，並且不要報酬。」

九、解釋的技術（Interpretation）

「解釋」即對於來談者的發言或行為，由諮商員加以推測，並告訴對方自己的想法。因此，解釋的結果雖然未明確地意識到，如果與來談者的想法或要求的方向是一致的，將在不受抗拒之下促進了解，而具有重要的意義。可是，如果解釋的結果比來談者的思考階段爲高，或者對於自由產生威脅，則這種解釋將不被接納。因此，輔導員必須提示可以讓來談者接納解釋。這一點是非常困難的，須有相當的經驗，有時候，藉測驗結果或研究結果賦予權威，將更加有效。

『實例』

學生：「我每次看到他（弟弟），就很生氣，毫無理由地生氣。」

教師：「這是因爲他是你現在的媽媽（繼母）生的，你既然覺得媽媽不公平，自然而然把怨氣發到你弟弟身上。」

十、澄清的技術（Clarification）

有時當事人處在强烈的因擾中，他的言談與思考常常不夠淸楚明確，此時輔導員需採用澄淸的技術，將當事人所說的或想說的破碎資料連貫起來，或把當事人模糊的、隱含的、而且未能明白表達的想法與感覺說出來。澄淸的目的可能是爲當事人，亦可能是爲輔導員自己。總之，使兩人間的溝通更順利而深入。不過往往因爲接觸不夠深入，輔導員可能亦無法明確了解令當事人困惑不確的思想，所以輔導員在做澄淸時應使用有彈性的語氣，留給當事人有肯定或否定的餘地。

『實例』

學生：「我唯一清楚的是我現在一片混亂，我想試，可是又不能，我想堅強一點，可是又表現得軟弱，我想要自己下決心，可是結果又讓別人牽著鼻子，眞是一塌糊塗………。」

教師：「你似乎很清楚自己的矛盾，你知道自己做的都不是自己想做的。」

※ ※ ※

學生：「我和王老師、楊小明處不來，所以我不想上學。」

教師：「楊小明是誰？」

學生：「就是坐在我前面的那個，………你知道，就是王老師最寵愛的那個學生。」

澄清與解釋不同，輔導員在澄清時仍以來談者的參考架構爲依據，並沒有加添輔導員自己的想法或立場，而「解釋」則否。

十一、面質的技術（Confrontation）

面質是輔導員基於對當事人的感覺，經驗與行爲上深刻的了解之後所作的反應，輔導員就當事人行爲中的矛盾、歪曲及逃避的部份，協助其了解這種破壞性的行爲及未善加利用的資源。輔導員不接受當事人任何藉口，可用面質的技術詰問，對於當事人習慣性的逃避或推卸責任的表現，面質的技術頗爲有效。

例：教師：「你說過你要去做，那你什麼時候開始做呢？」

十二、摘要的技術（Summary）

摘要技術是輔導員把當事人所說過的內容，所表達出來一種零亂、含糊的情感、想法、或是很重要的資料，值得更進一步去探討等，作一整理，把類似的訊息合併，再以簡單、明瞭、確定的方式表達出來。

十三、終結的技術（Termination）

良好的「終結」標準，即：

▲從自我實現的觀點而言，來談者的人格已經有良好的變化。

▲來談者所說的症狀或苦惱等外在問題，已經獲得解決。
▲內在人格變化與外在問題的解決之關聯性能夠充分被瞭解。
▲輔導員與來談者就上列三點能夠互相交談，有所瞭解，而確認諮商所達成的任務。

從事諮商的教師，對於諮商已經告一段落，或者已經接近尾聲，應該有所瞭解。譬如：來談者已經恢復信心，而有沈著的態度，或感到有朝氣，或者婉轉地對輔導員表示謝意等，這些都會表現在來談者整個言行之中，輔導員不難感受。如果來談者故意裝作要結束，則輔導員也可以察覺其不自然。遇到第二種情形，則輔導員與來談者對於虛僞的感覺，或者自己所感覺到的不自然的情形，應該充分交談。終結諮商的方法如下：

▲提示時間——

如說：「時間已經差不多了，下次什麼時候再來？」

▲歸納要點——

如說：「讓我們回想一下，今天我們談了什麼呢？」

▲談論未來——

如說：「下週晤談也在同一時間和地點好嗎？」

▲動作暗示——如看看手錶或鐘或窗外落日。
▲簡要紀錄——停止發問，開始伏案紀錄。
▲提出課題——

如說：「在你回去之前，我想提出一個問題，回去後大家來想想。」

▲在終結的數分鐘前，逐漸減低刺激與反應的强度，使當事人的心境平靜下來，平靜而滿足地離開。

諮商紀錄的方法：

在諮商的過程中，輔導員如果不斷的記筆記，將會引起當事人不安或分散其注意力，所以諮商進行時，不宜紀錄。但是諮商結束後，應該馬上把要點記下來，這些記下來的要點，一方面可以促使輔導員記住他所負的責任，同時也可以在下次諮商時，喚起記憶。

★諮商的紀錄方法

▲儘量用腦記事後筆記。
▲必要時記關鍵字詞。
▲最好在每次實施諮商後立刻記載，並且立即整理歸類，存放資料櫃。
▲應避免口供式的記錄。
▲避免偏重輔導員的判斷或解釋，必須將事實及談話、行為內容客觀的寫下來。
▲諮商記錄避免冗長，最好作要點敘述，條例分明，方便閱讀。
▲必須錄音或錄影時，最好取得當事人同意，以示尊重。

★諮商紀錄的表格：

為了紀錄諮商活動及評鑑諮商效果，必須有適當的紀錄表。諮商紀錄表格之設計應合乎簡單、實用及便利紀錄的原則，各校可依實際需要自行設計使用，不一定拘泥於某一種格式，可採用醫院病歷紀錄方式，先寫個人基本部分，包括：姓名、性別、出生年月日、籍貫、班級、諮商日期。諮商事項——可分健康、學業、升學、家庭、交友、性格、行為健康………其他等。談話內容摘要、處理方法、追縱輔導、約定下次再談日期時間、輔導員簽名等。可根據這些內容、設計表格，橫式、直式均可。如下表：

（格式一　　橫式）

學生諮商紀錄卡							
姓名		班級	年　班	性別		出生	年　月　日
輔導員姓名		填寫日期	年　月　日				
家長姓名		通訊處					
家長與學生之關係		職業			電話		
問題類別	諮商內容要旨						
學業 升學 就業 人生 人際關係 異性 家庭 心理障礙 健康 其他							
解決問題、援助處理							
實施商談時間	年　月　日　時　分起 時　分止	下次預定商談時間	年　月　日　時　分起 時　分止				

（本表取自詹英美著，國民小學兒童輔導的一般技術）

（格式二　直式）××學校諮商紀錄卡

填寫日期	年　月　日
姓名	
年級	年　班
性別	男、女
擔任商談者姓名	
實施商談時間	年　月　日（星期　）　時　分起　時　分止
下次預定晤談時間	年　月　日（星期　）　時　分起　時　分止
問題類別	學業、升學、就業、人生、待人關係、異性、家庭、心理障礙、健康、其他
諮商內容要旨	
解決問題、援助處置	

第八章　個案研究與輔導

第一節　個案研究的基本概念

個案研究的意義：

個案研究（Case Study），是個別輔導中一個極重要的專門技術，它是針對學生特殊問題行爲（比較嚴重者）來作研究。匯集其有關情況，說明需要與處理困難問題的周詳方法，從這研究所得的事實，進而瞭解學生，協助學生，並可達「適應個性」「因材施教」之目的，所以，個案研究是輔導工作重要的一環，也是教育工作重要的一環。

個案研究大多以一個學生爲對象，詳盡的調查其身體、智力、學業、情感、社交、態度、家庭及社會等資料，詳細加以分析研究，以期徹底了解眞相及其困難問題，然後針對問題的成因與困難之所在，提出適切的處置方法，使其在行爲上有所改善，而獲得有效率的發展。

個案研究的功用：

個案研究在教育上應用已經很廣，教育上有許多問題的解決，尤其在輔導活動方面，有賴於個案研究的幫助，個案研究在教育與輔導上至少有下列幾種功用：

◆**了解困難的所在：**

如以犯過、反常、變態行爲的學生爲例，造成犯過、反常行爲的原因，絕不是單純的或同一的原因所造成。其中有許多可能的因素。個案研究則從多方面去了解，從個性、智力、身心狀況、家庭環境、學校同儕交往情形……等，作一番詳盡的考查，然後才能了解行為的眞正癥結所在，也才能夠眞正幫助改善行為。

◆了解行爲的動機：

人類的行為，都有他的基本原因，對於學生的不良行為，不是加以懲罰就可算盡了責任。譬如：學生有偷竊行為，要根本糾正這種惡習，不能只消滅表面的行為，而是必須對其個性、環境、以及該生生活近況……等有詳盡的了解，對於行為的動機予以切實的診斷，然後設法從根本去消除其偷竊行為。不同的學生發生同樣的偷竊行為，但其根本的動機和原因卻各異，處置的方法也就不同。個案研究就是尋求行為動機的重要技術。

◆了解情緒發展的過程：

對於情緒反常的學生，如：無事發愁、過分焦慮、不必要的羞怯或喜怒無常等，這些現象自然不是一朝一日所造成，而是逐漸發展而成的。藉個案研究的進行，可幫助瞭解這種現象發展的過程，而對幫助學生改善行為有所助益。

◆了解個人的特殊性質：

每一個學生都應被視作一個個別單位，故其行為自有其特殊的歷史背景。個案研究是以個別的整體人格，在其生活背景中的發展活動為對象，因此，對每一學生的行為特質，便不能一律以呆板機械方式來概括他，而不顧及個別情形。個案研究的功用便是於每一個人特殊性質的了解，以便協助個人改善其行為或適應問題。

個案研究的對象：

輔導活動實施個案研究，並不是將全體學生一一列入研究範圍，而是對於列入建立個案的學生應有某些標準，方能劃定範圍，以下四種情形，在輔導上有建立個案的必要：

★情緒不穩定，表現反常：

有些學生，在情緒上表現相當的不穩定，在情緒發展過程中有反常的現象。如：過分緊張、孤僻冷漠、喜怒無常、自卑，甚至引起神經錯亂、行為失常、近乎變態心理現象，均應作為個案研究的對象。

★品行不端，行為乖張：

學生品行不端的情形很多，如偷竊、打架、逃學、賭博、欺侮弱小、參加不良幫派等，或在學校破壞公物、侮辱師長等乖張行為，此類學生，學校最感困擾，也是應作為個案研究的對象。

★身體缺陷的學生：

學生身體如有缺陷，影響學習效能，而且在生活調適上亦常發生困難，重則傷害其人格發展。遇有此類學生，可用個案研究，予以檢查診斷，提供治療方法。

★學業成就低劣的學生：

學生成績不良，有多種因素，教師宜從根本原因著手，方能改進其現狀，個案研究從多方面予以查明眞相，針對影響學業成績的癥結，設法診治以求改善。

★特殊才能學生：

▲智慧高的學生：如理解力強，學習能力高之學生。

▲具有某項特殊才能的學生：如具有科學、文學、音樂、藝術、體育、機械等特殊才能的學生。

第二節　個案研究的原則、方式與步驟

進行個案研究的原則：

◎選擇個案時，不宜只看問題的表面現象，沒有明顯的問題行為的學生，也應注意觀察，在問題行為未表面化之前知所防範。

◎個案研究的目的，在於對一個學生的人格和生活的全部的研究，故必須對其人格的形成，生活的歷史與現狀等，作最客觀的記載。當在敘述其歷史背景時，不可爲當前的問題所影響，不可以片斷的往事來附會當前的現象。
◎進行個案訪問時，要能把握訪問的目的與原則，力求發現眞相，並能鑑別其客觀性。
◎參與個案研究的人員，必須各就負責的部分作客觀的分析。個案會議時所提出的各部份資料，應互相印證。各工作人員應有一致的觀點，裁汰不重要的或不可靠的資料，然後作綜合的觀察與分析。
◎對所蒐集的一切個人事實資料，應負保密之責。
◎有關精神醫學上的診斷、治療、非輔導人員所能勝任者，在個案研究進行中可轉介專家處理，不可冒昧從事。

個案研究的方式：

★確定合適的工作人員：

根據個案發生問題的性質，來確定主持該個案的工作人員。此項人員的確定，除考慮對個案的接近情形外，尤應注意的，是個案研究工作者須具有各相關學科的基本訓練，方能勝任愉快。某一個案之主持人是該個案的主要負責者，他將集合相關的工作人員共同處理該個案，而非由一個人總攬該個案的全部資料。

★邀約其他專家的協助：

因個案研究對象的問題涉及各方面，研究工作的進行，有賴各方面人才的通力合作，故學校應就校內教師中遴定在社會工作、心理測驗、諮商有研究的教師，並邀請校外支援人士，如心理學、教育學、醫學、精神病、社會工作、心理測驗等方面的人才，他們以其不同的專長，提供的意見，做爲處置個案問題的依據。

★舉行個案會議：

個案研究不宜僅由一個工作人員獨力從事，而是要用協同工作（Team work）的方式，邀請有關人員共同進行。因此，個案會議（Case Conference）便須經常舉行。個案會議的進行便成爲個案研究的重要部分。

◆個案研究會議應持的態度：

(1)重點應注重在「今後如何」。

(2)個案會議應以參與會議成員對個案的了解及處理意見爲主，使個案的問題「立體化」。

(3)參與個案會議的人數以四～七人組成，（人數非嚴格規定，視情況而定）每個成員應有其各人任務。

◆個案會議的進行：

(1)個案的報告：由擔任個案之個別輔導者以四分之一的時間，就個案的要點作簡單的報告。

(2)研究協商：以報告的事項爲中心，進行研究協商，大多採自由討論的形式。

(3)確認協商後的處置方針：協調決定今後的負責人及助理人員，當前的輔導策略，今後的進行方針等。

個案研究的步驟：

個案研究進行的步驟，概括地說可以分三方面：
第一、是原因的調查。
第二、是現象的診斷。
第三、是補救的措施。

當實地從事個案研究時，這三方面的工作可從以下五個步驟來進行：

★確定研究對象的癥狀：

發現學生有異常的癥狀以後，首先要確定癥狀的性質，了解癥狀的全部表現。例如研究偷竊的學生，不但要了解偷竊的事實，更要了解這個學生所犯「偷竊」的特殊意義。所以要先調查個案當事人資料、家庭資料，或以心理測驗了解其情緒狀態，了解其社交情形等，以確定其「偷竊」行爲的特殊意義。

★蒐集與研究現象有關資料：

對個案不但要盡量蒐集豐富的材料，且要從各種資料中，加以研究與鑑別，如此所得的資料才有參考價值。蒐集方法不外是：

▲訪問法：訪問當事人的父母、親友、師長。
▲問卷法：調查其生活情形及社交等。
▲觀察法：觀察當事人在各種情境中的反應。
▲測量法：用心理測驗或學習成就測驗，考查其智力、性格、興趣、學業成績等。
▲評估法：由父母、師長評估。
▲文獻分析法：從當事人的日記、作品、信件加以分析，以增進對個案的了解。

★分析資料，診斷原因：

這一步驟是個案研究中心工作，個案會議多在此一階段舉行。不同角度所獲取的資料，作綜合的分析，觀察某種假定的前因或條件是否存在，以判斷其根源，及困難根源所在。不過，診斷的工作是很困難，工作人員的學養與經驗至爲重要。個案會議的運用占頗重要之地位。

★提示處理方法：

根據前項診斷原因，擬訂處理或補救的方法，運用個案會議分配補救輔導的職責，以謀個案研究目標的達成。

★追縱研究與補救教育：

前項的診斷有時未必正確，擬訂的處理方法和補救教育亦未必有效，因此，須用追縱研究，加以證實，必要時應重行調整處理辦法。

個案研究作業程序圖

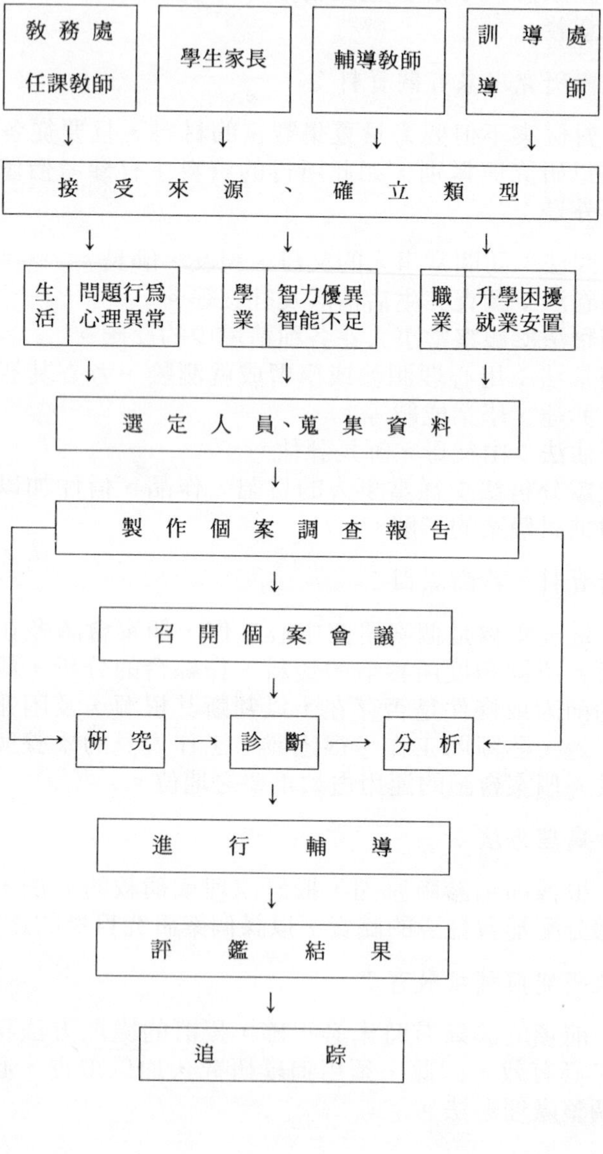
教務處
任課教師
學生家長
輔導教師
訓導處
導師
接受來源、確立類型
生活
問題行爲
心理異常
學業
智力優異
智能不足
職業
升學困擾
就業安置
選定人員、蒐集資料
製作個案調查報告
召開個案會議
研究
診斷
分析
進行輔導
評鑑結果
追蹤

第三節　個案研究報告方法

個案研究的報告：

撰寫個案報告首須根據對象、問題的性質與研究的步驟、計畫必需的表格，使所蒐集的資料可以很有條理而有效的表現出來，然後要注意內容的客觀性，敘寫力求正確，盡量避免個人的偏見，要根據發現的事實來解釋或判斷。報告中除普通一般的陳述以外，關於學生的智慧、成就、人格特質，以及各種測驗資料、調查結果，都要說明確切旳來源。整個報告成一個完整的輔導過程。

個案研究報告格式：

爲使個案報告週全而有系統，應先按照個案的性質，預先計畫表格，但是表格並非一成不變，而在運用時也不是機械地填答了事。研究者應憑著專業學識和訓練，充分瞭解表格中每一問題的目標、涵義與作用，使表格成爲研究的指針。表格的設計，應避免冗長，並講求系統化。玆舉例如下，以供參考。

例一、個案研究報告範例格式：

◎案主：（性名、性別、實足年齡、年級）
◎問題行爲的描述。
◎原因的調查：
　(1)學生的生活史：含醫學的、社交的、情緒的、智慧的、教育的與經濟的。
　(2)學生家庭史：同前。
　(3)學生的現狀：生理的狀況、社交與情緒的適應、智力發展、教育的適應。
　(4)其他：
◎原因的診斷：
◎輔導的方法：
◎輔導的結果：

◎繼續調查診斷與輔導：

例二、個案研究報告格式：

學生姓名：
性　　別：
出生年月：　　年　　月　　日
年　　齡：　　歲　　個月
I　　Q：　　　　（測驗日期　　年　　月　　日）
班　　別：
籍　　貫：
住　　址：
電　　話：
家長姓名：父：
　　　　　母：
教育程度：父：
　　　　　母：
經濟狀況：上　、　中　、　下
兄弟姊妹：兄＿＿人、弟＿＿人、姊＿＿人、妹＿＿人。
輔導教師：
個案來源：

◎問題概況

▲主要問題：
▲附帶問題：
▲問題的開始及演變經過：
▲歷任老師對問題的看法：
(1)前任級任老師：（包括過去的所有級任分別予以評述）
(2)科任教師（包括過去曾任課的科任教師分別予以評述）
(3)現任級任老師：
▲父母對問題的看法：

◎個案的基本需要：

▲是否缺乏生理上的基本需要：
▲是否缺乏心理上的基本需要：
⑴有否獲得適宜的愛護和溫暖：
⑵自尊心的維持：
⑶有所歸屬的感覺：
⑷成就感：
⑸在適當的時期有否得到適當的訓練：

◎智能因素：

▲是否爲智能不足：
⑴先天性：
⑵出生後有否生過何種疾病：
▲是否缺乏學習動機？原因何在？
▲智能測驗的結果：
▲最近考試成績（逐科塡寫）
▲各科實際能力如何？

◎生理因素：

▲有無視力障礙：
▲有無聽力障礙：
▲有無語言障礙：
▲內分泌腺功能是否異常：
▲有無癲癇病：
▲有無慢性大腦症候群：
▲肢體殘障情形：
▲慢性疲勞情形：
▲有無心因性疾病：（即由心理原因引起的生理疾病）

◎家庭因素：

▲物質生活：
▲精神生活：

⑴與家人相處的情形：（包括休閒生活）
⑵父母的管教態度：
⑶父母對子女個性的評價：
⑷父母對子女的期望：
⑸家長對學校的建議：
⑹子女對家人的看法：

◎學校因素：

▲幼稚園及小學時期的表現如何？（父母及師長評述）
▲有否轉學、休學、長期缺課情形？
▲學習方面及活動方面是否有興趣或具有某種專長（自一年級到目前爲止）
▲師生關係如何？
▲與同學的關係如何？
▲學生與家長對升學或就業計畫的意見如何？

◎社會因素：

▲學生的課外生活與鄰居朋友的關係：
▲學生喜歡那些課外讀物？每天閱讀多少時間？是先做作業還是先看課外讀物？
▲學生喜歡看那些電視節目？有何影響？（包括睡眠時間、作業時間以及行爲的影響）：

◎綜合分析：
◎輔導策略：
◎輔導結果：

個案報告實例：

個案：蔡××
性別：男
實足年齡：十歲八個月
年級：四年級下學期

問題行爲描寫：

案主二上時由××小學一年級轉來，每天均由父親接送。三年級時父親生病，無人接送，學業漸漸退步，行爲漸惡劣，是班中最頑皮而搗亂的一個，反抗老師、遲到、說謊、偷竊、擾亂秩序、打架等，幾集各種過失於一身。其惡劣習慣的養成是由於父親專橫，母親溺愛，演成自我中心型的心理，一切不能取得良好適應，而有惡劣行爲表現。研究經過：

▲智力：

使用《廖世承》智力測驗求得智商（I. Q.）106，中才稍高。

▲情緒：

使用《蕭孝嶸》訂正個人事實表格得41分（常模 M. D 54.9 Q 149.08），情緒很不穩定。

▲品質：

使用《馬氏》人格評定量表得負七分，稍外傾。

▲外貌：

普通，沒有特殊缺陷，衣著很髒，褲子繫不緊，褲腳常常拖地，上下不整齊，眼瞼常下垂，老像一肚子不舒服的樣子。

▲學業成績：

幼稚園時得甲等，小學一年級得乙等，二年級轉入本校得乙等，三上丁等，後來得丙等，三下五九分，後來六三分，四上六〇，本學期初功課全不做。喜勞作、自由畫；討厭朗讀、抄寫、背書。

▲身體健康：

身體還算健康，視力、聽力等均正常，因吃零食糖果太多，有齲齒病，常說頭痛，容易疲勞，食慾不振，這些和他的情緒不穩定有相互的關係。

▲家庭狀況：

父母四十多歲，過去從事醫業，曾在南京、廈門開設醫院。來臺後，改從商業，經濟還算富裕。父親專制，常酗酒，容易發脾氣。母親體弱，性情柔和，內傾，有兩個女兒都是夭折，所以對該生特別愛護，一切生活都照顧很周到，不讓小孩子做事，並且常常爲子孩子掩飾過失。又有一個大的乾兒子，幼時很聽話，成年後因婚事與父親意見不一致，所以父子感情很惡劣。

▲教師報告：

他是全班最頑皮學生。不聽話，上課時從不專心聽講、擾亂教室秩序、常常遲到、說謊、打架、不做作業，常常反抗老師。因犯過受好幾次懲誡，仍舊不能改過。有一次班上拾到一百九十元，沒有交給老師，自己完全花光，後經老師再三詢問，仍不肯說實話。

▲與該生會談：

他喜歡誇張家中的財物，例如說家中有電影機，其實並沒有。因父親體罰過甚，揑造事實，說嫂嫂虐待他。平時最怕訓導處周老師，對段老師不尊敬，最討厭袁××同學（女生，最好出風頭）。他不高興和別人玩，可是對幫派組織卻極感興趣。他也希望班上的秩序能夠變好起來，免得破壞了學校的名譽。

▲與該生同學會談：

一般同學的印象，都批評他常常說謊，喜歡吹牛，有錢時，也請客，但使喚同學好像使喚僕人一樣，很驕傲。遊戲時，膽子小，做事推諉，所以大家叫他做：「自私的蔡木瓜」，他最好擾亂，不守秩序，歡喜和壞孩子玩。

▲與該生家長談話：

父親在家時間很少，對孩子的管教太少，偶然發現錯誤，就重重的體罰，有時叫他雙腿半分彎，兩手舉一盆在頭上面，不准移動，有時用棍子毒打，並且說：「我處罰他，媽媽替他掩飾……但孩子體弱，常常頭痛或昏倒，所以有時我就原諒。」他母親溺愛孩子，因爲父親太厲害，所以又常袒護孩子，常常以哥哥（乾兄）少時勤勉的情形勉勵蔡生。她很早就注意到孩子往壞的路上發展，可是沒有法子預防，內心非常難過，常常暗中流淚，所以極希望學校方面的教育能夠成功。

▲行爲原因的分析：

由以上孩子本身的身心現象、生活歷史、家庭與學校環境等方面的綜合分析，可以得到下列八種原因，由於這些原因造成他的情緒不安和學業退步，而又產生種種不適應環境的惡劣行爲。這八種原因是：

⑴父母管教態度不一，使他無所適從，或者使他從中投機取巧，養成說謊習慣，造成情緒不安。
⑵父親對哥哥（乾兄）厭惡，母親卻常以他爲模範鼓勵他，這是使他情緒不安的又一原因。
⑶犯過次數太多，常受處罰，以致對團體生活無法適應，精神緊張、敏感、膽怯等。
⑷該生在家沒有養成自主自治的能力，好的習慣很難建立，又因離校太遠，常常遲到，由遲到而產生教室內適應的種種困難。回家沿路玩，耽擱很長時間。
⑸對團體遊戲，常因膽怯而不能盡情的玩，阻撓了良好的人際關係發展，因此，致不喜歡學校生活。
⑹原班問題生多，秩序不好，伴侶多是頑皮的孩子，也是一

大原因。

(7)學業退步與情緒不安，又互為因果，故問題愈發嚴重。

▲輔導的方法和經過：

與家庭密切聯絡，改變家長態度。學校提供下列三點意見：

①父親對孩子不用體罰，而多關心其行為的指導，多表示內心的慈愛，容許孩子週末看電影和假期的遊玩。

②母親的態度要嚴厲一些，拋棄過去溺愛的心理，教導孩子時不要中途妥協，更不要在父親面前替他辯護和掩飾，孩子已經大了，許多事情應該讓他自己去做，使他慢慢的培養自主獨立的能力。

③將一個貨物間整理成書房，使他自己管理房間，練習一個人獨睡和獨居的習慣，並給他充分的自由，譬如：招待他的同伴在書房裡看書、下棋等。

(2)培養自尊心。

(3)輔導自修，補救學業上的缺點。

(4)調換班級，培植其良好的適應能力。

(5)培養積極的，心理衛生方面的習慣和態度。

初步結果：

(1)行為方面—已經減少了許多過去常犯的過失，自主、自治的能力也有進步。

(2)情緒方面—已經漸趨穩定，學期開始時四十一分，期終時五十分。改進的地方如：①已經喜歡和別的學生玩耍。②他不想離家出走。③他覺得有人十分了解他自己。④他心理的煩惱減少了。⑤他覺得教師待他已比過去好些了。這些都是很好的現象。

(3)學業方面—各科均有進步，以作文進步最快，算術進步慢慢，勉強可以跟上一般水準，他自己決定在暑假中好好努力，準備在下學期有更好的成績。

第九章　團體輔導

第一節　概　說

團體輔導的意義：

團體輔導與個別輔導爲輔導活動的二大支柱。團體輔導雖採行團體的方式，但其終極目標乃在協助各個個體適應並實現自我，二者相輔相成，結果歸趨於一。

何謂團體輔導（Group Guidance）？有如下的解釋：「團體輔導是一位教師面對兩個以上或一群學生的輔導過程。」；「團體輔導是基於社會學原理和團體動力的原理，發展人類群性觀念，使當事人由自我認識，進而自我輔導，而能有效的適應生活與學業各方面的問題。」簡單的說：「所謂團體輔導，是藉團體的形式，以輔導個人的意思。」

團體輔導即藉團體以輔導個人。團體的構成分子爲了達成團體的目標而協力、合作，一方面互相尊重，互相瞭解；一方面爲滿足個人的基本欲求、培養社會性、發展情緒、態度、興趣、知識、技能、學習社會規範等而努力。團體輔導即幫助學生實現這些目標的過程。學校中的學生活動往往藉團體來完成，非個別學生所能完成的。學生在團體中互相討論、交換意見、解決共同的問題，增進對於學校或社會的認識，俾發展各個學生的個性並培養其群性。（劉焜輝，民62）

柯比（Kirby J. H）認爲：團體輔導是一種有系統的輔導計畫，强調輔導預防的一面。計畫的內容以發展中的個體，其一生中可能面臨的「關鍵事件」爲主題。這種方法是去預測個體的需求且爲滿足這些需求而作準備。（宗亮東，民62）

團體輔導比較偏重於一些不是很嚴重的情緒問題，雖然它也包含了很多認知的層次，可是它的重點是，對一般學生，藉團體的力量來協助個人，讓他瞭解自己，也瞭解別人，增進與改善人際的關係。像一些有具體目的的團體討論，如座談會、辯論會、六六討論法、腦力激盪、配對討論和價值澄清法、角色扮演、童軍活動、專題講演等等。（洪清香，民68）

團體諮商：

在學校輔導工作中，還有一個名詞是團體諮商，與團體輔導名稱上使人混淆不清，何謂團體諮商，孔恩（Cohn B. E.）認為團體諮商是一種動力的人際過程，在輔導員的參與下，成員彼此探測和感覺問題，嘗試著去修正態度和價值觀，以便更能處理發展上和教育上的情況，它是一個非治療情況下實施，且由六至十個成員和一個受過專業訓練的諮商員所組成的團體。丹肯（Duncan J. A）等人認為團體諮商是一種動力的人際過程，注意意識的思想和行為，且涉及到自由、現實取向，情感淨化、互信、關心、瞭解、接納和支持的治療功效。

由上可知團體諮商是情感本位的，它強調明確的感覺以及態度的修正，且實施於正常的個體。

至於團體諮商與團體輔導不同的地方，乃在於對同樣的一個問題。他們的處理方式不同，以生涯輔導（Career）來說，團體輔導較強調資料的提供及該種職業的要求條件；而團體諮商則注意多種選擇的心理因素，且鼓勵個人去檢視做某種選擇的心理事實。（宋湘玲等，民67）

團體心理治療：

團體心理治療是長期針對少數對象，實施的心理治療，是比較嚴重的心理困擾問題的個案，是治療性的、臨床性的，以解除心理上的困擾，及求人格上的改變。

團體諮商與團體心理治療難以嚴格劃分，正如團體輔導與團體諮商一樣，其實團體輔導、團體諮商、團體心理治療三者是繼續相關聯的過程，有重疊之處，在使用方法上往往相互調換，例如：開始是團體輔導（認知性的、資料性的），一旦學生提出情緒苦惱問題，而團體的其他成員感到有討論的必要時，可能要進入團體諮商的境界，反之，起初是團體諮商，如果團體成員認爲這個問題憑資料的獲得或解釋可以解決的，也許就是以團體輔導而終。至於團體心理治療是處理來談者的心理或情緒問題。團體諮商與團體心理治療的差異，應該是以來談者所具有問題之深度來區別。（吳武典，民70）

團體輔導、團體諮商與團體心理治療，祇是工作層次的不同而已，難以截然劃分，中間有重疊部分，團體輔導是一種預防性、發展性及認知性工作；團體諮商注重補救性、問題解決與情緒的輔導，較團體輔導更深一層；團體心理治療是針對需要長期性、人格改變與臨床性等更爲專業化治療，是一種醫療行爲，非一般學校輔導人員能力所能及，需要將個案轉介給醫療單位，是故本章以下各節之技術實務，將以團體輔導爲主。

下圖說明團體輔導、團體諮商、團體心理治療之不同處。

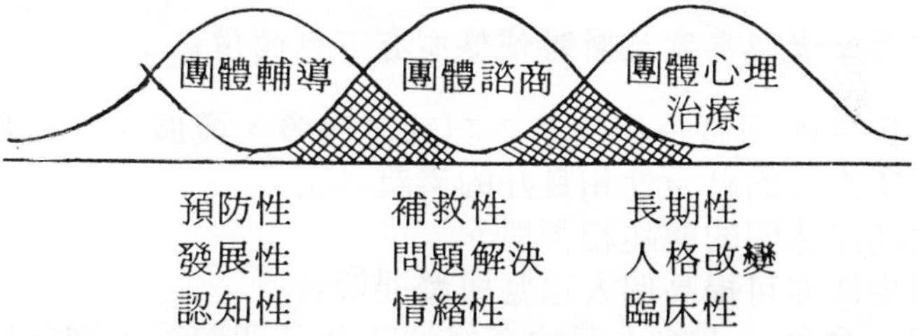

第二節　團體輔導目的與功能

團體輔導的目的：

※提供經驗和意見，培養共同解決問題、建立團體規律、發展良好態度的資質。

※從實際生活中，使學生去瞭解團體的態度、反應及思考過程。

※輔導學生處理相對的意見和興趣，養成寬容的態度。

※由學生自主參與的活動及其在團體中服務的機會，充分發展個人的能力和興趣，以完成自我的社會需求。
※促進學生主動發覺對接受個別諮商的必要。

團體輔導的功能與價值：

※可節省輔導的時間，增加效率。
※可瞭解學生多方面的情況。
※可討論學生的共同問題。
※可幫助改進學生的態度和行爲。
※有益於正常的學生。
※可爲個別諮商開闢途徑。
※可培養學生健全人格。
※情境眞實，學生容易接受。
※多重回饋，學生將得到更多訊息。

另有些學者認爲實施團體輔導亦有下列的價值：

※提高民主的團體生活的基本訓練之機會，發展民主社會構成分子所需要的社會性和良好的素質。
※培養利用休閒的興趣和習慣。
※團體生活亦可提高個人適應與發展機會。
※發展社會性，人與人間的友好關係及其問題等，均非口頭所能體會的。
※學習共同思考問題，並尋求解決的途徑。
※增進相互間的瞭解，並促進對自己的瞭解，發展信心、獨立及自尊。
※藉此可使師生採取共同的行動，使打成一片。

第三節　團體輔導實施原則與方法

團體輔導的原則：

※應周詳擬定實施計畫。

※應與個別輔導同時並進，互相配合。
※應充分提供團體活動的機會。
※教師或輔導人員應具有豐富的能力與經驗參與活動，但宜處於超然的地位。
※應依據輔導目標選擇成員組成團體，並顧及成員的能力與興趣。
※應有系統、客觀的評鑑與紀錄。
※在活動中應發掘領導才能優異的學生或其他才能學生，有計畫的加以培養。

團體輔導的方法：

◎座談會：

大家針對問題來討論。

◎辯論法：

就引起爭論的主題來辯論，提出正反不同的意見。

◎六六討論法：

六人一組（彈性運用），就原訂主題，每人發言一分鐘，而後自由討論二、三分鐘，再由主席作結論，大約十五分鐘可完成一個討論，優點是時間經濟，又可達到每一個人都說話的目的，缺點是不能深談。

◎腦力激盪術：

在輕鬆的情況下提出意見，越多越新越好。本法中最重要的是延宕批判，在不批判的氣氛下，每人會做最大量的思考，激盪出人類的潛能，其主要原則有四：
①不批判
②量重於質
③越奇突越好
④聯合與改進（搭便車）——

把別人的意見聯合起來成爲新的意見，或修改別人的意見成爲新的意見。總之，創造不是無中生有，不過是加減乘除而已。加減乘除就是聯合與改進。

◎配對討論法：

先二人一組討論，得到意見後再與另外二人討論，而後再與另外四人討論，以得到最後的結論，所以又稱爲二、四、八法，經過三次討論後所得的結論必然是深思熟慮，不至於偏頗。

◎專題時間：

每週討論一個專題，或者在各科教學時預留十分鐘做專題討論。討論中要鼓勵學生提出問題，「提出好的問題比提出好的答案更重要」，老師與學生的角色也可以互換，隨機靈活運用，使教學將更彈性而活潑。

◎社交關係調查：

此一調查的目的在瞭解團體中某一成員在團體中的地位及其社會行爲與人格的特性。可由其被同一團體中成員的選擇或拒絕次數窺知。此一方法亦即爲社會測量的方法。（詳見本書第三章學生資料蒐集方法）

◎角色扮演（Role-Playing）：

角色扮演，係摩納（Moreno）根據他首倡的團體心理治療技術——心理劇改變而來。是團體心理治療或團體諮商中的一種重要技術。說明如下：

★角色扮演的目的：

在於運用戲劇表演的方法，使學生發現問題，了解衝突所在，進而深察人際關係。讓學生扮演某一模擬角色，反映其個人深藏於內心的感情，以此作爲心理治療或諮商，使學生獲得良好適應。

★角色扮演的價值：

塞茲（Shertzer B.）與彼得（Perter H. J.）認爲角色扮演有下列的價值：

▲角色扮演較爲新鮮，因此團體成員喜歡參與。
▲利用角色扮演可以使青少年獲得社會技術，在社會場合獲得信心。
▲透過角色扮演可以表現過去的事情提供共同討論的基礎。
▲可以觀察在某一種情況下的行爲情緒內涵。
▲角色扮演是「現實的實施」，此爲眞正生活上的問題，在實際情形之下，更可以自由輕鬆地戲劇化和實驗表現出來。
▲各個成員可以表演在某種情況下別人具有怎樣的看法。
▲角色扮演可以提供透過不同的行爲表現，同一感情交流方法的機會。

◎「心理劇」（Psychdrama）與「社會劇」（Sociodrama）：

心理劇係以個人爲中心，探究其人際關係及內在的事情，導致良好的改變爲目的之角色扮演技術。社會劇係以團體內的關係以團體的思想爲對象的角色扮演的一種技術，其目的在瞭解並解決團體生活問題。

一、心理劇與社會劇的差異，有下列兩點：

★目的上的差異：

心理劇的一切形態係朝向企求更好的適應與有效行爲的自我統合（Self-integration），其主要目標就是解決並減少矛盾，促進成員的洞察力。社會劇與其說是治療的，毋寧說是比較偏重於教育的或再教育的傾向。

★程度上的差異：

心理劇具有精神醫學傾向，旨在企求患者相互關係的更深水準，被用來表示或探究個人的人格。社會劇多多少少與團體成員所經驗，所預期的相互作用的衝突有關係。社會劇所探求的問題要比心理劇探求的問題，與更多成員有關聯，或屬於團體內全體成員共同的問題。換言之，它要闡明的是偏於社會方面，而不是社會人格方面。

二、心理劇的表演方法：

根據托茲（Torts）及康納茲（Cornyetz）的意見，認爲有下列七種表演方法如下：

★角色交換法（Role reversal）：

是由兩面相互交換角色的方法。

例：教師對學生有所要求時，可試演學生的角色，或學生對教師有所要求時，亦可試演教師的角色，彼此反觀自己的處境。

★雙重表演法（Double technique）：

係由患者對於所欲表演的角色加以認同，也是將自身看作角色的本身一樣，出現一種「雙重自我」。

例：當事人左右爲難，或魚與熊掌不可兼得時，讓他表演「希望」與「衝突」之所在。

★獨白法（Soliloquy）：

此法在使表演者隱藏於內心的思想，藉獨白的機會，能予獲知。

例：在討論中讓個人陳述一些自己的事情，討論完畢後即要求每一個人獨白他尚未表達的感情，從討論中引起動機到獨白獲得結果爲止。

★反映法（Mirror technique）：

此法主要是使患者知道本身的實際情形。

例：患者表演前，先由另一人表演其各種能力、興趣，患者模仿其表演，使其由此而瞭解自己本身。

★定期刺激法（Periodic stimuli technigue）：

此法係考驗患者在角色中的適應能力、或對當前的刺激所發生的反應。

例：要患者表演一位畫家，當其作畫時，突然闖進一個他所怨恨的人，看他內心的衝突與反應。

★隱藏主題法（Hiden theme technigue）：

此法在使扮演者認識某一社會情境中的行爲主題，使他產生應付此一情境的角色行爲。

例：輔導員要求扮演者暫時走到室外，告訴他目前室內發生某一假定情況（如兩人打架），讓他表演與此情境有關的角色行爲。

★啞劇法（Mute technique）：

此法是要患者不以語言或文字來表達其意見或感情，而用手勢或身體動作來表達意思。

例：扮演一個做錯事被凶惡的教師發覺時的表情，看扮演者平時有無遭受老師嚴厲過當的處分或壓制的情緒。

◎遊戲治療（Play Therapy）：

此係布置遊戲情境，包括玩玩具、演傀儡戲、做模型、塑造、繪畫等活動，從隨意遊戲活動中，使輔導人員明瞭抑制於學生內心的情緒及人格特質，然後予以發洩滌除，而達成治療的效果。

◎問題調查：

此係以觀察、訪問、問卷調查等方式，瞭解當事人的各種狀況，以供研討輔導策略時的依據。

◎配合各科教學：

係於各學科教學情境中，運用輔導原理與方法，從事團體輔導。

◎說故事：

故事本身往往很具吸引力和啓發性，可用作活動的開始，從故事中針對學生心理問題，引導他們接納自己，啓示今後努力的方向。

◎即席演講：

講題必須新穎，並配合對象、時間和場合，音響要良好，說話技巧要高明。如果運用到級會中，可變成即席演講，不但情況熱烈而且可以彼此關心和激發。做法是用兩個小箱，一個放姓名籤，一個放題目，題目可由學生自訂，範圍包括希望、困難、意見等等，第一個上台的人和講題由老師抽，以後就由上台者抽，每次抽一個姓名和一個講題，各準備三分鐘，即席講三分鐘，中間並不停頓。這種方法可訓練口才、思考及機智，也等於是意見大會串，增進彼此的了解。

◎歌唱：

歌唱能引起情感的共鳴，可用作暖身活動，也可在結束時或氣氛沉悶時運用。

◎繪畫：

如先在紙上畫幾條線，然後發下給學生，以集體創作的方式完成，結果每張內容均不同。也可以繪畫方式，要每個學生畫出小時候生活的空間，然後加以敘述。

◎參觀訪問：

參觀工廠、博物館之類，訪問農家、孤兒院等，以擴大學生經驗範圍。

◎工作：

藉著諸如設計園遊會、做壁報、打掃環境等工作中，培養合作精神與合作的能力。

◎聯想：

例如：故事接力，每人說一段，串連成一個故事。或把一幅幅無意義的畫，連成故事。即可訓練創造思考，又可投射出學生心理的感受和經驗。

◎其他：

如利用運動會、遊藝會、童子軍活動、慶生會等活動，培養學生團隊精神和增進人際關係。

第四節　團體輔導基本技術

甲、基本技術：

帶領團體的基本技術，可分爲四方面：

團體組成技術：

一、人數以六至八人爲一組最恰當。一般而言，人數增多，個人參與的機會就減少，故人數不宜太多。

二、成員的同質與異質組合問題，涉及輔導的重點，如涉及人際關係欠佳或低成就，以國小來說，異質組合較爲理想，一則可免除成員心理的不安和自然抗拒，再則也可以有好的模式作模仿對象。但在國中階段，異質組合，有時會有壁壘分明的現象，妨礙團體凝聚力的產生。

三、對象的來源有二：

▲不作特定的選擇，可自由報名參加，諸如用社團活動的方式來招兵買馬。

▲主動去尋找，可經由級任推薦，經由測驗、觀察挑選，為了免除學生的心理抗拒，在活動前應個別會談，加強心理建設，以提高參加的意願。

起始技術：

在活動之初，增進彼此瞭解，拉近彼此距離，可用下列方法：

一、暖身活動：

座位採圓形方式，以產生團體動力，使每一成員都能面對面，平等交往。活動從唱唱跳跳等遊戲開始，並設法把原來的座位打散，再請大家將座位靠攏，然後進行「介紹」。

二、介紹活動：

傳統的自我介紹法，常會使介紹者不自然而有所保留，不如採取交互介紹方式。做法如下：

★先配對，兩人一組，互相說出自己的基本資料外，並說出三個「最」——最喜歡的、最得意的、最討厭的事物或人。

★再回到團體介紹剛才配對的新朋友。

另有以下兩種介紹方式可以應用：

※自問自答，每人自問自答十次，每次都是「我是誰？我是……」，說出別人不知道的特點，此法看來簡單，其實並不容易，可藉此訓練學生的自我瞭解。

※有問必答，由大家輪流向一人提出不重覆的問題，被

問者不能拒絕回答，這是一種坦誠的考驗和機智的鍛鍊，很富有挑戰性，並且可以從活動中找出許多話題。

過程技術：

過程中的技術很多，茲提出三種予以說明：

★澄清目標：

由老師作簡短的開場白，說明團體的性質和目標，老師的角色從「此時此地」出發，以解除參與者的心理困惑。

★回饋：

如同照鏡子，幫助學生透過老師、同學瞭解自己，藉別人的語句看到自己的形象。描述別人時，用詞要具體，如果是負性的回饋——希望對方有所改進，必須是對方可做到的。對他人做不到的事提出反對，就會變成傷害。

★連接：

在活動中所出現的零碎資料，須要經過連接、歸納、總結等，綴成完整的資料，使學生獲得完整與系統的經驗。

結束技術：

結束活動的方式可分爲三種：

◎回顧與檢討：

回想做了什麼？有那些心得？那些意見？

◎祝福與道別：

可用小卡片或小禮物彼此祝福、道別，增進並維持友誼。

◎計畫與展望：

討論今後應作些什麼計畫？對未來生活有些什麼展望。

乙、領導者（教師）的角色：

◎場面構成：

從環境布置、時間安排到開場白、示範、遊戲等來構成團體氣氛。

◎時間控制：

將時間把握很好，在預定時間內做完活動。

◎主題掌握：

當學生活動與主題有偏差時，能引導回來。

◎欣賞：

不是坐觀好戲的態度，而是以欣賞的態度看學生討論、表演等，不時的給予鼓勵與引導。

◎觀察：

在活動中注意學生行爲的表現、特殊之處，去深入瞭解問題，俾作適當處理或追蹤輔導。

◎參與：

和學生一起活動，作參與的觀察，不以局外人自居。

◎催化：

作一個催化員，作一個好媒體，因爲有了領導的老師，使氣氛更熱烈，學生更願參加，腦力更激盪，潛力更發揮。

第五節　小型團體輔導的設計

小型團體輔導的方式：

小型團體輔導，通常以人際關係適應欠佳的學生爲對象居多，小型團體輔導方式，分爲「結構性團體與非結構性團體」，所謂結構性團體，係指領導者依據團體所欲達到的學習目標，設計一系列有程序、循序漸進的活動，引導學生由團體經驗中參與學習。團體所學習的範圍和方向，常受領導者所設計的活動及主題所影響。領導者在團體中引導的角色相當明顯，需運用較多的引導技巧，來控制團體的進展及互動。結構性團體，常被應用於教育性的成長團體。其優點可增加團體初期的參與性及合作性，減低參與者的焦慮與不安，藉團體的互動回饋達到影響個人的目的。其缺點爲過度依賴它，常會削弱團體內自然互動的力量，使活動滯留於類似團體活動，或侷限於膚淺的團體遊戲層面上，團體較難有深入的互動。

所謂非結構性團體，不安排固定程序的活動，事先亦無預定的學習主題，團體的發展方向，視不同團體的性質而有不同，它的活動富彈性且互動多。領導者在團體的角色是潛入的，不易被查覺，但仍具有潛在影響力。

非結構性團體，常被應用於會心團體或諮商團體。由於團體初期目標不明顯，易帶給成員焦慮感及茫然，但團體若能由茫然狀態至目標尋覓的方向，則團體的凝聚力及團體氣氛的提高，可促進團體較深入的活動。

結構性與非結構性團體之差別並非在於活動之有無，活動只是領導者可運用的一種工具而已。不要爲活動而活動，活動結束後的討論、回饋才是最需要的。在非結構性的團體裡，領導者可在過程中靈活運用某些活動來促進團體的互動與學習。事實上，二者之間，因「目標」設計和功能上的不同，被運用的情況也有所不同，二者優缺點互見，但在運用上可以互補的進行。大體言之，非結構性較適合年齡較大、表達力較强及心智較成熟的青年及成人團體。國民小學學生心智尙未成熟、語言表達力有限、生活經驗及認知層面狹小，宜採結構性進行較佳。（潘正德，民69）

小型團體輔導的應用：

一、團體的形成：

★確定範圍：

要做的是什麼？目的是什麼？要用那些人來做？先要確定範圍。

★選擇成員：

這些成員是由心理測驗專家或老師發現問題推介而來，或是違規犯過的，或是心理困擾特別多的，或是參加不良集團的。

★組織成員：

利用分組活動或中午的時間，依照需要將這些成員，編成同質團體或異質團體，以六至十人爲宜。

★團體的結構：

在團體初期大家還沒熟悉，還有抗拒性的時候，用暖身活動讓大家熱絡起來。不過，不論用結構式或非結構性的活動，都偏重於他個人的感受與相互的回饋。

二、團體輔導的過程：

★安全與信任階段：

剛開始的時候，誰也不敢講話，有時要安排一些活動，如認識大家複誦式的活動，讓大家互相信任。

★接納階段：

在抗拒階段，可以利用暖身活動，讓大家有了認識，而願意彼此接納，互相信任以後就會把問題講出來。

★責任階段：

讓他瞭解自己扮演什麼角色，而不一定是要負責任。有時，有問題的人，他會逃避，要讓他瞭解在整個事件中，他應該有的責任。

★工作階段：

就是事後自己去做，以行爲來表現，試著去做做看，而不是止於知道而已。

★結束階段：

輔導有積極的效果，經過大家在一起的回饋，在團體動力互相影響之下，可能會使某些人改變，只是有些人改變比較多，有些人改變比較少。

帶領小型團體輔導的技巧：

一、反應技巧：

★積極傾聽：

傾聽不只是不講話，還是讓他知道你在聽他講話，所以要以眼睛專心的看他，有時還要給他一些回饋，如點頭、微笑等。

★複述：

複誦他所講的一些重要的話，讓他知道老師瞭解這件事情，也讓大家都知道老師在重視這件事情，這對他是有幫助的。

★反映：

有時他把問題講得很激烈，老師要把他的想法、情緒挑出來，讓他把壓抑在心理的話發洩出來。例如：「你對同學很生氣，好像很恨他們。」

★澄清：

遇到不瞭解的事，就要引導他，利用澄清的技巧，讓他更清楚的陳述。

★接納：

不管他的行爲好不好，先聽他講，讓他發洩情緒。所謂接納是接納他的情緒，而不是贊同他的錯誤行爲。

★摘述：

就是在討論結束時，將一些想法聯結在一起，有時大家提了很多，卻是一些同學專門偷吃別人飯盒的問題，老師就說：「我想誰也不願意自己的飯盒被偷吃，可是肚子餓了的話，我想大家是不是這樣。」

二、被動技巧：

★折衷：

當彼此的意見很對立或覺得太偏激時，可以做一個折衷。

★解釋：

有些學生對某些問題有誤解，需要解釋時就給予解釋，但不要有問必答，也不要故意不給答案。

★連接：

當大家談得很鬆散時，把他們聯合起來，回到主題，把分歧的意見，引導變成有關聯。

★阻止：

有時某位學生提出意見，而大家跟著起鬨，這種行爲是要阻止。

★支持：

有些人很傷心，要給他安慰，有些人沒有信心，要給他鼓勵。

★限制：

在團體裡大家都很好，可是有些學生的行爲違反校規或善良風俗等，要加予限制。

★保護：

有人因爲罵人或打人而受到攻擊的時候，要給予保護。

★聽取眾意：

有時大家談了許久之後，把他們引導到一個問題，讓大家提供意見，聽聽大家的看法。

三、主動技巧。

★發問的技巧：

教師如要發問。發問有它的時機與技巧，要多用開放式的問句，少用封閉式的問句。

★探究：

有些學生需要追問，才肯把問題講出來，但是這個時候要關係良好一點，否則他的抗拒性還很強，以後就不來了。

★改變話題：

有些時候談到題外，此時要趕快引導改變話題。

★面質：

讓學生面對現實，面對他的問題來解決。

★經驗分享：

有時候給他經驗分享，使他覺得「喔！老師也會這樣子。」

★示範：

有時老師示範，有時同學示範，同樣可得到某些效果。

小型團體輔導的活動方式：

在成人團體之中活動的方式雖可藉一些團體遊戲來進行，但最主要的還是以「講話」爲主。在學生團體之中，由於年紀小的緣故，所以採活動與講話並重的方式較佳。而活動的方式又以遊戲治療爲主。在兒童語言的表達及獨立思考能力尙未完全發展成熟以前，遊戲（Play）是兒童最自然的自我表現方式。兒童可以藉著遊戲將他的困難說出來，將他的情緒表露出來。領導人員再利用遊戲誘導兒童走向較建設性的方向，或學習適當的新行爲。活動的方法除了遊戲活動以外，還可以使用說故事的方法和討論會的方式。（張老師，民69）

一、遊戲的方式：

可分爲攻擊性（或破壞性）的遊戲及建設性（積極性）的遊戲。前者如分組打仗、丟沙包等，後者如藍球、排球、乒乓球、積木等。扮木偶戲或家家酒以及美術等活動則是讓兒童表現自己的最佳方式。這些活動都可投射兒童過去的經驗和內在的感情世界。

二、說故事方式：

用小朋友喜歡聽故事的心理，講述一些故事，藉以引發他們的問題。如：

★歷史性的戰爭故事：昇華成員的攻擊心理。
★寓言故事：有誘導建立是非善惡觀念的功效。
★偉人故事：效法偉人，培養健全的「超我」或理想。
★現代故事：增加成員接受現實生活考驗的能力。

三、集體討論方式：

討論的事項可以故事的內容為主，或以現實遭遇到的問題為主。如：小明和小華打架。

★為何會發生此事？
★對這件事的反應如何？
★怎樣處理？

儘量找成員共同的問題，如此討論起來才能深刻。

上述活動方式可以在每次的聚會之中同時舉行，例如：上半段時間以遊戲為主，下半段時間以討論會為主。

帶領兒童團體的條件：

兒童團體比起成人團體而言是較具有結構性的，因此，他的領導者亦必須較費心力來指導整個活動的進行。做為一個團體領導者必須具備下列幾個條件：

★熟諳兒童心理。
★對於一般輔導的原理要瞭解。
★對於團體動力學及心理治療、精神病理學要有所瞭解。
★要有一般成人團體的經驗。
★會使用輔導中的技術。如處理抗拒的技術，沈默技術的運用，援助的技術、情感轉移的處理技術等。這些問題同樣的會發生在兒童團體，所以做爲兒童團體的領導者必須能熟練各種輔導技術。

領導一個團體時應注意下列事項：

一、客觀地處理事物，不可存有偏心或持著不公平的態度。
二、要有不被接納、被排斥、被批評的心理準備和容忍差異與批評的雅量。
三、不能過分注意個別的個案而忽略個案談話內容與整個團體的關係。
四、不可言行不一致。
五、對於團體中發生的事故，不要干涉太快，而阻止了情感交換的發展。領導者應等問題明朗化，或團體成員對某一問題有共同的感受時，才讓團體注意這些現象。
六、不採取權威的態度，使成員能將眞正的內心話或感情表露出來。
七、儘量用鼓勵的方式來增強兒童的新行爲。
八、在團體進行中，輔導要適宜，太少會使團體感到急躁，太多也會養成兒童的依賴性。

小型團體輔導活動單元設計舉隅：

主題：認識大家——交互介紹：
一、目的：
　⑴激發個人對他人的認識與興趣。
　⑵引導個人參與團體活動的熱忱。
二、適用對象：兒童以上一般人。
三、團體人數：六～八人。
四、時間：三〇～四〇分鐘。
五、材料與場地：紙、筆，安靜舒適的場地。
六、適用時機：參與階段初期。
七、一般說明：
　　利用一系列交互介紹，使彼此熟識，增進團體溫暖的感覺。

八、實施程序：

⑴圍坐一圈，老師發給每人一小張白紙，同時要成員報數（1、2、1、2、1、2、……），單數者與圓圈正對面的單數者兩人配成一組。

（活動開始時，彼此相識者都會坐在一起，單數配對，可以打散這個小團體，同時可在介紹對方時，更易保持眼睛的接觸。）

⑵二人一組互相自我介紹，將對方自我介紹內容，寫在白紙上。自我介紹內容如：

①基本資料——如姓名、藉貫、家庭狀況及嗜好。

②三個「最」——如最值得回憶的事，最高興的事，最難過的事。

⑶回到團體圍圈坐，向全體介紹剛才認識的朋友，被介紹人提出補充或修正。

⑷所有參考者彼此介紹完後，老師引導進行討論如：

①被介紹時感覺如何？

②介紹朋友時你的想法如何？

③參與此活動，你會有些什麼感覺與經驗？

九、注意事項：

⑴相互介紹時，介紹人與被介紹人應保持眼睛的接觸。被介紹的人傾聽對方的介紹，不要說話抗拒，等對方說完，他可提出補充或修正。

⑵若時間允許，在被介紹的人補充修正之後，其他人亦可提出補充修正。等所有介紹完畢後，參考者可輪流問大家如：「誰記得張××最值得回憶的事是……」等。使彼此的認識更生動深入。

第六節　團體輔導應遵守事項

組成團體以前，領導者應實施團體甄選，以維護全體團員之利益。

領導團體時，應明確告知團員有關團體的性質、目的、過程、使用的技術、及預期效果和團體守則等，以協助當事人自由決定其參與意願。

尊重團體成員的人格完整是團體領導者的主要責任，領導團體時，應採取一切必要及適當的安全措施。

領導者不要爲自我表現，選用具危險性或超越自己知能或經驗的技術或活動，以免造成團員身心的傷害。倘若爲團員之利益，需要採用某種具挑戰性技術或活動時，應先熟悉該項技術或活動之操作技巧，並事先做好適當的安全措施。

領導團體時，應會同團員訂定團體行爲原則，規範團員之行爲，以免造成對團體生活之不利影響或身心傷害。

領導者應具有適當的領導團體之專業知能和經驗。

領導開放性或非結構之團體，或以促進自我成長及自我瞭解爲目的之團體時，宜採用協同領導，以策安全，並應特別注意團員素質及性質，慎重選擇，以避免因某些團員消極或破壞性行爲影響團體效果。

領導者應尊重團員參與或退出團體活動之權利，不得强制參與或繼續參與他不願參與的活動，以免造成團員身心的傷害。

第十章　心理測驗

第一節　概　說

測驗是教育上必須的，一種藉著科學工具，用來度量受試者心理特性（如智慧、品格等）和教育的結果（如知識、技能、態度、興趣等），以期改進教育方法，提高教育效率。實施輔導工作，對學生的了解與認識，如果要求做到客觀、正確，則必須應用心理與教育測驗的方法，以了解學生的某些心理特質，然後根據測驗的結果，作爲輔導學生之參考，較之對於學生所表現的行爲或動作的直接觀察，自然要來得客觀、正確、而且可靠，對輔導工作之實施，有很大的幫助。

從生活輔導上而言，學生的行爲問題，常表徵著各種心理背景，實施生活輔導，必須運用「心理測驗」做工具來探討學生的心理背景，了解學生行爲的意義，以便於輔導，進而了解學生的智慧、性向等發展實況，以協助其發展；從學習輔導上而言，學生學習興趣、成就或是學習上的困擾，教師往往不易從表面上觀察出來，必須借助教育測驗，以評量學生學習的效果，發現困難所在，實施補救教學。由是觀之，測驗在輔導工作上，極具重要性。

第二節　測驗的種類及其應用

測驗的種類，以其製作過程而言，大致可分爲兩大類：一是「標準測驗」（Standard test）；一是「教師自編測驗」（Teacher-made test），或稱「非標準測驗」；輔導工作所應用的各種測驗，大都以標準測驗爲主。所謂標準測驗，是由測驗專家經過精密手續編製而成，並且在標準的情況下，用這個測驗去測量許多學生，求出一個「常模（Norm）」，且這份測驗也具相當的「信度（Reliablity）」與「效度（Validity）」。

標準測驗也可以從其內容、受測驗人數、材料、功用等標準加以分類，茲詳加說明如下：

根據測驗內容來分類：

★智力測驗（Intelligence test）：

其目的在測量智慧的高低，鑑別一般的學習能力，所以又稱爲普通能力測驗（General ability test）。

★特殊能力測驗（Special ability test）：

其目的在測量學生的特殊才能，如音樂才能、繪畫才能、機械能力、文書能力等，這些能力都是學生的潛在能力，又稱爲「性向」（Aptitude），這種測驗稱爲性向測驗（Aptitude test）。

★成就測驗（Achievement test）：

其目的在測量學生的學業成就。成就測驗又可分爲教育成就測驗與職業成就測驗：

▲教育成就測驗：

即學科測驗，測量在教育上學到的知識及技能。

▲職業成就測驗：

測量職業上得到的知識和技能。

★人格測驗（Personality test）：

目的在測量學生的興趣、態度、情緒、人格特質、德性、審美能力、適應各種特質等。

根據測驗的人數來分類：

★個別測驗：

個別測驗在同一時間內，只能測量一人，這種測驗較爲精確，具有診斷上的功能。個別測驗的優點，在於所取得的結果正確可靠，而且對於受試者的語言、情緒的反應，有仔細觀察的機會，且有診斷的作用。但是個別測驗的缺點，則在於時間不經濟，而且測驗的手續複雜，必須訓練有素的主試者才能勝任。

★團體測驗：

團體測驗可以同時施於許多受試者。各種測驗大多是團體測驗。團體測驗的優點，在於時間經濟；其缺點在於受試者的行爲，不能作切實的控制，因此，所得結果往往不及個別測驗來得可靠。

根據測驗的材料來分類：

★文字測驗（Verbal or language test）：

凡測驗內容，完全是文字的材料，或者大部分是文字材料，作答時以文字或數目計算爲主，都稱爲文字測驗，又名「紙筆測驗（Paper and Pencial test）。大部分的教育測驗及智力測驗均屬文字測驗。這類測驗可以測量人類的高級的抽象智慧，結果較深入、正確。但其限制在於不能用於文盲和不同語言的人。

★非文字測驗（Non-Verbal or Non-language test）：

非文字測驗又稱圖形測驗。其內容是以圖形、模型等做測驗材料。可免去所受教育的影響，適用於不識字者，或不同語文的人。但非文字測驗常不能測量高級的智力，故其結果也不及文字測驗準確，通常非文字測驗是用來補助文字測驗之不足。

根據測驗的功用來分類：

★預測測驗和作業成就測驗：

預測測驗的功用，在推測某方面將來的成就；作業成就測驗的功用，在考查現在的成就。智力和特殊能力測驗，屬預測測驗，是間接的推測，如果由測驗得知某人智力的高下或具有何種特殊能力，則可推測他將來的成就。一般的教育測驗屬於作業成就測驗，此種測驗所測量的，是學生現在的學業成就。

★普通測驗與診斷測驗：

普通測驗的功用在考查一個或一群受試者，在某方面的大概水準。例如：用一種智力測驗去測量某些學生，就可了解他的智力之高低；或者用國語教育測驗去測量某些學生，就可了解他的國語程度之高低。診斷測驗之功用，則在進一步去診斷受試者在某種能力上的特殊優點和缺點；以作為施行補救教學之根據。例如：用一種數學診斷測驗去測量某個學生，即可以發現他在加法、減法、乘法、除法上的缺點。發現了缺點之後，就可以設法補救。

★難度測驗、速度測驗與正確度測驗：

難度測驗的功用，在測量難易程度的高低；速度測驗的目的，在測量速度的快慢。以數學測驗為例，難度測驗在測量某人能夠做多麼難的題目；速度測驗在測量某人對某一種難度的題目，在規定時間內，能夠做對幾題；正確度測驗，目的在求準確程度，如射擊。

第三節　測驗的功用及其限制

測驗在輔導工作的功用：

★辨別智愚：

就智力測驗而言，可以用來辨別學生的智愚，以為施教或從事個別輔導的依據。人類的智力，至不整齊，在教育上，應依照各人智力之高下，施以不同的教育，使人能盡其才。因此，在學校作能力分班，或從事個案研究，探求問題癥結，也常使用智力測驗。

★診斷困難：

心理與教育測驗均有診斷困難的功用。學生學習某種學科而感覺困難，有時是由於智能不足；有時是由於智力發展，還沒有達到學習這部分教材的程度。許多學生的不良行為如：搗亂、欺侮別人、偷竊、逃學等，可應用心理測驗，發現其造成問題行為的原因，診斷學生心理上的缺陷，及早設法補救。

★選拔人才：

智力測驗還可以作為入學考試的工具，使「智者進焉，愚者止焉」，免除許多人力、物力的浪費。各機關或公私企業機構，亦常應用智力測驗，選拔最優秀的人才。

★分編班級：

以往曾利用「教育測驗」作為分編班級的工具，可使一級內之學生教育程度較為整齊。再利用智力測驗將一班學生按智力的情形予以分組，如此，學生學習進步的速率就可以較為一致。其實，分編班級的原則可因各校不同的條件自行斟酌，但心理測驗或教育測驗是不可缺少的主要工具。

★考查勤惰：

智力測驗和教育測驗同時應用，可以考查學生是否努力。如用教育測驗來考查學生，求得該生的教育年齡；再用智力測驗去測量這個學生，求得這個學生的智力年齡，然後把教育年齡與智力年齡相比較，即可了解該生的努力情形。有關智商的求法公式如下：

$$I \cdot Q = \frac{MA}{CA} \times 100$$

I・Q ～智商（智慧商數）。
M・A ～智齡（心理年齡）。
C・A ～足齡（實際年齡）。

★預測能力：

施行智力測驗，可以預測學生將來的學業成績。人類的特殊才能，如音樂技能，圖畫才能，機械能力等，也可以利用測驗測量出來，預測學生在這些方面成就的可能性。

★考查比較實驗的結果：

利用智力測驗與教育測驗把智力與教育程度相近的編成兩班，然後利用不同的教學方法，控制其他外在因素，從事實驗。經過預定若干時間以後，再加以測驗，比較兩種學習方法的優劣。

★職業輔導上的應用：

智力測驗、性向測驗、職業與興趣測驗等，均是職業輔導的重要工具。職業上成功的條件之一，乃是一個人所從事的職業，適合自己的能力與興趣。倘若所從事的職業，與自己的智力與興趣相稱，則成功的可能性就較大。

測驗的限制：

測驗的功用雖然很多，但亦有許多的缺點，有待繼續研究改進。使用測驗時，所應持的態度是：測驗的結果，僅供有力的參考，不可絕對依賴。任何測驗均有其本身的限制與應用上的限制。玆說明如下：

關於測驗本身的限制：

★智力的原素尚未能確定：

智力測驗的一大困難是構成智力的原素未能確定，一般智力測驗僅是間接的測量。

★心理測驗不易與教育測驗劃清界限：

智力測驗的目的，原來是測量學生先天的能量。但是智力測驗的材料難免要應用文字，而認識文字實為教育的結果。若用圖形來測量學生的智力，雖可免一部分教育影響，但認識圖形和了解圖形的意義，仍為由教育而獲得的能力。兩者很難劃清界限。

★測驗的工具不完善：

學生智力的高下，可以用智力測驗去測量；學生學業成績的高下，可以用教育測驗去測量。不過有許多精神方面的特性，如情緒、品格、理想、態度等，雖有人格測驗或其他投射測驗，但精密度仍待改進。

★標準測驗的編造費時費事：

標準測驗的編製，要在專家精細的設計之下，經長久的時間，費甚多的人力與金錢才能完成。且由於年代的變遷尚要修訂，尤以教育測驗為然。因此，眞正可靠的標準測驗並不多。

關於測驗應用方面的限制：

★誤以常模為理想的標準：

測驗的常模，是代表各年齡或各年級現在的平均程度，並非理想的標準。經過相當年限以後，教育程度提高，常模就要變動，須加以修訂。如測驗結果已達常模，僅表示其程度或智力合於平均程度，並非已達到理想標準。有些認識不清的教師或父母，每易把常模當作理想標準，而不再求學生學業成績的提高，這就誤解了常模的意義。

★誤將測驗材料當教材：

測驗的材料，是用以診斷學生學習方面的困難和考查學生學業的成績；教師每易以測驗中的材料當教材，企求在測驗時獲得高分，殊不知此舉已把測驗的目的根本破壞。

★偏重知能和技能：

現在的教育測驗，祇限於測驗學生所獲得的知識和技能，而其他教育結果，如理想、態度、興趣等，尙無完善方法去測量。

★實施測驗與解釋測量常有偏失：

在進行測驗時，常有主試人員忽略了指導語或其他的特殊規定。在解釋測驗結果時，又難免有個人主觀成份，尤其是人格測驗爲然，如非受有專業訓練的人員來擔任，則偏失之處，實爲難免。

第四節　心理測驗的一般程序

測驗前應注意事項：

★選擇測驗：

選用測驗，一方面要看使用測驗者的目的而定，一方面要看測驗本身的條件。如果測驗的目的是要評估學生未來發展的潛能，當然要選用智力測驗；如果測驗的目的是要了解學生已有的學習成果，當然要選用成就測驗。至於測驗本身的條件，須考慮信度、效度、常模、客觀性及實用性五大問題。這五個問題的資料，通常都載在測驗報告書或測驗指導手冊中，輔導人員應該仔細研究，然後決定取捨。

▲信度：

一個良好的測驗，其信度係數應在.80以上。不過，人格測驗較不易達到這個標準，如果在.70以上，也可以接受。

▲效度：

如果採用效標效度表示測驗的正確性，其效度係數最好在.60以上。效度係數通常低於信度係數，一般測驗的效度係數如果在.30以上，也勉可接受。

▲常模：

一個標準化的測驗需依年齡、年級或眾數年齡選擇標準化樣本，而建立百分等級或標準分數常模，作為解釋受試測驗結果的依據。一個測驗的常模是否適當，可從下列幾點去考慮：

⑴是否不只一種形式？最好能有幾種形式（如百分等級、標準分數、年齡分數、年級分數），以便於轉換比較。
⑵該測驗標準化時所用的受試者，在年齡、性別以及各種物質條件或背景方面，是否和將要測驗的學生相同？
⑶該測驗標準化時所用的受試者，能否代表這些受試者被取樣時的群體。
⑷該測驗標準化時所用的受試者，人數是否足夠。
⑸該測驗所列常模，是否有再進一步的區分（例如不同地區，男女性別等）？關於地區性常模與全國性常模何者適用的問題，一般原則是：如係用以評鑑逐年進步的情形，地區性常模勝於全國性常模；如係用以選拔人才，安置工作，以及與全國同等條件者比較，則宜使用全國性常模。

▲客觀性：

指測驗實施程序與記分的客觀化而言。一個標準化測驗，須有其特定的實施程序與記分規定，祇要依據此劃一的規定而進行測驗與記分，其測驗結果就不受不同的主試者與記分者的影響。

▲實用性：

包括測驗所需的時間是否適當（最好能配合上課時間，在正常作息時間內全部完成）？費用是否經濟？答案紙設計是否便於作答、易於記分？實施手續是否簡便，不易發生錯誤？

★準備材料：

測驗前應將下列材料，準備妥當：

▲測驗資料：包括測驗指導、測驗題本和答案紙，對於每本測驗須檢查其印刷是否清楚，內容有無錯誤，裝訂有無重複、缺少或顛倒等情形，並注意所準備的數量是否夠用。

▲鉛筆、橡皮、削筆刀：事前通知受試學生各人自己準備，主試亦須準備若干，以便借給沒有準備妥當的學生應用。

▲碼錶：應檢查其機件有無損壞，時間是否準確。不得已時，可用三針錶代替。

▲粉筆及記事簿等。

★佈置場所：

測驗場所的布置，應力求安適，俾受試者的能力可有最高的表現。下列各點應特予注意：

▲環境要寧靜。

▲光線要充足。

▲空氣要流通。

▲溫度要適宜。

▲桌椅之間要有適當的距離。

▲雜物要除去。
▲等候測驗的受試者，須另有休息的地方。

★請襄試人員協助：

除主試外，受試學生每二十人應有襄試一人，因此需要洽請適當人員協助。襄試人員的責任如下：

▲收發材料：將測驗指導、測驗題本和答案紙，在適當的時間發出或收回，不能遺漏任何一份。
▲巡迴監試：禁止受試者交談、竊視、先做、後停、亂塗試卷和攜帶測驗材料外出等行為。
▲個別指導：在主試說明測驗方法以後，如發現尙有少數受試者對於作答方法未盡明瞭，應當用輕輕的聲音予以個別的指導。
▲紀錄試場情形：受試學生中如有遲到、早退、作弊、生病等情形，均應予以紀錄。

★演習手續：

下列各種手續，事前應演習一遍：

▲碼錶使用演習：用視按法、聽按法分別演習幾次。
▲指導語說明演習：將測驗指導朗讀幾遍。對於其中應加重語氣或反覆誦讀的地方，特別加以注意。
▲如時間許可，應先舉行一次小規模的測驗。

測驗時應注意事項：

★開始談話：

當受試學生業已集合，一切準備妥當之後，主試即步入試場，先講幾句開場白。其內容為：

▲說明測驗的目的。
▲說明測驗的規則。
▲要受試者將桌上所有的雜物放到抽屜裏去。
▲要受試者每人準備兩支削好了的鉛筆。

▲鼓勵受試者作最大的努力。

★分發材料：

測驗指導、測驗題本和答案紙均須發給受試者。在分發之先，由主試將試場劃分成幾個區域，分別請各區襄試一本一本的分發；千萬不可採用傳遞的方法，以免遺失。分發時動作要迅速和確實，而且要配合主試的說明，在適當的時間分發（開始談話結束後，即分發測驗指導和答案紙；俟主試朗讀測驗指導，受試完全了解之後，即收回測驗指導，發出測驗題本）。在每種材料分發後，主試應詢問一聲是否大家都有了。沒有拿到的人，補發給他。

★填寫空格：

答案紙上端的空格，應由主試逐項說明，受試依次填寫，大家一齊動作。每一項目，主試應給受試者充裕的時間，以免遺漏。

★誦讀說明：

誦讀時應注意下列各點：

▲引起受試注意，要他們跟著讀的聲音看下去。

▲非萬不得已，不要增減指導語。

▲讀的速度要慢，吐字要清晰，聲音要宏亮。

▲做例題時，應考察受試是否都能做對，否則應予再說明，務使全體受試都能了解測驗的做法。

★施行測驗：

在受試全部做對例題之後，即收回測驗指導，分發測驗題本，每人一本，即開始測驗。正式測驗時應注意下列各點：

▲由主試說聲「開始」，大家一齊開始做題，主試同時開始計時。

▲在測驗開始後，主試不再回答問題。
▲防止作弊，如發現有人作弊，就在他的答案紙上劃個記號，或記下他的姓名，事後作廢，絕對避免當場和他發生爭執。
▲對於因感覺困難而灰心的受試者，酌予適當的鼓勵。

★核計時間：

▲如用碼錶計時，最好用兩隻同時計時，如果只用一隻，則須注意是否中途停走，當時限快到時，應不斷注意錶面，不能疏忽一下。
▲如用三針錶計時，必須在黑板上記下開始的時間並算出停止的時間，以免遺忘。

★收回材料：

▲時限一到，主試即下令停止作答，要受試將答案紙和測驗題本放好，由襄試逐本收回，交給主試。
▲主試應檢查收回的數目，核對無誤，才令受試者離開試場。
▲主試和襄試留下，按號碼整理題本和答案紙。整理時應注意有無題本被劃上了答案，如有，該題本即予作廢或擦拭回復原狀。

測驗後應注意事項：

★校閱試卷：

▲製作標準答案：把各題的正確答案寫在卡片上，作成便於檢對的形式。通常標準測驗均有已經製作好的標準答案。有些測驗如人格、性向等則無標準答案。
▲計算原始分數：依照測驗指導語計分方法計分。

★換算分數：

各受試者的原始分數，應化為標準分數。換算公式可參照該測驗指導所列的法則和程序。

測驗結果的解釋：

測驗以後，經過規定的方法閱卷計分而得原始分數。只就原始分數上看，不能分辨該分數的眞正意義，必須將原始分數和常模作一比較，才能了解原始分數的意義。由於各種測驗所採用的常模形式不同，必須參照該測驗指導所列的常模，予以比較，如果教師未甚明瞭，應該請教專家或自己作深刻研究，切忌自作聰明，擅予解釋。

實施測驗的目的在於更加了解學生，但是，測驗結果是否眞正有利於了解學生，是應該反省的。教師在解釋測驗結果時，宜參考歐森（Ohlsen M. M.）在一九六三年發表一篇題爲「測驗分數之解釋」的文章，提及向學生與其家長解釋測驗結果的原則與要點。茲將其要者摘述如下，供學校教師與輔導人員之參考。

★在測驗實施之前，應使人們有悅納和適當運用測驗結果的正確觀念與積極態度。

★除非有曾受心理學專業訓練的合格人員足以有效使用測驗工具並能適當解釋測驗結果，心理測驗不可輕易付諸實施。

★測驗材料和測驗分數祇能交給通曉測驗原理和方法且能適當有效運用測驗的合格人員。

★測驗分數解釋的對象，應祇限於學生本人及家長或法定監護人等適當人員。在任何場合，均須避免讓無關的人員聽到或看到測驗的結果及其有關的解釋資料。

★鑒於測驗分數常被外行人加以錯誤解釋，是故在提供測驗結果的資料給學生及其家長之時，應附加淺顯的解釋和說明之文字。當學生或家長覺得確有需要而請求提供更進一步資料之時，應滿足其需求，將測驗分數作充分的解釋，使學生了解自己，也使家長了解其子女。

★在解釋測驗的結果之前，教師和輔導人員應熟悉各種有關學生的非測驗資料（Non-test data）；在解釋測驗分數之時，應該鼓勵學生以非測驗資料補充測驗結果，兩相配合，以求充分運用學生的個案資料，增進對學生的了解。

★測驗的解釋者（教師或輔導人員）對學生和測驗工具應有充分的認識和了解，並鼓勵學生參與測驗分數之解釋，適時將正確資料向學生說明，使學生直接領會測驗分數的意義，並藉以獲致眞正的自我了解。

★測驗的解釋者必須非常敏銳地察覺學生對測驗及其相關資料的瞭解情形，必要時，應給予適切的補充說明。

★教師和輔導人員應鼓勵學生對其測驗結果主動有所反應；從學生在言行上的立即反應，教師和輔導人員可據以判斷學生對測驗結果的感受，而及時予以適切的輔導，以增進其自我了解，並能悅納自己。

★測驗結果之解釋旨在使學生了解自己，並作明智的決定；教師和輔導人員應就測驗的結果向學生作事實性的說明，避免批判性的判斷，更不可與學生爲測驗分數的意義而有所辯論，主觀武斷的批評或辯護均非所宜。

除上述歐森所言，解釋測驗結果原則外，在應用測驗結果時，同時也須注意下列各點：

▲測驗並不是萬能的，每種測驗都有其獨特的測量領域，因此，不能以一種測驗解釋一切。換言之，測驗結果應與其他測驗、調查、情報、資料等作綜合的判斷。

▲應該根據測驗、觀察、調查及其他資料，擬定對於學生實施輔導的計畫。

第十一章　輔導活動評鑑

第一節　涵　議

評鑑（Evaluation）一詞，國內譯爲評量、評價或評估，其涵義學者說法不一。韋伯斯特新世界字典（Webster New World Dictionary）解釋評鑑一詞的意義爲「發現價值，判斷或決定某種事務或品質。」

國內學者簡茂發（民71）認爲「評鑑是運用科學的方法和技術，蒐集學生有關學習行爲及其成就的正確可靠資料，再根據教學目標，就學生學習表現的情形，予以分析、研究和評斷的動態過程。」

也有人認爲評鑑是以一種科學方法，運用各種可能的資料與技術，就行政措施與教育設計所期待的一切成效，作有系統，有目的的評量，以供改進和決策的依據。

綜合以上的說法，可知評鑑一詞的意義及其特點有：

★評鑑是一種歷程。
★評鑑是一種有客觀認定標準，是評鑑者與被評鑑者所共同認定的。
★評鑑是有系統、客觀的蒐集資料，並轉爲資訊，提供決策者作參考之用。
★評鑑是一種主觀的價值判斷，提供自我改進。
★評鑑是提供資訊，進而作價值判斷，最後採取合理行動方案的一連串過程。

輔導活動係整個教育制度各種措施中之一環，教育效果需要評估，輔導活動自不例外，據前所述評鑑之意義，可引用來說明輔導活動評鑑之意義，不外是：「使用統一認定的標準，有系統、客觀、科學的方法、蒐集與了解輔導活動實施之成效，予以一種價值判斷，作爲改進與決策之依據的過程。」

若據上面所說意義予以闡釋，可認定輔導活動的評鑑爲：

★要有統一認定的標準：乃指評鑑者與被評鑑者都共同認知評鑑所要求事項，不因彼此有解釋的不同。
★要用客觀科學的方法：係指評鑑工具、手段，不因時空不同而影響評鑑結果。
★其目的在蒐集與了解被評鑑者對輔導活動實施情形如何。
★對其實施情形給予好、壞、成功與其失敗的價值判斷。
★整個評鑑的作爲是一系列的過程而不是終結行爲。

第二節　評鑑的目的與功能

評鑑目的：

學術的進步，有賴不斷的研究、實驗、應用與評鑑。課程的發展如此，輔導活動的實施，自不例外。課程的評鑑有兩大目的：

★檢討課程設計的各種理論架構，以及其他社會與心理因素，對課程發展的可能影響。
★檢討現行課程編制、教材、教法與學習活動設計等方面，是否吻合社會需要、學習心理與學生身心成熟的程度。

輔導活動效果的評鑑，除了包括上述的兩種目的之外，尤其著重於其在學校實施過程中，行政組織是否健全、計畫是否周密、師資是否理想、各項實施的成果，是否已達到預期的效果。

輔導活動成效的評鑑，常可達到以下幾種目的，以帶動學校教育的進步。

★評鑑爲一極有效的工具，促使學校注重學校行政與領導，輔導活動的設計與執行，以及其他課程的配合，推展一連串的改進計畫。

★透過學校同仁的經常自我評鑑，不僅輔導活動本身的計畫與實務，得以檢討改進，而且將促使課程、教材、教法，得以不斷充實。

★校外專家學者以及行政單位主管人員的參與評鑑，使學校工作人員有機會獲得理論探討、實務研究、行政聯繫諸優點。

★從評鑑工作的參與，促進校內各同仁對於新知能、新觀念與新方法有更濃厚的追求意願，從而提高其樂業、敬業的專業精神。

★從評鑑工作的參與，使校內各同仁對於輔導活動在教育正常化與提高學生學習的興趣中，所扮演的角色，與所可能的貢獻，有更進一步的了解，因而對教育革新的工作，有更大的信心。

★從評鑑工作的集體參與，促進校內各同仁的分工合作，以及彼此尊重，充分發揮團隊精神的美德。

教育部國民教育司曾於民國六十五年開始國民中學輔導活動實施情形評鑑，七十五、六年再度實施；國民小學方面依照發展與改進國教六年計畫，於民國七十三年、七十五年先後兩次至各縣市實施訪視，其內涵實爲評鑑，該計畫於七十六年結束時，實施總評鑑。其具體的目標，是希望透過全面性的評鑑，達到督促各縣市政府對輔導活動的推行，更注意其督導的工作，其終極目標，則爲力求國民中、小學能按部令，切切實實推展輔導活動、在學生生活輔導、學習輔導、生涯輔導各方面，全面認眞實施，爲國民中、小學教育奠定更健全的基礎。

依據教育部民國六十五年、七十五年及七十六年對全國國民中學實施輔導活動評鑑；七十三年、七十五年及七十六年對國民小學實施輔導活動訪視（評鑑）皆揭示以下目標：

★了解各縣市（含直轄市）教育局目前推行國中、小學輔導工作情形。
★了解各縣市（含直轄市）國民中、小學目前輔導工作執行情形。
★協助各單位解決輔導工作技術有關問題。
★蒐集各單位對實施輔導工作之改進意見。

評鑑功能：

★激發的功能（encourage）

▲對教育行政單位：了解教育目標是否達成、促進檢討改進。
▲對學校：了解困難，協助解決。
▲對學生：診斷、了解自己、激勵學習動機。
▲對教師：了解得失、自己補救、提高教學效果。
▲對校長：提供教育現況資料、作教育導向、改進缺失。

★監聽功能（monitoring）

蒐集資料、了解勤惰、獎優懲劣、反饋作用。

★改進功能（improving）

對教育現況的了解、及早期發現問題、俾作改進。

第三節　評鑑的原則

由於輔導活動評鑑所包括的範圍極廣，其範圍的性質，又多有所不同，因此，確立若干原則，以供參考，至爲必需。下列數點爲其中較重要者：

一、符合性：輔導活動評鑑，應符合教育之目標。

評鑑應有所依循的根據，才不致雜亂無章。教育目標既為輔導活動設計的依據，自應為輔導活動評鑑的基準。

同時，輔導活動評鑑方式，也應該按照教育目標而定。不同性質的目標，應該用不同方式的評鑑。

輔導活動評鑑計畫草擬初期，第一項工作就是要考慮目標，然後評鑑的內容與方式才有所依據。

二、綜合性：輔導活動評鑑應包括過程與功效。

輔導活動的發展，既為統整的一貫的過程。輔導活動評鑑，自應注意其過程中的縱、橫的整個結構。

國民中學輔導活動的內容有生活輔導、學習輔導、生涯輔導等三大項、國民小學只有生活與學習輔導二項，在評估中應列為主要項目外，其他的相關部分，如輔導計畫、輔導室（諮商室）設置與設施、工作人員素質、工作態度、經費等輔導行政事宜等，均應一一列入評鑑項內，因為輔導行政，足以影響輔導效果。

三、個別性：評鑑結果的分析，應力求考慮不同的受評者。

以一個居於優勢所在的社區、學校教師的素質、學校所可能運用的經費，以及其學生的學習態度，與一個處於劣勢地區的學校所有的客觀條件來比較，其出發點，本身即有偏差。是故，以一種全國性評鑑量表所列舉項目，作為衡量所有學校成就的依據，其結果的不能完全採信，是淺而易見的。

為補救此一缺失，在分析評鑑的結果，並運用它作為提出對某一學校輔導活動措施的改進建議時，學校所在社區的經濟與文化情況、學校人事、經費以及其他足以影響輔導活動的各項因素，均為重要的參考條件，值得評鑑者特別注意。

同時，由於評鑑的目的，在於評核某一學校輔導活動本身的進展，以了解努力情形、面臨的問題與解決問題的途徑。因此，輔導活動的評鑑，應以不同學校本身的進展為準。

今後對不同學校輔導活動的評鑑，及其他方面行政的措施，似乎都應該考慮到各個學校本身的條件。

四、正確性：應有優良、精確的評鑑工具。

「工欲善其事，必先利其器。」，要想評鑑的預期結果得以順利達成，優良而詳盡精確評鑑工具的選擇與製作，是絕對必需的。惟其如此，才不致因彼此觀點與解釋不同，失去評鑑的公平性。

五、合作性：輔導活動評鑑的過程，應有更多人士參與工作。

過去，輔導活動評鑑人員，往往限於少數專家學者，就其研究觀察所得，提出若干改進的意見。由於他們大多倉促應命，難免考察不周，其意見亦不免失之偏頗。

今後輔導活動的評鑑，應慎選各界專家學者參與工作，並鼓勵教育行政人員與學術人士，多方面進行研究，充實其內容，引導輔導活動的不斷發展。

六、民主性：評鑑應公開進行。

評鑑是一種雙向溝通、上下互動，目的在使被評鑑者了解自已優、缺點，對自己工作在評鑑中亦得以申述，所以評鑑應公開進行，亦是一種公正無私的表現。公開進行有很多優點，可以產生互動，促使大家參與，避免評鑑人員作主觀的評判，也是民主的表徵。

七、多樣性：使用不同方式進行評鑑。

輔導活動的評鑑，基於目標、內容，在評鑑進行中，可應用實地觀察、查閱書面資料、紀錄、晤談、口試、筆試、聽取報告、………等方式，同時進行，不限於單一方式，務期確實、不致產生被矇蔽或遺漏之憾事。評鑑記錄，可用評分式給予分數或文字敘述式，或兩者同時併用。

八、實用性：廣泛應用評鑑結果。

行政之設計與執行，固以評鑑爲其最後之步驟，但是輔導活動評鑑的本身，並非結束與終止。前文所以一再强調評鑑在教育過程中的重要性，即基於輔導活動評鑑的價值，不但足以激發輔導活動進一步的推展，並且將可以促成學校制度或整個課程編制、全部或部分的不斷改進。因此，評鑑的結果，應力求充分運用。

九、敘述性：評鑑報告用敘述方式。

評鑑結果的表達，雖可使用分數以定優劣，但全用分數則難達成整個評鑑的目的，分數本身毫無意義，對方難以了解究應作何改進，所以，評鑑總結報告不宜單用分數，應以文字敘述被評者的優、缺點及改進事項，作爲改進之依據。

十、延續性：不斷檢討、改進及追縱輔導。

評鑑不是終結，而是繼續不斷的過程，輔導活動評鑑，要注意整個工作過程，此一過程，包含兩方面，一是被評者對整個輔導工作是否按步驟進行、成效如何，納入被評之項目；另一方面是評鑑者在進行評鑑過程中的種種措施，應不斷的檢討與改進。

另外，評鑑結果，作成書面報告，對建議改進事項，應在一定期間內，實施追蹤輔導（Follow up），以落實評鑑效果與功能。

第四節　評鑑的程序

一、確定評鑑的目標：

一切方法與程序，均依目標而決定。實施輔導活動評鑑之前，即應確定評鑑的目標，以便草擬展開評鑑的步驟。

二、確定評鑑項目：

評鑑的項目，即是被評鑑者日常工作項目，如：教育部國民教育司所編製的國民中學輔導活動實施情形評鑑表所列項目（民65），可看出國民中學輔導活動工作的項目，包括：

★輔導工作的組織與運用。
★輔導工作的計畫。
★輔導活動的師資。
★輔導活動經費的運用。
★輔導活動的設備：（包括輔導室與諮商室的設置、圖書刊物之購置與應用等）。
★個案資料的建立情況。
★各種測驗的實施與應用。
★輔導活動課程的實施。
★諮商輔導的實施。
★協助學生學習的情形。

三、設計評鑑表：

項目既行確定，即可進一步設計評鑑的量表，量表的設計，務期運用方便，經濟實效，爲便於評鑑之實施，表內評鑑項目及內容宜具體明確，各項之下分爲等級，如：5.4.3.2.1.五個等級，亦可分爲優、普通、劣三個等級，以數量區分較易計算成績，文字上的敘述式亦爲必要。

四、遴聘評鑑人員：

評鑑人員的遴選，應力求其博學，並對於輔導活動的實施，具有相當的經驗者。同時，還應該考慮其日常爲人處世，是否經常有過份主觀、囿於偏見的缺失，以免因其失卻公正的態度，影響評鑑工作的展開及評鑑結果的解釋與運用。

評鑑人員應具備下列條件：

品格方面：

★有實事求是的科學精神：

不是吹毛求疵之輩，專挑對方毛病，在雞蛋裏找骨頭，顯耀自己、挫敗對方士氣。

★公正超然客觀的胸懷：

不偏不倚、不徇私護短、對別人工作成就應給予肯定讚揚。

★尊重別人的民主素養：

評鑑人員是扮演協調溝通的角色，對他人的建議應作忠實的反應，對他人的批評，對的接納、不對的解釋。

★任勞任怨的負責精神：

評鑑過程中，評鑑人員風塵僕僕備極辛勞，不能因路途遙遠畏而不前，不因時間倉促而折扣，影響評鑑品質，應付了事及隨便下結論。

學識方面：

★具有專業知能：

擔任評鑑人員要對所評鑑科目，有所專精，對被評者所提問題，深入解答和精確評斷對方績效。

★普通常識要豐富：

評鑑人員不但具備其評鑑科目的專精，對一般普通常識亦要豐富，以免見樹不見林，淪入狹隘一己之見，根本解決不了問題。

態度方面：

★注意協調與溝通：

評鑑人員是橋樑，不是決策者，應依據評鑑目標，了解對方工作情形，困難所在，協調解決或建議反映。

★秉持親切與關懷：

評鑑人員代表上級單位，對被評者平時工作之辛勞，應代表上級予以宣慰，態度要親切，以示上級之關懷。

五、評鑑人員研討會議：

評鑑工作實施之前，爲求評鑑方式、評鑑標準及評鑑進度劃一起見，應先舉辦評鑑工作研習活動，尤其應使評鑑工作人員了解評鑑的意義、目的及實施時一切注意事項。

六、依照計畫實施：

一切備妥，即照計畫展開評鑑活動，但實施評鑑之前，最好先將評鑑量表，分送被評鑑的學校，請其就實際推展情形，先行自我評鑑，以供比較。

七、評鑑結果應迅速整理，並予解釋，作成總結報告：

評鑑後的資料，若不立即加予妥善的整理與解釋，則整個評鑑過程中，所有的努力與辛勞，將徒勞無功。同時應注意爭取時效，以免拖延過久，失去評鑑最初的目的。

八、評鑑結束應作綜合性的檢討：

評鑑工作告一段落後，應作全面的檢討。包括評鑑的方法是否符合目標？是否還有一些極待改進的地方？評鑑的工具是否妥切可行？那些地方還有美中不足之處？評鑑的過程，是否尚有缺失？評鑑結果的分析與運用，有無更好的方法？評鑑人員與被評鑑人員之間的意見溝通，是否還有進一步協調之處？凡此等等都應該全盤檢討。

九、評鑑結果的應用：

應用於輔導績效的考查。
應用於輔導問題之發現與解決。

第五節　如何接受評鑑

上級教育行政單位爲了落實學校輔導工作，曾多次對國民中、小學及高中、高職實施輔導活動評鑑，如何接受輔導活動評鑑，各校輔導行政人員往往不知如何去準備，本節提供一些經驗性的建議。

評鑑前：

一、了解上級單位評鑑採用方法：

下面是教育部歷年對台灣省、台北市、高雄市所屬各級學校輔導活動評鑑時採用的模式，據此加以準備，諒不會失之過遠。

★聽取簡報：

聽取當事人（校長、輔導人員）報告該校輔導工作情形，必要時予以質疑。

★實地觀察：

觀察輔導室、諮商室之設施及設備，地點是否適當，有沒有充分利用等，必要時至教室觀察教師上課時如何配合輔導學生。

★晤談：

舉辦座談會，聽取有關人員意見，以深入了解該單位輔導工作推展情形。

★訪問與調查：

用直接訪問或間接調查該單位教師、學生及行政人員，了解其情況。

★測驗：

用紙筆或口試方法，詢問有關問題，以明瞭師生代表對輔導的了解程度。

★查閱工作紀錄與資料：

如工作計畫、輔導日誌、會議紀錄等。

二、詳細閱讀上級評鑑公文：

評鑑前上級單位必有來文，承辦人員此時將來文細心研讀，必要時摘錄或勾出文中要求事項，上述的評鑑方法，往往在文內說明。

三、將公文簽會教務、訓導、總務：

因此項評鑑必與教務、訓導、總務有關。在會簽中輔導室可一併列出各單位應辦事項，亦可先會知有關評鑑文件，詳細分工、準備計劃，俟完成公文會簽後再擬。

會簽完畢，教務、訓導、總務各處應分別簽章，會簽過程中，教務、訓導、總務所屬組長，亦應會章，否則，教務、訓導、總務處主任須負責轉達評鑑要求與本身業務有關者給所屬組長，以便配合。形式上的公文處理會簽程序完成後，即送呈校長批閱。簽呈時輔導人員必須寫出處理意見，如「遵照辦理」、「會同××處辦理」或更詳細地擬妥準備計劃，一併附呈，此時則寫「準備計劃併呈如附件」，切勿僅寫「呈閱」兩字，而無處理意見。

四、宣佈全體知照：

公文或計劃經校長批閱後，當利用教師朝會或校務會議或最近全校性的會期向全體教師宣佈，並請求配合，對學生亦應利用週會或其他集會時間宣佈。

五、依照評鑑計劃、積極準備評鑑資料：

輔導資料不必刻意裝飾富麗堂皇的包裝，貴在原始性，保持其眞實性，更不應僞造，但須井然有序，一目了然。資料的陳列，依評鑑表所列項目秩序爲妥。

評鑑中：

一、提出簡報

評鑑人員蒞臨，第一件事學校要做的，就是「簡報」，提出簡報的人，應爲學校校長，必要時得由輔導主任補述，或由輔導主任簡報，校長補充，不論二人誰先誰後，但主持會議者，必爲校長，不是上級評鑑人員。參加簡報人員，包括各處室主任、輔導室全體工作人員。簡報內容，應言簡意賅，重點在「輔導工作」，無關的不必列入，以免浪費時間，其順序應依所頒發評鑑報告項目，使評鑑人員一開始便知道整個工作概要，爭取到第一印象，亦可節省評鑑人員查核資料時間。簡報的內容及順序，依教育部歷年對各校的評鑑，以下面所列爲妥：

★前言：

包括本校教職員生人數之敘述，使評鑑人員了解一般概況。

★本校輔導工作概況：

▲組織方面：

學校設有那些輔導組織，那些人參加組織，工作情形以及成效如何，有無困難，如何克服等。

▲工作內容：

輔導工作內容之敘述、應參照上級頒發評鑑工作項目（評鑑表）所列，逐項報告，雖然與本校實況也許有別，但大項目不會有差異。除工作項目外，並應說明每項工作成效，若有具體事實或數據更佳，不可含混籠統的「頗具成效」、「甚佳」、「良好」等的空洞用語。

★工作檢討：

即對上述輔導工作，作一綜合性的得失說明，並對輔導工作實施困難，提出今後學校自己具體改進方針。

★建議事項：

對上級單位關於輔導工作之建議或請求支援事項。

二、隨伴評鑑人員進行實地了解：

簡報完畢後，通常評鑑人員到校內輔導工作場所實地了解或查核資料，此時輔導室相關人員應隨同在旁，以便解答問題，或主動解說相關工作事宜。

三、安排教師或學生接受訪問：

按教育部歷年輔導工作評鑑，均抽問教師、學生若干人，以期自師生代表晤談中了解校內輔導工作的實施情況。被訪者係由評鑑人員臨時抽點，此時學校宜備妥教師名錄及班級名單，以現成者即可，不必另繕。

四、安排人員參加座談：

評鑑中通常有綜合座談一項程序，此時主持人應爲評鑑委員，參加人員應有校長、各處室主任、組長及人事、主計人員，旨在聽取評鑑結果及建議事項。

評鑑後：

評鑑結束，在綜合座談中，對評鑑人員所提，應切實檢討改進。若干時間後，上級單位通常會將評鑑結果報告通知到校，對要求改進事項，應依限改進，以備未來的追蹤輔導。

第十二章　國中、小學輔導活動的問題與突破

我國學校輔導工作，自小學至大專院校自成體系，但除國中、小學較有完整之法制化外，其餘的高中（職）大專院校仍然不足，但國中小學的輔導工作，由於法制化，卻帶來很多問題，本章乃以此作爲實務上的探討，以期有所突破。

第一節　國民小學輔導活動的問題與突破

回顧與展望

教育部於民國六十四年八月公佈國民小學第八次修訂課程標準，給國民小學增列了一項工作—輔導活動，爲國民教育史上一項大事，是無中生有的創舉，是跟著感覺走出來的。民國八十二年九月該部再度公佈第九次修訂國民小學課程標準，訂於八十五學年度正式實施，輔導活動一科自然地要跟著修訂，所謂「修訂」，莫非是將原有的作一些「加減乘除」而已，俾適應時代環境需要，可以說是「摸著石頭過河」。就這樣建立了一個台灣有特色的國民小學輔導活動。回顧舊課程標準國小輔導活動與展望新課程標準，有著顯著不同之處：

紙上用兵時代宣告結束

民國六十四年八月公佈修訂之國小課程標準，姑稱之舊課程標準，依舊課程標準實施原則明訂「輔導活動爲國民小學教育的核心工作……」，但是於活動要項中又指明「國民小學實

施輔導活動……配合學校各項活動進行。不另訂科目，亦不另列時間，其必須特定時間應與團體活動、生活與倫理、健康教育等課程密切聯繫實施之」。這種教育典範，不知世界上有那些先進國家有此先例？分明是既要馬兒好，又要馬兒不吃草的强人所難，係一種秀才用兵的作法、空喊口號的革命作風，不切實際，害了國小輔導工作者苦撑二十個年頭。

依舊課程標準國小輔導活動的實施，不另訂科目。可是細查輔導活動實施項目與內容有七、八十項，實施辦法亦訂有一百六十餘種，洋洋灑灑不謂不多，林林總總這麼多，它不是科目又是什麼？不予訂定，又如何使其貫徹實施？二十個年頭了，在國小工作的輔導人員，其忍辱負重的精神，令人肅然起敬。

時代在變，以前種種，難以應付今日多變複雜的教育情境，展望這次新修訂的國民小學課程標準，終於一改過去的「不另列時間、亦不另訂科目」修訂爲「自三年級至六年級設科教學，每週一節（四十分鐘）」。不啻是國小輔導活動秀才紙上用兵的空談時代宣告結束，進入另一個嶄新的時期，從今以後國小輔導活動，不但明列實施時間，亦訂定科目，設科教學，與其他學科併存。

疑惑

修訂也者，不外是把不合時宜、不切需要的修改使迎合時勢、切合需要。儘管這次修訂的課程標準輔導活動有著上述這些特點，但亦無不致人疑惑之處：

質與量？

新的課程標準修訂之國小輔導活動，目標增列爲七，項目跟著調整至十八項，工作內容由原來的五十九項增加至八十五項，增加率爲69.4%，可以預見的，如果照著課程標準去實施，國小輔導人員的工作量膨脹了百分之六十九點四，人員未增加，工作量膨脹，必然影響工作品質，這種槓桿原理盡人皆知。一位認眞的輔導工作人員，依舊課程標準規定的項目，尤感力有未逮，難以達成任務，而今增加了百分之六十九，結果如何，不難料到。若是選擇性實施，維持工作品質，又難迎合上級的評鑑制度，因爲有些項目未做，總不免影響評鑑結果，如何因應，令人疑惑？而且這許多項目是否代表眞正的輔導工作？尙待啄置。

舊瓶新酒、新瓶舊酒、新瓶新酒？

對比新舊課程標準國小輔導活動，首自目標而言是增加了，但所增加的新到何重程度？依著者淺見，並無多大新義，只不過是將「舊五條」分爲「新七條」，涵意沒有什麼差別。次就類別觀之，不管新舊，生活輔導與學習輔導兩大範疇，完全一樣。再就項目與內容分析，除對特殊兒童之輔導項目內容較詳細列舉外，其他的不同的處幾希，只算是將舊的「衍生」與「分化」而已。如此，不禁要問，它是「舊瓶新酒」或是「新瓶舊酒」？肯定地說不是「新瓶新酒」。

轉導活動工作項目內涵，範圍廣泛，且見仁見智，兒童生長發展階段不同，則有不同的需要與輔導方法，新課程標準是否眞正能滿足這些需要，就如此修訂一下，就算功德圓滿，不無疑問，輔導人員在工作中，如何拿捏取捨，尙要深思。

該與不該？

依新課程標準國小輔導活動的實施，三至六年級設科教學，每週一節四十分鐘；一二年級不另訂時間，可利用導師時間及相關教育活動隨機輔導，並與各科教學密切配合。這樣的設計，令人疑惑，無疑的是舊課程標準的翻版，是一種形式上的文章，以前這樣不另訂時間，不另列科目的作法，有那所學校能夠落實執行，著者若干年前曾爲教育部操刀，擬訂及執行發展與改進國小輔導工作計畫，前後共六年，期間數度至各校訪視及最後評鑑，發現答案是否定的，而新課程標準，其結果如何，可以預見。

再者，不禁要問，一二年級學童年紀尙小，不需要如此大費週章另訂時間輔導，理論依據又何在？再查新課程標準很多輔導項目都是從一年級開始，共計二百零一項，佔全部二百六十一項的百分之七十七，佔這樣比重的工作，而沒有給工作人員時間，將如何實施？不無疑問。會不會給人一種印象，三年級以上學生是應該輔導，一二年級不該有。

名正與言順？

輔導（guidance）是一項活動（activity）、或是一項工作（work）、或是一門課程(curriculum)？民國五十七年國民中學稱之謂「指導活動」，民國六十四年國小公佈之國小課程標準爲「輔導活動」，民國六十八年國民教育法公佈，依該法第十條規定國民小學應設「輔導室」，民國七十一年公佈國民教育法施行細則第九條稱爲「輔導工作」，而民國八十二年國民小學新課程標準，已將它列爲一門科目，設科教學，每週一節四十分鐘。令人疑惑不解，既然是活動又設科教學，既然是一項教學活動，又拋不開工作，如諮商、個案研究、測驗……等，又有甚者，設科教學之內容與方式，依新課程標準之輔導活動與社會科、道德健康科等有很多類同重複之處，將來會使學生分不淸它是健康與道德、或是輔導活動、或是社會科之教學。

通才與專業？

輔導是一項專業，非受過專業訓練，不能擔任該項工作，目前國內正研究醞釀輔導人員實施證照制度，在新課程標準中所列輔導項目，實非一般教師可以勝任。可是致人疑惑的是：依課程標準教學方法實施原則(二)、輔導活動時間應由級任導師或學有專長之輔導老師擔任」。依著者了解，這是一種理想，與事實距離還相當遙遠，就級任老師而言，以其教學經驗、愛心與熱心處理學生日常一些生活與學習問題尚可，若能運用輔導原理原則輔導學生，在一校中難有幾人。若中、高年級學生的輔導課，由他（她）們去擔任，只能照本宣科再依樣畫葫蘆而已，很難在活動中窺知其堂奧，這樣則失去輔導活動設科教學的原意。若由合格的輔導人員擔任，也有問題，依國民教育法施行細則規定，目前台灣省二十五班以上學校才設輔導室主任一人，有特殊教育學生二班以上的學校，得增置組長一人，台北市、高雄市比台灣省稍强，所有學校毋論大小，一律設輔導室置主任一人，以及依校型大小置輔導組長，但毋論如何皆面臨學校班級及人數過多，輔導人員不足以分配擔任輔導課時，必須由非專業人員配課，效果必定大打折扣。

再者，國小輔導人員具有輔導專業即可，事實亦不然，國小教育人員與大專院校不同，在大專院校裡的教師擔任其專門科目即可，依專長聘任，目前國小教育人員，尤其擔任輔導工作者，除依規定辦理學生輔導工作還要從事學科教學，就學生日常的輔導工作言，牽涉的範圍極廣，不一而足，除了要具備輔導專業外，更需要有一般豐富的知識，否則，不足以應付，且過份强調專業，一般教師有被嚇阻袖手旁觀之虞，有違輔導工作全體參與的原則，若不强調輔導是專業，大家都可以從事輔導，則輔導人員就沒有設置的必要，事實上亦不可能，輔導人員需要的是通才或專業？如何劃分？有待探究。

芻議與建言

根據前述的狐疑，僅提出一些芻議，供國小輔導工作同仁參考，以迎接未來的新任務，並向主管當局建上微言，祈正視某些實質問題，俾眞正落實國民小學輔導活動：

與其求量之增加，毋寧落實質之提昇

新課程標準輔導項目較舊課程標準增加了百分之六十九點

四，依過去二十年的經驗，舊有的項目，以現有的人力、物力，尙感無法達成任務，又何能應付新增的挑戰新增加的許多項目，若每項都去實施，是不可能的事，爲今之計，解決之道，應是重質不重量，因時因地制宜，擇其重要迫切的項目先予實施，保持工作品質，不必求多，落實爲首要，其他的，行有餘力再行推展，但需要列入計畫逐年去做，否則，每年都是那些被主觀認定爲重要者，其他的永遠是不被重視的工作，這樣則有失於偏。常見的是有些輔導主任，對心理測驗或個案研究見長，全校的輔導工作，必落在測驗或個案輔導上，致全校學生人人變成個案，風聲鶴唳，本來沒有問題的，都成了問題人物。

不管舊瓶新酒、新瓶舊酒，適飲就是好酒

學校輔導工作，經緯萬端，與其說它的工作範圍幾含學生的全部生長發展並不爲過。這次新修訂的課程標準，輔導活動一科，目標增多了，項目內涵相應增加，理所當然，否則，難以達成目標，所衍生出來這些工作，也許是新，也許是舊，不管是新是舊，只要是對學生有利於生長發展的都應該去做，這是學校教育工作者應有的工作態度，輔導人員更應如此。

學生的生活輔導學習輔導，是全體教職員工的職責，並非輔導室一個單位之事，也非教務、訓導、總務所獨有，而是教務、訓導、輔導與總務的分工合作的成果，你中有我，我中有你密不可分，須注意的是學校行政組織，是一個有機體（orgnization）的官僚（bureaucracy）行政體系，特徵是各有所司，各依職掌辦事，輔導工作雖然說祇要有利學生生長發展的，都應該去做，不分你我，但並非每一項工作都要人人參與，浪費人力，身爲學校輔導工作者，亦需認清職掌界限，某項工作雖然重疊難分，但要注意孰重孰輕，較偏於教務或訓導者，由教務、訓導主導，自己退居第二線，不可逾越，避免「侵權」之嫌，屬於自己的，不可逃避推諉，是故國小新課程標準輔導活動，工作目標、項目與內涵不管新與舊，都應以適合學生

之需要為主，亦要適應學校體制，不可突顯自己而忽略他人之存在。

拍板定案、不該亦該

前面說過依新課程標準三至六年級才訂定輔導時間，一二年級厥如，依舊課程標準模式採隨機輔導辦法，會不會給人印象是三年級以上學生應該，一二年級不重要的感覺，正如國民教育法施行細則二十五班以上的國小設輔導室，二十四班以下厥如，二十四與二十五只一線之隔，該與不該，重要與不重要如何拿捏，不是理論問題，而是現實問題。而今新課程標準修訂完成，拍板定案，生米已成熟飯，該與不該，已經沒有討論的必要，要探討的是應該怎樣實施，才是首要。

依新課程標準國小三至六年級學生，在輔導活動課時間裡，使用課本，老師有教師手冊，可是一二年級空空如也，什麼都沒有，脫離不了以前的空喊革命口號，著者以為一二年級不列輔導時間，已成事實，要修訂也不知是多少年以後的事，而今教育主管當局應明確宣示編給一二年級老師們一本輔導手冊，作為參考之用是應該的，否則，這些老師實難進行新課程標準從一年級就開始實施的二百六十一項輔導工作。

必也正名乎

指導活動與輔導活動之爭議，已經落幕，今日隨之而來的「輔導活動」，「輔導工作」，「輔導課程」等名詞，稍微注意的人，都會想到究竟該用那個？在新課程標準裡輔導活動科內文中，除上述名詞外，常有不少令人疑惑之處，就是用詞不統一，如諮商、晤談與個別談話之混用；輔導、教導與指導互用；兒童與學生常用。這是一本課程標準，既然稱之為標準，就應面面俱到，馬虎不得。

孔子說：「必也正名乎，名不正則言不順」，如今日有人要問我們的輔導室主任，你現在從事的是何種性質的工作？是答輔導活動或輔導工作？必有不同答案。這種情形有待學者專家爲文釋義，下次修訂課程標準時詳予界定，用詞遣字力求統一，因爲這不是屬於鄉土教材範圍，與本土化無涉。

通識與專業並重

輔導專業化，包括工作人員專業化、工作內涵專業化，理論上毋庸置疑，事實亦屬必要，否則，任何人皆可從事輔導，等於凡是人皆可爲醫生一樣的荒謬，不可思議、不切實際。國小輔導工作專業化的要求，勢所必然，但依課程標準輔導工作那麼多項目，是不是每項都屬於專業，未必盡然，是故今後修訂課程標準時，宜再予精簡，使輔導工作步入專業化，以提昇輔導人員的專業形象，使輔導人員以從事眞正的心理輔導爲主，避免與教務、訓導工作衝突、重疊或混淆不淸。但爲顧慮到國小的特性，輔導人員應嚴格要求其具備心理輔導的相當知能外，一般的通識教育也同樣重要。著者於民國八十三年接受教育部訓委會委託研究，其中一項是國小輔導人員工作取向，是應走純粹的心理治療取向，以確立自己的專業地位，或者是應爲通才、什麼都要懂？在給四百十三份含國小校長、教務、訓導、輔導主任問卷中，有47％的人認爲應走純粹的心理治療路線，有51％的人認爲應是通才，二者差異不甚明顯，二者數字反應很接近。由此推論，國小輔導人員應是專業與通才並重。著者認爲要落實國小輔導工作，負責主持該項工作之輔導人員，絕對要求具備一定程度的專業知能—心理治療，也需有國小教學一般技能，不可由一些僅修習某些相關課程者隨便靠行，尤其一些別具用心者。在新課程標準裡的輔導活動課時間，主其事的一般導師們，應給予起碼四週以上密集式或分段式的輔導專業訓練，方准擔任該輔導活動科教學活動。

低年級兒童的輔導不容忽視

低年級兒童的輔導，依新課程標準的規定：「輔導活動的實施，一、二年級不另訂時間，可利用導師時間及相關教育活動隨機輔導，並與各科教學密切配合。」此舉與舊課程標準的「國小輔導活動的實施，不另訂時間，不另列科目，一切活動與各科教學及各種教育活動實施。」如出一轍。

多年來國小輔導工作同仁，有感於工作有心無力，時間爲其因素之一，這次修訂課程，好不容易希望帶來曙光，可是除了中、高年級學生外，低年級仍缺如，低年級學生的輔導，彷彿如同棄兒，雖然附帶一筆可利用導師時間及相關教育活動實施，以前的經驗事實證明，這樣的規定不過是一紙具文，難有實質上的效果。

輔導的對象應以全體學生爲着眼，不容偏廢，這是輔導的基本原則，低年級學生與中、高年級學生應受到同等的對待，尤其低年級學童剛踏人一個新的環境，更需要多一點時間的輔導，使其適應新的環境、新的學習生活，而今反其道而行，實在令人疑惑。

再者，使用導師時間輔導，諒亦可行，可是我們的導師或科任教師，如何應用這二十分鐘時間，提供什麼樣的輔導不無疑問的，因此，提供一份完整的資料指引實有必要，否則，導師們有可能將「道德與健康」一科當作輔導活動了。

不合時宜語意混沌的法規有待修訂

新修訂的國小課程標準輔導活動科，固然向前邁進了一步，但如上述所言低年級兒童的輔導時間外，而現行的法規（國民學校法及其施行細則），不合時宜致窒礙難行之處仍多，有待再次修訂突破，著者於八十三年在教育部輔導工作六年計畫項下，從事該項研究、抽樣問卷、調查與訪問全台灣地區（含台北、高雄兩市）、外島（含澎湖、金門、馬祖）國民小學的校長、教務、訓導、總務主任等四百餘人，探討當前國小輔導活動法規有那些項目窒礙難行，有待修訂之處，結果如下：

★應設輔導室或輔導人員？

民國六十八年公佈之國民教育法第十條：「國民小學應設輔導室或輔導人員」，此一文義解釋易生混淆，亦影響國小人事編制。蓋輔導室係組織稱謂，輔導人員係泛指從事輔導工作之人員，主任、組長……等均屬之。揣原立法意旨（及施行細則規定），大型學校設輔導室並置主任及組長，小型學校設輔導人員。事實上，高雄市與台北市國小皆已設輔導室並置主任，並視班級數設組。取法乎上，立法應有遠大目標，不宜限於一時狀況。

★輔導室之下設組執行工作實屬必要

民國七十八年修訂公佈之國民教育法施行細則第十二條：「國民小學行政織組(一)十二班以下者設教導、總務二處及輔導室或輔導人員……」。

此條文之「輔導室或輔導人員」如上所言，已使執行單位因解釋不同，而形成今日台灣省與台北、高雄兩市有「一國兩制」現象，除影響教師勞逸不均、心理不平外，亦拉大城鄉教育品質的差距。宜修訂為「設輔導室或輔導組，置主任或組長一人。」

★一人V.S.千人如何服務

國民教育法施行細則第十二條：「國民小學行政組織：(二)十三班至二十四班者設教務、訓導、總務三處及輔導室或輔導人員。教務處分設教學、註冊兩組；訓導處分設訓育、體育、衛生三組；總務處分設文書、事務二組。」

上述輔導室或輔導人員一詞文義，除易招致不同解釋，產生不同的編制外，設若一個二十四班的學校，縱然設輔導室置主任一人，其下沒有任何人佐理，一位工作人員如何面對一千多名學生，從事輔導諸商，不無疑問。為事實需要，除置輔導主任外，最低限度置組長一人。

★「分設」與「得設」的差異性

民國七十八年修訂公佈之國民教育法施行細則第十二條，㈢：「二十五班以上者設教務、訓導、總務三處及輔導室。教務處分設……組；訓導處分設……組；總務處分設……組；輔導室得設輔導、資料二組。」

何以前三處所屬各組言明「分設」，而輔導室下面二組則是「得設」，「得」者意謂可有可無。輔導的重要性於今各界公認，然於法條中如此，影響工作人員情緒甚鉅。修法時應刪除「得」字。

★「生涯輔導」不可少

國民教育法施行細則第十三條：國民中小學各處室職掌，第四款：「輔導室（輔導人員）：掌理學生資料蒐集與分析，實施學生智力、性向、人格等測驗，調查學習興趣、成就與志願，進行輔導與諮商，並辦理親職教育等業務。」

該條文依今日輔導工作的趨勢，似有漏列一項重要工作，即「生涯輔導」，建議將該條文修訂爲：「輔導室（輔導人員）：掌理學生資料蒐集與分析，實施學生智力、性向、人格等測驗，調查學習興趣、成就與志願，進行輔導與諮商，協助學生從事生涯發展規劃，並辦理親職教育等業務。」

★輔導人員的專任與兼任？

依民國七十年教育部公佈國民中小學班級編制及教職員編制標準規定，「國中、小學輔導教師均由教師兼任，占一般教師名額」。顯然工作增加而員額卻未相對增加。既然要將輔導工作落實，又不能給予充分支援，有違組織原理與精神。不難說這是導致今日國民小學輔導工作未能達到預期目標的原因之一。

★輔導人員宜依班級人數合理配置

輔導人員在學校工作，究應如何配置（多少學生配置一位輔導人員），各國情況不一，即使在同一國度亦不相同。

根據文獻：以美國爲例，大多數中等學校平均大約100名學生置一位諮商人員（Counselor），直接向校長負責，係學校中主要的輔導專業人員。而我國國民小學依法二十五班方得設一位輔導人員，依目前國小班級人數，二十五班學生共計不下千人，且仍需擔任教學，顯然工作負擔較重。

★國小輔導經費預算宜有一定比例

國民小學的輔導經費預算，在現行制度下，恐難做到獨立預算，不過「在年度預算中，明訂輔導經費的比例，專款專用」，是較爲可行的方法。

★輔導人員應專業化，實施證照制度

輔導既是一項專業，從業人員應有一定水準，實施證照制度，且使用應有一定期限，在此一期限內應接受進修教育。

★國小輔導人員的教育程度

我國國小輔導人員的專業知能，確嫌不足。亦與教育程度有關，提高國小輔導人員的教育程度亦應列爲今後改進輔導工作不可或缺的努力方向。

★工作重點本末倒置

根據調查統計國小輔導人員的日常工作，佔時間最多的是「行政事務處理」居首位（佔27%），其次的「兒童輔導」（佔25%），第三是「學科教學」（佔23%），而「家庭訪視」敬陪末座（佔19%），其他工作佔5%。由此而知，影響國小輔導工作成效與此關係甚大，行政事務過多，再加上學科教學，使他無法集中精力與時間眞正投入兒童輔導工作，尤其家庭訪視，係輔導過程中重要的一環，而今竟落在最後，工作重點本末倒置，實應正視與改進。

★業務職掌尚待釐清

訓導與輔導工作依調查有73%的人認爲重疊不清，難以劃分，因此，宜深入探討釐訂清楚，以免事權不一及浪費人力。

第二節　國民中學輔導活動的問題與突破

問題的癥結

國民中學輔導活動，早於民國五十七年與九年義務國民教育同時開創，輔導活動的問題，雖經二十多年的轉變，課程標準數度修訂，但困難問題，除與國民小學類同外，另外是在法規及執行上的偏差，有待突破，茲舉其要者如下：

組織編制上的問題

依國民教育法施行細則第十二條：「國民中學行政組織：

★六班以下設教導、總務二處及輔導室。教導處分設教務、訓導二組。

★七班至十二班設教務、訓導、總務三處及輔導室。教務處分設教學設備、註冊二組；訓導處分設訓育、體育衛生二組；總務處分設文書、事務二組。

★十三班以上設教務、訓導、總務三處及輔導室，教務處分設教學、註冊、設備三組；訓導處分設訓育、生活教育、體育衛生三組，二十五班以上者，體育、衛生分別設組；輔導室得設輔導、資料二組。」

從組織上看，國中教育工作本來就偏重於「智育」，人事配置重點在教務，輔導殿後。輔導人員在分工上、顯現過重，尤其是二十四班以下學校，依該法規定僅置輔導主任一人，其下無組。一般而言，二十四班學生總數少則六百，多則近千，一位主任，何以應付，況且依規定每週須要上課八至十二節。

在一般職員編方面，教務、訓導仍有幹事等編配，輔導室無是項人員，傳統上科任教師、班級導師分屬教務、訓導系統，輔導室需要教師配合工作時，除了人際關係、懇求請託外，難有進展。懇求請託，短時尙可，長此以往，雙方心理疲憊，可想而知。

輔導活動課的配課問題

國中輔導人員除了上輔導活動課外，或多或少仍分配其他學科課程，不過據了解部分國中輔導人員，不願担任輔導課，而希望講授其他學科課程，或少擔任輔導活動課之不正常心態比比皆是，實爲輔導工作的隱憂。

不上輔導課或多上其他學科課程，此種心態可以理解是受升學主義所影響，「唯智至上」，此種情形亦是受制於「配課」作業行政上不得不然，是一種無奈的作法。亦是教育行政當局之規定，輔導人員比照主任或組長授課。其實輔導人員與一般主任、組長一樣授課，性質上有可議之處，一般主任、組長授課之餘是處理行政業務，而輔導人員所要做的是學生心理輔導，他面對的是千百學生的心理行爲問題，其所需投注的時問，怎能與處理業務相比，是故，輔導人員上課、批改作業後，幾已無餘時從事學生輔導，輔導徒具形式而已。致使他們徒感心有餘而力不足。

輔導活動課時間被挪用問題

國民中學，依課程標準每一週一節課輔導活動時間，據悉：早期多被移作升學準備從事英、數、理化主要學科補習之用，後經嚴予禁止，已見好轉，但現在所存的問題，是執行該時間的人，係非輔導專業人員，幾乎無校無之，非輔導人員擔任輔導活動課實屬不宜，蓋輔導並非課程之以知識灌輸方法實施，雖有教師手冊，然未受專業訓練者，實難窺其堂奧，效果自然打了折扣。

輔導活動經費的不能專款專用問題

國中固定收取學生輔導活動費，但是以訓導項下編列，專款不能專用，往往限於統收統支規定，有導致輔導室無經費可支之感，甚至在使用上有掣肘之現象。使輔導人員心理受很大影響。

問題解決芻議

▲修改不合時宜、阻礙輔導工作推展之法規。
▲提高輔導人員專業要求及敬業精神。
▲嚴令禁止配課，限制非輔導人員上輔導課及輔導人員不上輔導課。
▲嚴令禁止挪用輔導課時間從事惡補。
▲輔導經費專款專用。
▲再檢討國中輔導工作項目，以落實工作內涵。

參考書目

壹、中文部份

中國輔導學會（民81）輔導學的先驅　台北
阮美蘭（民70）小型團體輔導　台北：國立教育資料館
台灣省政府教育廳（民72）高級中學教師手冊　台中：P.P.31－34
台灣省政府教育廳（民74）高級職業學校輔導工作手冊　台中：P.19－24
吳武典（民70）團體領導者的素質與技術　台北：張老師月刊輔導研究　第七卷第五、六期
宋湘玲等（民67）輔導工作理論與實施　台北：文鶴出版公司
林幸台（民79）生計輔導理論與實施　台北：五南圖書公司
宗亮東（民58）指導活動與實施　台北：正中書局
宗亮東（民68）青少年輔導研究專集—青少年諮商過程的研討　台北：中國青年服務社
洪有義（民72）輔導通訊—國民小學團體輔導與諮商　台北：台北市教育局
洪淸香（民68）團體諮商技術　台北：測驗與輔導雙月刊第七卷第六期
陳慶文（民65）訓導與輔導　台北：師大教育論叢
張植珊（民63）教育評鑑　台北：教育部教育計劃小組
張文哲　輔導與諮商人員應遵守的道德標準　台北：測驗與輔導月刊　第20期
許智偉（民71）美國生計教育　台北：幼獅文化公司
Lester D. Cron & Alice Crow 著　黃炳寅譯（民65）輔導概論　台北：黎明文化公司

馮觀富（民82）國中・小學　輔導與諮商　理論・實務　台北：心理出版社
馮觀富（民82）輔導行政　台北：心理出版社
教育部教育計畫小組（民67）全國各級學校學生綜合資料之建立與應用　台北：教育部國教司
國立編譯館（民71）輔導原理與技術　台北：正中書局
葉莉薇（民60）團體輔導者應注意事項　兒童心理衛生研究，第五輯　台北：兒童心理衛生中心、東門國小合編
齊隆鯤（民57）諮商理論與技術　高雄：復文圖書出版社
劉焜輝（民62）指導活動理論與實際問題　台北：漢文書店
簡茂發（民71）國中小學成就評理論與實際—教學評量原理與方法　台北：台灣省國教研習會

貳、英文部份

Brammer, L. M., & Shostrom, E. L.（1997）. Therapeutic sychology. N. J.：Prentice-Hall.
Carkhuff，R. R.（1969）. Helping and human relations, N. Y.：Holt, Rinehart, & Winston.
Corey, G.（1982）. Theory and Practice of Counseling and Psychotherapy.（2nd ed.）Monterey, CA：Brooks/Cole.
Faust, V.（1968）. The Counselor Counsultant in the Elementary School, Boston：Houghton Mifflin.
Hill, G. E. & Luckey E. B.（1969）Guidance for Children in Elementary Schools, N. Y：Appleton-Century-Crofts.
Hoyt & Pinson.（1973）. Career Education and the Elementary School Teacher. Salt Lake City：Olympus, p.24.
Jones, A. J.（1951）. Principles of Guidance. 4th Edition,

McGraw-Hill Co., N. Y： p.11.
Jones, A. J. (1970) . Principles of Guidance, (6th ed.) Revised and updated by Steffire, B. and Stewart, N. New York：McGraw-Hill, p.7.
Johnson. D. J., Shertzer, B., Linden, J. D., & Stone, S. C. (1967) . The relatinoship of counselor candidate characteristics and counseling effectiveness. Counselor Education & Supervision. 6.297-304
Krumboltz, J. D. & Hosford. R. E., (1967) . Behavioral counseling in the elementary school, Elementany School Guidance and Counseling. I (1). p.p.27-40.
Keith Goldhammer and Robert E. Taylor (1972) . Career Education：Perspective and Promise, Part II, Career Education Now. Colunbus：A. Bell & Howell.
McDaniel, H. B. (1957) . Guidance in the Modern School. 3rd Printing. The Dryden Press, N. Y. p.10.
Morrill, W. H., Oetting, E. R., & Hurst, J. C. (1974) . Dimensions of counselor functioning. Personnel & Guidance Journal, 52,354-359.
Rogers, C. R. (1961) . On becoming a person：A therapist's view of psychotherapy. Boston：Houghton Mifflin.
Rogers, C. R. (1967) . The Therapeutic Relationship and Its Impact：A Study of Psychotherapy with Schizophrenics. University of Wisconsin Press.
Rogers, C. R. (1970) . Carl Rogers on Encounter Groups. San Francisco：Harper& Row. Publishers.
Shertzer, B., & Stone. B. C. (1981) Foundamentals of Guidance. (4th ed.) Boston：Houghton Mifflin Company.

附錄一

國民小學輔導活動課程標準

民國六十八年八月七日公佈
教育部臺（64）國字第二〇〇六七號函
民國八二年九月修訂

第一　目標

一、協助兒童了解自己各種能力、性向、興趣及人格特質。
二、協助兒童認識自己所處環境，適應社會變遷，使其由接納自己、尊重別人而達群性發展。
三、協助兒童養成良好的生活習慣與樂觀進取的態度，以增進兒童的身心健康。
四、協助兒童培養主動學習態度以及思考、創造與解決問題的能力。
五、協助兒童發展價值判斷的能力。
六、協助兒童認識正確的職業觀念與勤勞的生活習慣。
七、協助特殊兒童，適應環境，以充分發展其學習與創造的潛能。

第二　時間分配

壹、輔導活動之實施，一、二年級不另訂時間，可利用導師時間及相關教育活動隨機輔導，並與各科教學密切配合。
貳、輔導活動之實施，三至六年級，除與各科教學及各項教育活動相互配合外，並應按規定設科教學，每週一節四十分鐘。並得與團體活動配合，採隔週連排方式實施。

第三　活動綱要

類別	項目與內容	實施辦法	年級	備註
生活輔導	一、協助兒童認識並悅納自己 (一)協助兒童認識自己的身體	1.配合有關學科，讓兒童認識自己的身體及其發展。	一至六	配合教務處辦理
		2.協助兒童發現其身體上之疾病與缺陷，並輔導其進行治療。	一至六	配合訓導處辦理
	(二)協助兒童認識自己的能力	1.借助智力、性向、創造力發展量表及觀察等方法，協助兒童認識自己的能力。	一至六	
		2.運用各種資料與方法，協助兒童了解自己的長短處，充份應用於生活及學習上。	一至六	
	(三)協助兒童認識自己的興趣	1.以興趣量表或調查表協助兒童了解自己的一般興趣。	五至六	
		2.觀察兒童，發現其特殊興趣與才能，並有效地引導其興趣發展。	一至六	
	(四)協助兒童認識自己的情緒	1.觀察兒童之各種活動，了解其情緒發展。	一至六	
		2.協助兒童了解自己的情緒，並輔導其有效地處理自己的情緒。	一至六	
	(五)協助兒童認識自己的人格特質	1.運用人格測驗、家庭訪問及觀察等方法，協助兒童了解自己的人格特質。	三至六	

		2.運用團體輔導、個別諮商、角色扮演等方式，協助兒童了解自己的人格特質。	三至六	
	(六)協助兒童悅納自己，並養成樂觀進取的生活態度	1.運用兒童的各種資料，協助兒童悅納自己的優缺點。	一至六	
		2.以小團體活動或團體討論等方式協助兒童發揮優點，改善缺點，並悅納自己。	三至六	
		3.協助兒童接納無法改變的缺陷，並以其他方面來補償之。	一至六	
		4.配合各種教育活動，鼓勵兒童培養樂觀進取的態度。	一至六	配合教務、訓導兩處共同辦理
	二、協助兒童適應家庭生活			
	(一)協助兒童認識家庭	1.配合相關學科，協助兒童了解家庭之結構與功能。	一至六	配合教務處辦理
		2.透過角色扮演，討論家庭成員之組合與角色之行使。	一至六	
	(二)協助兒童增進親子關係與親子溝通	1.透過家長座談會、家庭訪問與電話聯絡等方式，了解學生之親子關係。	一至六	會同訓導處共同辦理
		2.以測驗、問卷調查或訪談方式了解親子關係。	一至六	
		3.透過親子活動、親子學習等方式，協助兒童增進與父母之關係。	一至六	
		4.推動親職教育，提	一至六	會同訓導處共同

		供正確管教方法，以加強親子關係與親子溝通。		辦理
	㈢輔導家庭生活適應困難兒童	1.運用各種資料及方法，發現並診斷家庭生活適應困難的兒童。	一至六	
		2.以團體輔導、個別諮商或家庭諮商等方法協助家庭生活適應困難兒童。	一至六	
	三、協助兒童認識學校，並適應學校生活			
	㈠舉辦一年級始業輔導	1.輔導兒童認識學校環境及設施。	一年級	配合教務、訓導兩處共同辦理
		2.利用各種活動建立師生關係。	一年級	
		3.協助導師及家長輔導一年級兒童逐漸脫離對父母親的依賴，適應學校生活。	一年級	
	㈡協助兒童認識師長與同學	1.每學年開學時，介紹新任教師，並落實師生禮儀。	一至六	配合訓導處辦理
		2.運用角色扮演，討論師生關係，以增進師生之相互了解。	五至六	
		3.透過各科活動，增進同學之認識與瞭解。	一至六	
	㈢協助兒童認識學校	1.配合各科教學或校內活動，參觀學校的設備，輔導兒童認識並利用各項設備。	一至六	配合教務、訓導兩處共同辦理

		2.參觀各行政單位，協助兒童認識各行政單位的功能、工作內容以及兒童應配合之事項。	一至六	配合訓導處辦理
		3.討論學校各種活動的意義與功能。	五至六	
	(四)協助兒童遵守紀律	1.輔導兒童認識並遵守校規和教室秩序。	一至六	配合訓導處辦理
		2.培養兒童維護團體榮譽與紀律的能力。	一至六	配合訓導處辦理
	(五)輔導兒童參加團體活動，充實學生生活內容	1.配合「團體活動」課程實施。	三至六	配合訓導處辦理
		2.組織簡易社團。	三至六	配合訓導處辦理
		3.協助兒童就個人興趣與專長，選擇社團。	三至六	配合訓導處辦理
		4.協助兒童了解團體活動對充實生活內容的價值，進而樂於參與。	五至六	配合訓導處辦理
	(六)協助轉學之兒童適應新學校	1.對轉學兒童給予輔導，協助其認識學校，師長、行政人員。	一至六	
		2.鼓勵兒童主動參與班級及學校性的活動。	一至六	
		3.鼓勵班上同學主動親近且協助轉學之兒童。	一至六	
	(七)發現學校生活適應欠佳的兒童並予以輔導	1.運用觀察、調查、家庭訪問、個別談話等方法，發現並診斷學校生活適應欠佳的兒童。	一至六	

	四、協助兒童認識人己關係、以增進群性發展			
	(一)輔導兒童學習社會技巧、尊重別人，以增進人己關係	1.配合學科教學，落實國民生活須知的言行準則，教導學生良好的生活禮儀。	一至六	配合教務、訓導兩處共同辦理
		2.輔導兒童學習社會技巧，以增進人己關係。	五至六	
	(二)協助兒童了解其社交關係，並進行必要的調適，以增進人際關係	1.運用觀察、社交關係調查等方法了解兒童之人際關係。	一至六	
		2.以團體輔導的方式協助兒童增進其人際關係。	一至六	
	(三)輔導社會適應欠佳兒童	1.透過觀察、調查、測驗、個別談話、兒童資料、家庭訪問等方法發現社會適應欠佳兒童。	一至六	
		2.分析診斷適應欠佳之成因。	一至六	
		3.運用各種輔導策略以及家庭、學校、社區專家等資源，共同輔導社會適應欠佳兒童。	一至六	
	五、協助兒童認識社區，並能有效地運用社區資源			
	(一)協助兒童認識社區	1.介紹社區環境及其特色。	二至六	配合訓導處辦理
		2.引導兒童認識並參觀社區內具有特色的公共設施與機構。	二至六	配合訓導處辦理

(二)輔導兒童認識並有效地運用社區資源	1.介紹可資利用的社區資源。	五至六	配合訓導處辦理
	2.引導兒童參與社區活動，並有效地利用社區資源。	五至六	配合訓導處辦理
六、協助兒童增進價值判斷與解決問題的能力。			
(一)協助兒童認識社會之變遷性	1.透過社會科教學協助兒童認識社會之變動性與恆常性。	一至六	配合教務處辦理
(二)協助兒童培養價值判斷的能力	1.配合「道德與健康」教學，提升兒童價值判斷的能力。	一至六	配合教務處辦理
	2.透過團體討論、角色扮演、價值澄清等方法，增進兒童在兩難困境中價值判斷之能力。	三至六	
(三)協助兒童增進解決問題的能力	1.透過團體討論、角色扮演訓練兒童能面對困難情境，分析困難情境，並提出解決之道。	三至六	
	2.在實際生活中，在兒童能力範圍內，鼓勵並協助兒童處理自己本身的問題。	三至六	
(四)輔導兒童注意日常生活與自身防護的安全問題	1.交通安全的訓練與實踐。	一至六	配合訓導處辦理
	2.防火、防盜等措施的輔導。	一至六	配合訓導處辦理
	3.輔導兒童認識並拒絕使用藥物、煙、酒等有害物品。	一至六	配合訓導處辦理
	4.培養兒童面對危險的適應能力。	一至六	配合訓導處辦理
	5.輔導兒童怎樣保護	一至六	配合訓導處辦理

		自已的安全。		
	七、輔導兒童培養民主法治之素養並協助其過有效的公民生活			
	㈠輔導兒童參與自治活動，培養自治能力	1.以學校為單位，模擬自治團體的組織與運作。	三至六	配合訓導處辦理
		2.透過自治活動，培養兒童領導能力與接受領導的態度。	三至六	配合訓導處辦理
		3.提供兒童適度參與校務的機會。	五至六	配合訓導處辦理
	㈡培養兒童議事能力與民主精神	1.組織級會，培養學生議事能力與風度。	一至六	配合訓導處辦理
		2.養成少數服從多數，多數尊重少數的民主精神。	一至六	配合訓導處辦理
	㈢培養兒童之法治素養	1.配合社會科教學，輔導兒童認識基本的法律概念。將基本的法律概念與學校生活相結合，養成兒童知法、守法的法治精神。	三至六	配合教務、訓導兩處共同辦理
	㈣輔導兒童訂定並實踐生活公約	1.協助兒童透過自治組織、級會，在教師指導下訂定生活公約。	一至六	配合訓導處辦理
		2.輔導兒童實踐生活公約。	一至六	配合訓導處辦理
	八、輔導兒童妥善安排並運用休閒生活，增進兒童活潑快樂的生活情趣			
	㈠鼓勵兒童參與有益的休閒活動，並養成良好的休	1.結合教學，提供多樣性的休閒活動，如郊遊、遠足、游	一至六	配合教務、訓導兩處共同辦理

	閒習慣，增進學生快樂活潑的生活情趣	泳、競技、音樂、美術等，豐富兒童的生活內容。		
		2.教導兒童參與各種有益的遊戲。	一至六	配合訓導處辦理
		3.協助家長妥善安排並參與兒童的休閒生活。	一至六	配合訓導處辦理
		4.舉行休閒生活興趣調查，以作為學校規劃兒童休閒活動的參考。	三至六	會同訓導處共同辦理
	(二)協助兒童計劃假期生活	1.講解假期的生活規範，並了解其內容。	一至六	配合訓導處辦理
		2.輔導並鼓勵兒童多協助家事。	一至六	配合訓導處辦理
		3.規定反校日，檢討假期生活的內容。	一至六	配合訓導處辦理
		4.提供假期的休閒活動，以豐富兒童的假日生活。	一至六	配合訓導處辦理
	九、培養兒童正確的職業觀念與勤勞的生活習慣			
	(一)輔導兒童了解職業的基本概念與工作神聖的意義	1.介紹「職業」的基本概念與常見的職業類別。	一至六	
		2.以討論、寫作等方式，輔導兒童獲得工作神聖的觀念與正確的職業態度。	五至六	
		3.安排兒童參觀工廠或各行各業實際工作情形。	一至六	配合訓導處辦理
	(二)培養兒童工作的習慣	1.討論工作的必要性與益處。	五至六	
		2.以打掃教室、學校	一至六	配合訓導處辦理

	環境及開關園圃等方法，培養兒童良好的工作習慣。		
(三)培養兒童勤勞的習慣	1.以討論、閱讀、角色扮演等講述效法勤勞的典範故事。	一至六	配合教務處辦理
	2.討論勤勞習慣的好處。	一至六	配合教務處辦理
	3.協助兒童計劃並實踐勤勞的生活習慣。	一至六	配合訓導處辦理
(四)協助兒童初步探索自己的職業興趣	1.以觀察、個別談話及測驗等方法，協助兒童探索自己的職業興趣。	三至六	
	2.以個別或團體輔導方式，協助兒童了解自己感興趣的職業。	三至六	
十、輔導情緒困擾等適應欠佳兒童，以疏導其情緒，矯正其行爲。			
(一)發現情緒困擾等適應欠佳兒童	1.透過觀察、調查、測驗、個別談話、兒童資料、家庭訪問等方法發現情緒困擾等適應欠佳學生。	一至六	
(二)分析診斷兒童適應欠佳之成因	1.運用各種資料分析診斷適應欠佳成因。	一至六	
	2.對嚴重個案召開個案會議進行分析診斷，提出輔導策略。	一至六	
(三)輔導情緒困擾等適應欠佳兒童	1.運用各種輔導策略以及家庭、學校、社區資源共同輔導適應欠佳兒童。	一至六	

	十一、協助特殊兒童開發潛能，並輔導其人格與社會生活之正常發展			
	(一)輔導資賦優異兒童	1.透過觀察、測驗等方式，了解資賦優異兒童的生活及問題，並適時給予輔導。	一至六	
		2.協助資優兒童透過自我了解，以達到其人格與社會生活之正常發展。	一至六	
	(二)輔導智能障礙兒童	1.透過適應行為量表及觀察，了解智障兒童之各項生活適應的能力。	一至六	
		2.協助家長了解並接納智障兒童。	一至六	
		3.協助智障兒童發揮潛能，並輔導其具有自理自治的能力。	一至六	
	(三)輔導視覺障礙兒童	1.透過專家診斷，鑑定視障兒童，及其視障之程度。	一至六	
		2.協助視障兒童尋求醫療及校正視覺之資源，以減少視覺障礙。	一至六	
		3.協助視障兒童及家長了解並接納其缺陷，進而發揮其潛能。	一至六	
	(四)輔導聽覺障礙兒童	1.透過觀察、家庭訪問、個別談話及專家診斷，鑑定聽障兒童。	一至六	
		2.提供校正及矯治聽覺障礙之專業訊息	一至六	

		，並輔導家長取得校正器材或尋求矯治管道。		
		3.協助家長了解並接納聽障兒童。	一至六	
		4.輔導家長協助聽障兒童適應學校與社會生活。	一至六	
		5.協助聽障兒童了解自己之缺陷進而發揮潛能，適應社會生活。	一至六	
	(五)輔導語言障礙兒童	1.透過觀察、家庭訪問、個別談話及專家診斷，鑑定語障兒童。	一至六	
		2.提供校正及矯治言語障礙之專業訊息，並輔導家長取得校正器材或尋求矯治管道。	一至六	
		3.協助家長了解並接納語障兒童。	一至六	
		4.輔導家長協助語障兒童適應學校與社會生活。	一至六	
		5.協助語障兒童了解自己之缺陷進而發揮潛能，適應社會生活。	一至六	
	(六)輔導肢體障礙兒童	1.透過觀察、家庭訪問及專家診斷，鑑定肢障兒童及其肢障程度。	一至六	
		2.協助肢障兒童尋求醫療復健資源，以改善其肢體殘障。	一至六	
		3.協助肢障兒童及家長了解並接納其缺	一至六	

		陷進而發揮潛能適應社會生活。		
	(七)輔導身體病弱兒童	1.透過觀察、家庭訪問及專家診斷，鑑定身體病弱兒童及健康狀況。	一至六	
		2.協助身體病弱兒童尋求醫療復健資源，改善其殘障。	一至六	
		3.協助身體病弱兒童及家長了解並接納其病況進而發揮潛能，適應社會生活。	一至六	
	(八)輔導性格及行爲異常兒童	1.透過觀察、調查、測驗、個別談話、兒童資料、家庭訪問等方法發現性格及行爲異常兒童。	一至六	
		2.運用各種資料分析診斷性格及行爲異常成因。	一至六	
		3.對嚴重個案召開個案會議進行分析診斷，提出輔導策略。	一至六	
		4.運用各種輔導策略以及家庭、學校、社區資源共同輔導性格及行爲異常兒童。	一至六	
	(九)輔導學習障礙兒童	1.透過觀察、調查、測驗、個別談話、兒童資料、家庭訪問等方法發現學習障礙兒童。	一至六	
		2.運用各種資料分析診斷學習障礙成因。	一至六	
		3.對嚴重個案召開個	一至六	

		案會議進行分析診斷，提出輔導策略。		
		4.運用各種輔導策略以及家庭、學校、社區資源共同輔導學習障礙兒童。	一至六	
	(十)輔導顏面傷殘兒童	1.透過觀察、家庭訪問及專家診斷，鑑定顏面傷殘兒童及傷殘程度。	一至六	
		2.協助顏面傷殘兒童尋求醫療復健資源，改善其傷殘。	一至六	
		3.協助顏面傷殘兒童接納自己，敢面對自己及大眾。	一至六	
		4.協助顏面傷殘兒童家長了解並接納該兒童，進而協助其發揮潛能，適應社會生活。	一至六	
	(十一)輔導自閉症兒童	1.透過觀察、家庭訪問及專家診斷，鑑定自閉症兒童及其程度。	一至六	
		2.協助自閉症兒童之家長了解該症狀，尋求醫療復健資源，改善其情形。	一至六	
		3.協助自閉症兒童家長了解並接納自閉症兒童，並接受專業性訓練，協助其能自理生活。	一至六	
	(十二)輔導多重障礙兒童	1.透過觀察、家庭訪問及專家診斷，鑑定多重障礙兒童及殘障程度。	一至六	
		2.協助多重障礙兒童	一至六	

		尋求醫療復健資源，改善其殘障。		
		3.協助多重障礙兒童及家長了解並接納其缺陷而發揮潛能，適應社會生活。	一至六	
	㈢協助各種障礙學生之家長尋求社會及教育資源	1.協助各種障礙兒童之家長向區、鄉、鎮公所申請殘障手冊，或向教育局申請在家自行教育金。	一至六	
		2.輔導各種障礙的學生，轉介就學或治療。	一至六	
	㈣輔導一般兒童接納並協助特殊兒童	1.協助一般兒童了解資優兒童之特性與平常性，進而以平常心接納資優兒童。	一至六	
		2.輔導一般兒童了解智障、肢障、聽障、視障及多重障礙兒童之限制與能力，進而以同理心接納各種殘障兒童。	一至六	
		3.輔導一般兒童在日常生活中協助殘障兒童。	一至六	
學習	一、協助兒童培養濃厚的學習興趣			
	㈠提供兒童良好的學習環境	1.充實各科教學活動，使學校生活生動活潑。	一至六	配合教務處辦理
		2.充實各項教學設備。	一至六	配合教務、總務兩處共同辦理
		3.美化學校環境。	一至六	配合總務、訓導兩處共同辦理
	㈡使兒童樂於參加	1.舉辦新生始業輔導	一年級	配合訓導處辦理

輔	學校的學習活動	。		
		2.依照兒童的發展與需要辦理遊藝活動，使兒童樂於參加。	一至六	配合訓導處辦理
導		3.配合各學科內容，辦理各項學藝競賽及學習成果展覽。	一至六	配合教務處辦理
	㈢協助兒童了解求學的目的，激發學習動機	1.配合各科教學協助兒童了解各科的教學目標，激發學習動機。	三至四	配合教務處辦理
		2.運用團體討論或講解的方式協助兒童了解求學的目的。	五至六	
		3.啓發兒童體認求學的重要性。	五至六	
	㈣協助兒童發展濃厚的學習興趣	1.提供多方面的學習情境，發展兒童的特殊性向與興趣。	一至六	配合教務處辦理
		2.以觀察、調查或測驗等方法，了解個別兒童的學習興趣。	三至四	
		3.以團體輔導方式協助兒童了解培養學習興趣的方法。	三至四	
		4.以個別諮商方式協助兒童發展其學習興趣。	一至六	
	二、協助兒童建立正確的學習觀念與態度			
	㈠協助兒童建立正確的學習觀念	1.配合各科教學與作業，培養兒童具有盡心、盡力的學習觀念。	一至六	配合教務處辦理
		2.注重形成性評量，以養成兒童重視平時學習的觀念。	一至六	配合教務處辦理

	(二)協助兒童養成良好的學習態度	1.配合各科教學培養兒童勤學自修及主動尋求解答的學習態度。	一至六	配合教務處辦理
		2.以共同作業的方式培養兒童相互切磋的學習態度	一至六	配合教務處辦理
		3.以觀察、調查或測驗等方法了解兒童的學習態度。	三至四	
		4.以團體講解或討論方式協助兒童認識正確學習態度的重要性與建立正確學習態度的方法。	三至四	
		5.以團體輔導或個別諮商方式，對學習態度有偏差兒童施予輔導。	一至六	
	三、協助兒童發展學習的能力			
	(一)協助兒童了解自己的學習能力	1.以觀察、作業或學習評量等方法，協助兒童了解自己的學習能力。	一至六	配合教務處辦理
		2.應用智力測驗及學業成就測驗，甄別兒童的學習能力。	一至六	
		3.以團體討論或個別諮商方式，協助學生了解能力的多樣性及如何善用自己的能力從事適當的學習活動。	三至六	
		4.提供多樣性的學習機會使兒童能依其能力有適當的學習活動，發揮其潛能。	一至六	配合教務、訓導兩處共同辦理
	(二)協助兒童增進學	1.編製並實施各科學	一至六	配合教務處辦理

	業的成就	習評量。		
		2.用團體討論方式檢討學業成就測驗的結果及困難並討論改進之道。	三至四	
		3.依據各種學習評量結果，調整教材教法與作業。	一至六	配合教務處辦理
		4.講解及討論考試與成績的意義、目的，和對考試應有的態度。	三至四	配合教務處辦理
		5.運用團體輔導或個別諮商方式，協助兒童降低學習和考試焦慮。	一至六	
	㈢輔導低成就兒童，提高學業成績	1.運用智力與成就測驗及其他資料，鑑別低成就兒童。	一至六	
		2.透過視聽感官訓練等途逕，分析並診斷低成就兒童的原因。	一至六	
		3.設計提高成就水準的策略，對低成就兒童施以個別輔導。	一至六	
	四、協助兒童養成良好的學習習慣與有效的學習方法			
	㈠激發兒童的好奇心，培養質疑好問的學習習慣	1.配合各科教學以說故事、講解或討論方式，輔導兒童了解眞正的學問來自無止境的好奇心與質疑辯解。	一至六	配合教務處辦理
		2.配合各科教學運用新知識，激發兒童的好奇心，鼓勵學生發問。	三至四	配合教務處辦理

		3.配合各科教學活動運用日常生活中常遭遇的難題設計有辯論性的問題，供兒童質疑辯難。	五至六	配合教務處辦理
	(二)培養兒童創造思考的能力	1.配合各科教學活動，鼓勵兒童發問、質疑、比較、想像、創造，並提出創意性的作業，培養其獨立思考的習慣。	一至六	配合教務處辦理
		2.以創造性評量方式，評量兒童的學習成就。	一至六	配合教務處辦理
		3.實施創造思考測驗。	三至四	
		4.以講解或討論方式，輔導兒童了解創造思考的重要性與方式。	三至四	
		5.以團體或分組遊戲方式從事自由聯想，比較分析、腦力激盪等創造性活動。	五至六	
	(三)協助兒童了解並應用各種不同的學習方法	1.輔導兒童了解並應用實驗、觀察、探討、蒐集資料、整理資料及綜合歸納等學習方法。	一至六	配合教務處辦理
		2.以團體講解或討論方式，輔導兒童了解各科學習方法。	三至四	會同教務處共同辦理
	(四)協助兒童擬訂並實踐學習計畫	1.輔導兒童依學習內容及個別情況，擬訂適當的學習計畫。	五至六	配合教務處辦理
		2.與家長配合，輔導兒童實踐其學習計	一至六	

		畫。		
	(五)輔導兒童善用圖書館（室）及社會資源	1.以參觀、講解及討論等方式，協助兒童了解圖書館（室）的功能及使用方法。	一至六	配合教務處辦理
		2.配合各科教學及作業，輔導兒童善用圖書館（室）以蒐集資料，增進學習效能。	一至六	配合教務處辦理
		3.指導兒童將優良讀物的讀後心得記錄下來。	三至六	配合教務處辦理
		4.輔導兒童自製讀物。	三至六	配合教務處辦理
		5.配合各科教學，參觀討論本地與學習有關的各種社會資源。	一至六	配合教務處辦理
	(六)輔導兒童善用課餘及假期時間從事學習	1.提供創造性作業，供兒童於課餘時間練習。	一至六	配合教務處辦理
		2.輔導兒童利用課餘及假期時間，增進課外知識與技能。	一至六	配合教務、訓導兩處共同辦理
		3.舉辦假期學藝活動。	三至六	配合教務處辦理
		4.辦理假期學習成果展示。	三至六	配合教務處辦理
	(七)協助兒童矯正不良學習習慣	1.以觀察、晤談、調查等方式，發現兒童的不良學習習慣，隨時給予矯正。	一至六	
		2.以講解或討論方式，研討不良學習習慣的種類及對學習成果的影響。	三至四	
		3.以團體輔導或個別輔導方式，協助兒	一至六	

	童改進不良學習習慣。		
(八)協助兒童選讀優良課外讀物	1.團體講解或討論優良課外讀物的特性及選擇時應注意事項。	五至六	會同教務處共同辦理
	2.配合各科教學，輔導兒童閱讀課外讀物。	三至六	配合教務處辦理
	3.推荐優良讀物，輔導兒童在課餘或假期中閱讀，以擴大學習領域。	三至六	配合教務處辦理
五、協助兒童培養適應及改善學習環境的能力			
(一)協助兒童了解及改善家庭學習環境	1.編製問卷，調查兒童家庭學習環境。	三至六	
	2.舉行家庭訪問，了解兒童的家庭學習環境。	一至六	配合訓導處辦理
	3.對學習環境欠佳的家庭，根據調查及家庭訪問的結果，輔導兒童適應並輔導家長改善之。	一至六	
(二)協助兒童了解及適應學校的學習環境	1.配合各科教學，使兒童認識或利用學校各項教學設備與學習環境。	一至六	配合教務處辦理
	2.共同討論如何適應學校的學習環境。	三至六	
六、特殊兒童的學習輔導			
(一)資賦優異兒童的學習輔導	1.透過智力測驗、學業成就測驗及專家診斷，鑑定資賦優異之兒童。	一至六	
	2.運用適當方法及提供機會使其了解並	一至六	

		發揮優異的潛能。		
		3.對資賦優異兒童之家長提供諮詢服務。	一至六	
		4.協助資優兒童分組學習、跳級就學或以資源教室方案，增加其學習的機會。	一至六	會同教務處共同辦理
		5.調整教材教法，適合資優兒童之學習。	一至六	配合教務處辦理
		6.提供創造性作業，激發其各項能力。	一至六	配合教務處辦理
	(二)特殊才能兒童的學習輔導	1.以智力、性向、興趣等心理測驗及其他客觀資料，鑑別特殊才能兒童。	一至六	
		2.提供多方面學習機會。	一至六	配合教務處辦理
		3.組織才藝社團或以資源教室方案，提供發展特殊才能的機會。	一至六	配合教務、訓導兩處共同辦理
	(三)智能障礙兒童的學習輔導	1.透過個別智力測驗、成就測驗、適應量表及觀察等方法，診斷智障兒童之各項學習能力。	一至六	
		2.充分利用各項測驗及其他資料，分析診斷學習起點，提供有效之學習教材。	一至六	配合教務處辦理
		3.利用視覺、知覺、聽覺、動覺等多種感官管道及各種學習方法，協助智障兒童提昇其學習效果。	一至六	配合教務處辦理

		4.以形成性評量方式了解智障兒童進步狀況，提昇其各項能力。	一至六	配合教務處辦理
	(四)視覺障礙兒童的學習輔導	1.透過視力檢查及專家診斷，鑑定視障兒童及其視障之程度。	一至六	
		2.運用觀察、心理測驗及家庭訪問等方法，了解視障兒童各種身心特質。	一至六	
		3.安排適當的學習環境，調整教材呈現方式，以適應視障兒童的學習需要。	一至六	配合教務處辦理
		4.以個別化教學或資源教室等方案，協助視障兒童從事有效學習。	一至六	配合教務處辦理
		5.協助不適合就讀一般國民小學之視障兒童就讀盲學校。	一至六	配合教務處辦理
	(五)聽覺障礙兒童的學習輔導	1.透過聽力檢查及專家診斷，鑑定聽障兒童及其聽力損失程度。	一至六	
		2.運用觀察、心理測驗、專家檢查及家庭訪問等方法，了解聽障兒童各種身心特質。	一至六	
		3.調整學習環境及教材教法，以適應聽障兒童的學習需要。	一至六	配合教務處辦理
		4.以個別化教學或資源教室等方案，加強聽能、讀唇、說話及筆談等之指導	一至六	配合教務處辦理

		。		
		5.協助中、高度聽障兒童及聾童就讀特殊班級或聾學校。	一至六	配合教務處辦理
	(六)語言障礙兒童的學習輔導	1.透過觀察、家庭訪問、個別談話及專家診斷，鑑定語障兒童的成因與類型。	一至六	
		2.運用觀察、心理測驗、個別談話及家庭訪問等方法，了解語障兒童各種身心特質。	一至六	
		3.以個別化教學或資源教室等方案，協助語障兒童克服語言障礙，並從事有效的學習。	一至六	配合教務處辦理
		4.協助語障兒童接受專業的語言矯治。	一至六	配合教務處辦理
	(七)肢體障礙兒童的學習輔導	1.透過觀察、家庭訪問及專家之檢查，以鑑定肢障兒童及其肢障程度。	一至六	
		2.根據個別談話、心理測驗及醫療情形等資料，了解肢障兒童各種身心特質及特殊需要。	一至六	
		3.以個別化教學或資源教室等方案，協助肢障兒童從事有效的學習。	一至六	配合教務處辦理
		4.協助中、重度肢障兒童就讀醫療或社會福利機構附設之特殊教育班，或安排在家自行教育。	一至六	配合教務、訓導二處辦理
	(八)身體病弱兒童的	1.透過觀察、家庭訪	一至六	

	學習輔導	問及專家診斷，鑑定身體病弱兒童及其健康狀況。		
		2.根據觀察、個別談話、心理測驗及醫療情形等資料，了解病弱兒童各種身心特質及特殊需要。	一至六	
		3.排除過度競爭的學習環境並協助病弱兒童建立適當的抱負水準。	一至六	配合教務處辦理
		4.以個別化教學或資源教室等方案，協助病弱兒童從事有效的學習。	一至六	
		5.病情嚴重需住院治療者，協助其就讀醫院附設之特殊教育班，或安排在家自行教育。	一至六	
	(九)學習障礙兒童的學習輔導	1.透過智力測驗、學業成就測驗，以及各種感官、動作能力之評量，鑑別學習障礙兒童，及其學習障礙之性質與原因。	一至六	
		2.以個別化教學或資源教室等方案，針對學習障礙兒童的原因實施補救教學，或各種感官、動作能力之訓練。	一至六	配合教務處辦理
		3.利用教材分析的系統化教學方式調整教材，以適應學習障礙兒童的學習需要。	一至六	配合教務處辦理

		4.以形成性評量，了解學習障礙兒童的進步情形，提昇其學習能力。	一至六	配合教務處辦理
	(十)自閉症兒童的學習輔導	1.透過觀察、家庭訪問、心理測驗及專家診斷，鑑定自閉症兒童及其程度。	一至六	
		2.充分利用各項心理測驗及其他資料，分析診斷自閉症兒童之行為及學習特徵。	一至六	
		3.以個別化教學或資源教室等方案，針對自閉症兒童的學習特徵，實施補救教學，或各種感官、動作能力之訓練。	一至六	配合教務處辦理
		4.以形成性評量了解自閉症兒童學習的進步情形，並適時予以增强。	一至六	配合教務處辦理
	(土)多重障礙兒童的學習輔導	1.透過觀察、家庭訪問及專家診斷，鑑定多重障礙兒童，了解其障礙類型與程度。	一至六	
		2.運用各種測驗及其他資料，分析診斷其學習起點，並提供有效之學習教材。	一至六	配合教務處辦理
		3.以個別化教學或資源教室等方案，運用教材分析的系統化教學方式，協助多重障礙兒童從事有效的學習。	一至六	配合教務處辦理

		4.協助多重障礙兒童使用適當的輔導器材，以增進其學習效果。	一至六	
		5.以形成性評量了解多重障礙兒童學習的進步情形，並適時予以增強。	一至六	
	七、輔導兒童升學			
	(一)介紹國民中學教育內容及教學方式	1.以團體講解或討論方式，使兒童了解九年一貫的國民教育精神。	六年級	
		2.邀請國中校長或教師及就讀國中之校友來校介紹及座談國民中學教育情形。	六年級	
		3.參觀本地國民中學。	六年級	
	(二)了解兒童升學情形	1.提供本地國中（含私立中學）的相關資料。	六年級	
		2.對不願升學的兒童，進行個別了解與輔導。	六年級	
	(三)協助兒童從事升學前之準備	1.以團體輔導方式，協助兒童了解進入國中應準備及注意事項。	六年級	
		2.輔導兒童在心理上做升學的準備。	六年級	

【說明】

一、活動綱要分「生活輔導」與「學習輔導」兩大類。

二、本活動要項的編列，係以活動項目及工作內容爲單位，分別說明實施辦法。每一活動項目，皆規定實施年級，可融入學校各種教育設施中，三年級以上亦可於「輔導活動」時間內實施。

三、延續輔導因係在畢業後實施，故未列入實施項目之中，各校應於輔導計畫中列入，並詳細規定實施辦法，以求延續輔導的功效。

四、對於個別兒童的特殊問題，應於課外時間，以個別輔導方式實施之。

五、團體輔導的實施，應充分利用討論、扮演角色、遊戲治療等團體輔導的技術，以達輔導的目的。

六 輔導活動配合各科教學，由各任課教師視教材單完，適當編配並列入教學進度表中實施。

第四 實施方法

壹、活動編寫要點

一、活動之編寫除應依據兒童身心發展之特質與需要外，並應注意其延續輔導之功效。

二、本課程之實施採團體輔導與個別輔導兩種方式分別進行。生活輔導與學習輔導應密切聯繫靈活組織以促進人格完整發展。

三、每項活動均應依照發展、預防及治療等三方面功能與其他學科密切配合，俾能協助兒童充分發展自我，預防適應困難及改善行爲。

四、活動組織應以兒童活動爲中心，其方式力求生動活潑，以引起兒童之參與興趣。

五、每項活動應視其性質與需要，善加利用現有標準化之心理測驗或量表，亦可自編問卷或量表，以供活動使用。

六、輔導活動之實施應依照活動綱要編輯兒童活動手冊及教師手冊。

貳、教學方法

一、實施原則：

㈠輔導活動係國民小學教育的核心工作。
㈡輔導活動時間應由級任導師或學有專長之輔導老師擔任。
㈢輔導活動之推行應以全體兒童爲對象並兼顧個別兒童之需要。
㈣輔導活動之實施應兼採個別輔導與團體輔導兩種方式。
㈤輔導活動之實施各校每學年應依實際需要，舉辦教師輔導知能研習與教學觀摩，以增進教師之輔導知能。
㈥輔導活動應注意發展兒童群性，在學校的團體生活中，培養服務人群及互助合作的精神。
㈦輔導活動之推行應重視溝通協調，除與校內各行政單位密切合作外，亦應與校外有關人士配合，充分運用社會資源。

二、實施要點：

㈠輔導活動的實施，應認識兒童身心的發展及個別差異，以民主方式對兒童提供及時與適當的輔導。
㈡輔導活動的實施，應建立兒童基本資料，力求客觀詳實與延續性，提供輔導、教學與行政之參考。
㈢在各科教學情境中，各科教師可以配合各單元，靈活採用討論、報告、說話、參觀、表演、繪圖、工作、唱遊、塡表、作業、辯論等方式以達輔導目的。
㈣輔導活動的實施，應斟酌學校情況，在每學年開始前擬訂具體實施計畫與進度，內容包括：目標、項目、時間、實施辦法、經費來源、人員、預期效果等項，並於每學期終了時，檢討得失，供以後改進實施之參考。
㈤充分運用各種輔導方法，如觀察、討論、調查、心理測驗、諮商、角色扮演、遊戲治療等，協助兒童有良好之適應，達成輔導活動之目標。
㈥輔導活動之實施，如發現特殊個案，應加强個案研究給予特殊輔導，必要時應予轉介。
(七)實施方法於國民小學輔導活動教師手冊中說明。

參、教具及有關教學設備

一、輔導場所：

個別諮商室、團體諮商室、資料室、心理測驗室、圖書室、觀察室等。

二、教學設備：

(一)智力、性向、人格、興趣、成就、生涯發展等心理測驗。
(二)輔導相關圖書、雜誌、期刊。
(三)其他有關輔導活動之教學設備。

肆、各科教材之聯繫

一、輔導與教學原為一體兩面，相輔相成，故應按照輔導內容、性質，安排於適合的科目教學中實施。
二、協助兒童自我認識及適應家庭生活、學校生活、認識社區環境與資源，可配合「道德與健康」、「國語」、「社會」等課程，以調查、訪問、測驗、講解、討論等方法實施。
三、協助兒童參與自治活動、社交生活和休閒生活，可配合「道德與健康」、「團體活動」、「音樂與體育」等課程，用表演、檢討、寫作、報告等方法實施。
四、協助兒童培養正確的職業觀念及勤勞服務的生活習慣，可配合「道德與健康」、「社會」、「音樂、體育及美勞等藝能學科」課程，用示範、力行、習作、實踐等方法實施。

第五　教學評量

壹、評量原則

一、輔導活動雖設科教學，但不比照其他學科評定等第。
二、輔導活動之教學評量，由擔任該課程之教師或有關教師，以形成性評量方法，說明兒童之現況。
三、各校應確實參照評量內容與方法，擬訂具體之評量辦法，並設計評量表格，以供教學使用。

貳、評量內容

一、生活輔導

㈠兒童自我認識與悅納自己之程度。
㈡兒童家庭生活適應情形。
㈢兒童學校生活適應情形。
㈣兒童社交生活適應情形。
㈤兒童對社區與社區資源認識及運用情形。
㈥兒童的價值判斷與解決問題能力。
㈦兒童知法守法之法治精神。
㈧兒童休閒生活情形。
㈨兒童的職業觀念與工作習慣。
㈩適應欠佳兒童適應情形。
⑪特殊兒童生活適應情形。

二、學習輔導

㈠兒童學習興趣之高低。
㈡兒童學習觀念與態度之良窳。
㈢兒童學習能力發展情形。
㈣兒童學習習慣之良窳。
㈤兒童學習方法之應用情形。
㈥兒童適應及改善學習環境情形。

(七)兒童對升學之認識。
(八)學習困擾兒童學習情形。
(九)特殊兒童學習情形。

參、評量方法

一、教師評量：教師從教學活動與日常生活中運用觀察、晤談、討論、問卷、測驗、訪問、作業、報告……等方法，隨機評量及記錄。
二、兒童反省：由教師依輔導項目設計評量表格，指導兒童自行評量。

附錄二

國民中學輔導活動課程標準

民　國七十二 年 七 月 廿六 日修訂
教育部臺（72）國字第二八九二五號函
民　國八十三 年 十 月　再　修　訂

第一　目標

壹、協助學生了解自我的能力、性向、興趣、人格特質，並認識所處的環境，以發展自我、適應環境、規劃未來，促進自我實現。

貳、協助學生培養主動積極的學習態度，有效的應用各種學習策略與方法，養成良好的學習習慣，以增進學習興趣，提高學習成就，開發個人潛能。

參、協助學生學習人際交往的技巧，發展價值判斷的能力，培養良好的生活習慣，以和諧人關係，建立正確的人生觀，適應社會生活。

肆、協助學生了解生涯發展的理念，增進生涯覺知與探索的能力，學習生涯抉擇與規劃的技巧，以為未來的生涯發展作準備，豐富個人人生，促進社會進步。

第二　時間分配

壹、輔導活動課程之實施，分「班級輔導活動」與「一般輔導活動」兩大類。

貳、第一、二、三學年，每週一節實施「班級輔導活動」。

參、實施「一般輔導活動」不設固定時間。

第三　活動綱要

類別	綱　要	活　動　項　目	備　註
學 習 輔 導	一、協助學生認識學習環境。 ㈠協助學生認識本校同學與師長。 ㈡協助學生認識本校學習環境。 ㈢協助學生認識與瞭解如何利用本校學習資源。	一、認識學習環境。 ㈠師生相互介紹認識。 ㈡參觀校園、認識學校平面圖或立體模型。 ㈢參觀訪問學校各行政單位及教學設備，並了解其工作內容及使用規則。 ㈣認識校史、學校特色與學校發展計畫。 ㈤瞭解學校各種類助學金及文教基金會，妥善加利用。	一、與始業輔導配合實施。 二、每學期開始，亦可配合學校師長、學生更動情形，協助師生相互認識，建立關係。
	二、協助學生明瞭國中與國小教學情境的差異。 ㈠協助學生了解國中的課與各科重點。 ㈡協助學生明瞭國中分科教學的特色。 ㈢協助學生調整學習方法，以適應國中課業要求。	二、明瞭國中與國小教學情境的差異。 ㈠認識國中教育的目標、課程內容重點。 ㈡分析與探討國中分科教學的特色與應有的準備。 ㈢比較、分析國中與國小教育目標與學習內容的差異。 ㈣學習如何適應國中要求。	本項活動適合於一年級或各年級有新增科目時實施。

三、協助學生培養主動積極的學習態度。 ㈠協助學生學會主動發展的技巧。 ㈡協助學生學會於遭遇學習困難時主動謀求因應的方法。 ㈢協助學生主動利用教學資源。	三、培養主動積極的學習態度。 ㈠學習如何於上課時主動發問。 ㈡學習於遭遇學習困難時，如何謀求解決，並學習如何向同學、師長請教。 ㈢學習有效地利用圖書館、查閱工具書、利用實驗器材與工具，或其他教學媒體。	配合各科不同的學習需求作彈性運用。
四、協助學生了解有效的學習策略。 ㈠協助學生認識與應用有記憶方法。 ㈡協助學生作筆記的方法 ㈢協助學生學會對學習材作重點整理與作摘要。 ㈣協助學生訂定學習計劃。 ㈤協助學生佈置良好的學習環境。 ㈥協助學生組織與應用各種教材。 ㈦協助學生評估與記錄學習進步情形 ㈧協助學生有	四、了解與應用各種有效的學習策略。 ㈠了解與演練各種有效的記憶方法 ㈡學習與演練各科作筆記的方法。 ㈢學習與演練作摘要及重點整理的方法。 ㈣學習訂定短期、中期與長期的學習計畫。 ㈤學習整理與保存考試資料，並作適當訂正與複習。 ㈥學習如何佈置個人的學習環境，並克服環境干擾。 ㈦學習如何利用有效的方法組織與應用各種教教材，使之系統化、統整化，並深入	應注重示範、演練與實際應用。

	效的複習功 功課。	理解與應用。 ㈧學習如何有效的 複習功課。	
	五、協助學生準備 考試。 ㈠協助學生了 解考試與成 績的意義。 ㈡協助學生降 低考試焦慮 。 ㈢協助學生有 效的準備考 試。 ㈣協助學生學 習有效的應 考技巧。	五、知道準備考試的方 法。 ㈠探討考試的意義 、功能與價值。 ㈡演練降低考試焦 的方法。 ㈢探討如何有效的 準備考試。 ㈣學習有效的作答 方法。 ㈤分析、比較不同 類型試題之答題 技巧。	一、以角色扮演、 鬆弛訓練、演 練、討論或經 驗分享方式實 施。 二、各年級針對不 同類型考試實 施。
	六、協助學生檢討 學習狀況與克 服學習困難。 ㈠協助學生了 解有效學習 要素。 ㈡協助學生分 析各科學習 困難所在。 ㈢協助學生探 討克服學習 的方法。	六、檢討學習狀況與瞭 解克服困難的方法 。 ㈠分析、比較有效 學習的要素。 ㈡與各科教師研討 克服學習困難的 方法。 ㈢檢討個人學習的 困難所在。 ㈣蒐集資料並歸納 分析有效克服學 習困難的策略。	一、以討論、自我 比較、經驗分 享或討論方式 進行。 二、針對各年級不 同類型科目實 施。
	七、協助學生充實 學習內涵。 ㈠協助學生認 識選修科目 ㈡協助學生選 擇優良讀物 ㈢協助學生培	七、充實學習的內涵。 ㈠蒐集與認識本校 選修科目的內容 與選修方式。 ㈡蒐集、比較與分 析優良讀物的條 件。	以討論、蒐集資料 、經驗分享等方式 實施。

	養終身學習的興趣。	㈢體會學習的樂趣，了解終身學習的意義與功能。 ㈣尋求不升學時的延續學習資源。	
生活輔導	一、協助學生認識自我。 ㈠協助學生認識青少年時期身心發展的特徵。 ㈡協助學生了解智力的意義與自己的基本學習能力。 ㈢協助學生了解性向的意義與個人的的性向。 ㈣協助學生了解興趣的意義與個人生活及職業興趣。 ㈤協助學生了解人格的特性與個人人格特質。	一、認識自我。 ㈠利用各種教學媒體探討青少年時期身心發展的特徵。 ㈡探討認識自我的各種方法。 ㈢認識心理測驗的一般功能與限制。 ㈣利用智力、性向、興趣與人格測驗的相關資料作自我分析。 ㈤探討個人發展的各種可能。	配合健康教育、家政與生活科技、公民與道德等相關教材彈性實施。
	二、協助學生悅納自己。 ㈠協助學生了解個人生活的各種可能性與有用資源。 ㈡協助學生了解個別差異	二、悅納自己。 ㈠分析個人生活中的各種可能性與有用資源。 ㈡探討個人的優點與專長，學習欣賞自己。 ㈢學習如何自我挑戰、自我成長。	可分組或以小團體分享方式實施。

	，減少和他人做比較。 ㈢協助學生了解自己的優點與弱點。 ㈣協助學生以開放的心胸面對自己。 己。	㈣分析自我發展的方法。 ㈤學習接納個人的缺陷及探索彌補的方法	
	三、協助學生認識人際關係的重要性，並學習人際交往的技巧。 ㈠協助學生認識人際關係對個人生活、學習與未來生涯發展的重要性。 ㈡協助學生了解影響人際交往的要素。 ㈢協助學生學習人際交往或溝通技巧。 ㈣協助學生學習如何建立及維持友誼與擴大人際關係的方法。	三、認識人際關係的重要性與學習人際交往的技巧。 ㈠分析、說明生活中人際關係的重要性。 ㈡探討人際交往的語言與非語言要素。 ㈢演練如何表現適當的社會行爲。 ㈣學習如何做一個受他人歡迎的人。 ㈤學習表達同理心、尊重別人、問候別人、自我表露、致歉、致謝，以及其他人際溝通的方法。	一、以錄影帶等視聽教學媒體配合示範實施。 二、注重實際演練與日常生活上的應用。
	四、協助學生適應家庭生活。 ㈠協助學生了解父母的養	四　適應家庭生活。 ㈠分析與歸納父母養育子女的辛苦與期盼。	一、配合敎孝活動、母親節、父親節等家庭相關節日實施。

育之恩。 ㈡協助學生學習增進親子關係的方法。 ㈢協助學生學習與兄弟姐妹和睦相處的方法。 ㈣協助學生學習如何增進家庭氣氛。 ㈤協助學生洞察家庭危機之訊號。 ㈥協助學生面對失親家庭應有的態度與因應之道。	㈡學習如何表達孝心、對父母的尊敬與愛，以及與父母溝通的方法。 ㈢學習如何與父母分憂解勞。 ㈣學習如何與兄弟姐妹溝通，並和諧相處。 ㈤探討如何增進家庭凝聚力，與發展良好家庭氣氛的方法。 ㈥學習如何化解家庭危機。	二、配合家政與生活科技、公民與道德等科目實施。 三、重視行為的實踐。
五、協助學生認識並有效利用社區資源。 ㈠協助學生認識社區的特性。 ㈡協助學生認識社區重要機構。 ㈢鼓勵學生參與社區活動，並服務社區。 ㈣協助學生有效的運用社區資源。	五、認識社區並有效利用社區資源。 ㈠蒐集與探討社區的歷史、地理與人文環境。 ㈡認識社區重要的公益團體、就業輔導機構、衛生醫療與助人機構、文教單位等。 ㈢積極參與社區的各項公益活動。 ㈣探討如何有效地利用社區資源。	一、參觀社區或與社區領導人士座談。 二、提示社區中有那些不當的團體及機構，使學生提高警覺。
六、協助學生充實生活內容和學	六、充實生活內容和學習生活技巧。	一、配合公民與道德、團體活動

	習生活技巧。 ㈠協助學生增進價值判斷力。 ㈡協助學生增强解決問題的能力。 ㈢協助學生認識作決定的歷程與增加作決定的能力。 ㈣協助學生認識社會的變遷與道德規範。 ㈤協助學生因應社會的變遷。 ㈥協助學生養成適當求助態度與技巧。 ㈦協助學生認識生活中的助人機構或單位。 ㈧協助學生培養自我管理與抗拒不良誘惑的能力。 ㈨協助學生如何調適危機。 ㈩培養民主法治的精神。	。 ㈠探討與分析人生的意義與價值。 ㈡學習如何訂立目標，追求人生理想。 ㈢學習辨識問題與解決問題的能力。 ㈣列舉作決定的各種歷程，並學習如何有效地作決定。 ㈤認識社會變遷的要素與特徵。 ㈥學習因應社會變遷的態度與方法。 ㈦學習與認識社會的一般道德規範。 ㈧學習遭遇困難時，如何向師長、同學、輔導室或社會相關助人機構求助。 ㈨學習表現適當的求助態度與技巧。 ㈩學習如何尊重他人，以及現代社會所應具備的基本民主與法治精神。 (十一)學習自我管理的策略與技巧，以及學習面對不良誘惑時的抗拒策略。 (十二)認識人生的危機	等相關科目實施。 二、以實例、重要人生經歷或傳記資料爲輔助教材。 三、注重實際演練與在各種情境中的應用。 四、配合訓導處舉辦法律常識講座或參觀司法機構。

	，並學習如何調適危機。	
七、協助學生學習休閒生活所需具備的知識、技能與態度。 ㈠協助學生認識休閒的重要性。 ㈡協助學生了解正當的休閒活動。 ㈢協助學生學習並充實休閒活動所需具備的一般技巧。 ㈣協助學生養成良好的休閒活動。	七、學習充實休閒生活的知識、技能與態度。 ㈠明瞭休閒在現代社會中的意義、價值與功能。 ㈡蒐集與認識正常的休閒活動資料，並加以分析、歸類與應用。 ㈢分析、比較各類休閒活動所需具備的知識與技巧。 ㈣學習如何充實休閒技巧。 ㈤探討如何養成良好的休閒習慣。 ㈥學習如何選擇及參與校內、校外有益身心的休閒活動。 ㈦學習有效的安排假期生活。	配合團體活動、藝能科目之教學目標與內容實施。
八、協助學生學習適當的兩性交往的態度與方法。 ㈠協助學生了解兩性分工與兩性和諧相處的重要性。 ㈡協助學生認識兩性心理。	八、學習適當的兩性交十態度及方法。 ㈠認識兩性分工與兩性和諧相處的道理與重要性。 ㈡分析與了解青少年時期的兩性心理。 ㈢學習尊重異性的方法，以及學習與異性相處的適宜態度。	一、配合健康教育、家政與生活科技等科目實施。 二、應充份利用錄影帶等視聽教學媒體。 三、重視經驗分享與觀念溝通。

	(三)協助學生學習尊重異性。 (四)協助學生學習與異性相處所應具備的態度。 (五)協助學生如何為未來的家庭與婚姻作準備。	(四)認識青少年階段適當異性交往的態度與準則。 (五)探討異性交往與未來家庭、婚姻的關聯性。 (六)分析美滿婚姻與家庭的要件。	
	九、協助學生認識與關懷殘障同胞。 (一)協助學生了解殘障的類別與特性。 (二)協助學生了解殘障的成因。 (三)協助學生了解殘障者的需要。 (四)協助學生學習親近與關懷殘障同胞。 (五)協助學生尊重殘障同胞，並幫助他們成長與發展。	九、學習親近、認識、關懷與照顧殘障同胞。 (一)介紹與認識「殘障福利法」。 (二)認識與了解殘障的類別與特質。 (三)正確認識殘障的成因。 (四)蒐集、分析與了解殘障者的需要。 (五)樂於親近與關懷殘障同胞。 (六)學習如何尊重殘障同胞，適時提供幫助，並努力協助他們成長與發展。	一、配合關懷殘障同胞活動，如：盲生導讀、愛心園遊會等實施。 二、應著重協助學生消除對殘障者的偏見與歧視。
生涯	一、協助學生了解生涯發展理念與擴展生涯覺知。 (一)協助學生了解生涯發展	一、了解生涯發展理念並擴展生涯覺知。 (一)獲知生涯發展的基本意義與功能。 (二)認知並評估個人	一、參考個人心理測驗資料與生涯發展傾向作自我探索。 二、配合生活實例實施。

輔導	的概念。 (二)協助學生自我瞭解並作自我評估。 (三)協助學生認識青少年時期的發展任務。 (四)協助學生認識基本的生涯發展理論。	生涯發展所需具備的價值觀念、技能、興趣、特質、教育經驗、工作經驗、心理需求、經濟需求與可能的障礙。 (三)明瞭青少年時期的發展任務。 (四)學習如何增進個人生涯發展知識，並擴展生涯發展信心。	
	二、協助學生作生涯探索。 (一)協助學生了解工作世界與行業、職業概況及需求。 (二)協助學生認識職業訓練與就業輔導機構。 (三)協助學生認識當前社會就業概況。 (四)協助學生認識各種行業與職業。 (五)協助學生認識工作所需的一般知能。 (六)協助學生認識各種技能檢定考試與證照功能。 (七)協助學生認	二、生涯探索。 (一)了解工作世界與行業、職業概況及需求。 (二)認識公私立職業訓練與就業輔導機構。 (三)認識勞工主管單位。 (四)蒐集、分析、歸納當前社會就業概況。 (五)認識職業分類與各行各業一般狀況。 (六)認識工作所需的一般知能。 (七)了解現階段的各種技能考試與證照制度及其功能。 (八)認識現階段工作世界的未來發展趨勢。 (九)探討因應變遷社會所需具備的生	一、參觀訪問相關就業單位及機構。 二、配合相關成功事例實施。

	識工作世界的未來發展趨勢。	涯態度與知能。	
	三、協助學生具備基本的求職知能，並作生涯規劃。 ㈠協助學生撰寫履歷表與自傳。 ㈡協助學生學習求職面試技巧。 ㈢協助學生如何正確獲得就業資訊。 ㈣協助學生認識基本的勞工法令。 ㈤協助學生認識推廣教育機構。 ㈥協助學生如何訂定生涯相關的行動計劃。 ㈦協助學生建立終身學習的觀念。	三、學習具備基本的求職知能，並作生涯規劃。 ㈠學習如何撰寫履歷表與自傳。 ㈡學習求職面試技巧。 ㈢探討正確獲得就業資訊的來源。 ㈣了解基本的勞工法令。 ㈤認識推廣或延續教育機構的性質與入學方式。 ㈥學習與認識現階段的就業需求。 ㈦比較與分析不同工作的需求條件。 ㈧學習如何訂定個人的學習、教育與訓練計劃。 ㈨學習如何作生涯抉擇與生涯規劃。 ㈩認識補習教育與空中大學等社教機構，並建立終身學習的觀念。	一、注意實際演練。 二、可以參觀、訪問的方式實觀。 三、著重個人特質與工作條件之配合。
	四、協助學生建立良好的職業道德觀念。 ㈠協助學生體認「勞動神聖」與「職	四、建立良好的職業道德觀念。 ㈠認識「勞動神聖」與「職業無貴賤」的意義。 ㈡學習如何服務他	配合實際事例實施。

	業無貴賤」的意義。 (二)協助學生養成服務與勤勞習慣。 (三)協助學生認識職業道德的重要性。 (四)協助學生向創業或就業楷模學習。 (五)協助學生學習以正當方法與合法管道拓展人生。	人、奉獻社會、並養成勤勞習慣。 (三)比較、分析各行各業的道德要求與工作上的道德標準。 (四)討論創業、就業的成功事例，並向創業或就業楷模學習。 (五)學習各種豐富人生與開展生涯的方法與途徑。	
	五、協助學生爲升學作充份準備。 (一)協助學生了解各種升學管道。 (二)協助學生了解不同類型升學學校及其科別之特色與條件。 (三)協助學生準備升學。 (四)協助學生認識升學有關的分發、甄試與考試制度。 (五)配合進路輔導，協助學生選擇適當的學校升學。	五、爲升學作充分準備。 (一)蒐集與參觀訪問各類升學學校。 (二)比較與分析不同類型升學學校之異同與條件。 (三)探討有效升學的策略。 (四)探討有效的參加分發、甄試與考試的策略。 (五)探討如何選讀適當之上一級學校。	一、以參觀、訪問及校友座談等方式實施。 及校友座談等 二、提供各項自願學生參考選擇升學，或保送甄試方案，供學生參考選擇。 三、一年級開始應提供多樣化升學與就業管道之相關資訊。

第四　實施方法

壹、原則

一、國民中學實施輔導活動，應遵照「國民教育法」、「國民教育法施行細則」及其他相關教育法令規定辦理之。
二、輔導活動應以全體學生爲對象，全校教職員工共同承擔輔導學生之責任。
三、輔導活動乃連續的過程，應注重與國民小學及上一級學校或就業單位之銜接與相互配合。
四、輔導活動之實施應與國民中學各科學習活動密切配合，加强聯繫，以增效益，達成輔導活動目標。
五、輔導活動之推動與實施應注重全校各行政與學習資源單位之協調、配合，並充分利用校外各項資源。
六、輔導活動之實施應配合最新教育政策、社會變遷與青少年身心發展之需求，彈性調整。

貳、方法

一、班級輔導活動

㈠教材編選之要領：

1.「活動網要」中所列的學習輔導、生活輔導與生涯輔導三大內容，應編輯學生手冊六冊，均以單元方式編輯。
2.一、二年級學生手冊以學習與生活輔導爲重點；三年級學生手冊以生涯輔導爲重點。
3.學生手冊內容應顧及學生日常生活與學習需求，編列具體可行的事例，並以活動爲導向，使學生能於活動中學習。
4.爲有效實施班級輔導活動，應配合學生手冊內容，編輯教師手冊，供教師參考使用。
5.教師手冊應指出所需之場地、教具、圖書、視聽設備或其他教學媒體。

(二)教學與活動方法：

1.班級輔導活動應以學生活動爲主，教師善加催化、引導。

2.教師教學前應參考教師手冊及其他輔導論著，針對班級特性，彈性應用實施。

3.班級輔導活動應靈活採用討論、報告、參觀、訪問、座談、表演、繪圖、塡表、調查、演劇、辯論、腦力激盪、價值澄淸、角色扮演、家庭作業，以及其他心理輔導方法。

4.教師應熟練班級團體領導技巧，以激發良好的班級氣氛。

(三)教具及有關教學設備：

1.班級輔導活動應充分利用揭示板、掛圖、海報、投影片、幻燈片、錄音帶、錄影帶、電影等各種教學媒體及圖書資源。

2.班級輔導活動可利用團體諮商室、視聽教室或其他適當場所實施。

3.爲配合班級輔導活動之實施，各相關輔導場所應妥善規劃與佈置。

(四)各科教材或單元間的聯繫與配合：

1.班級輔導活動爲求學生學習、生活與生涯等經驗之統整，應與其他學科密切配合，力求一致。

2.班級輔導活動之內容應與公民與道德、健康教育、家政與生活科技、童軍教育、團體活動及各選修科目等有關學科之教學目標與教材密切配合。

二、一般輔導活動

㈠一般性項目：

1.一般輔導活動應參酌「活動綱要」中所列舉之綱要與活動項目，有效的協助學生在學習、生活與生活方面充分發展。
2.應充分蒐集與建立完整之學生資料，以作爲實施輔導的依據，但學生資料應力求保密。
3.應配合輔導需求，進行各項心理測驗，並作妥善的統計、分析、解釋與應用。
4.應充分蒐集教育與職業資訊，並加以研判、分析，適時提供學生參考。
5.各校應針對學生特性與學生特質擬訂妥善的輔導計畫或方案。
6.校長爲學校輔導活動的最高負責人，輔導室負責策劃與執行，教務處、訓導處與總務處及其他單位應鼎力配合推動。
7.輔導室分組辦事，但各組應密切配合，重視聯繫溝通。
8.各校應編列適當之輔導活動經費，妥善應用。
9.各校應針對學生需要研訂並推動「新生始業週」、「升學輔導週」、「生涯輔導週」、「校友座談會」等相關輔導活動。
10.各校應注重特殊學生之輔導，妥善加以矯治或協助充分發展。

㈡工作分掌：

1.輔導會議：

(1)組織：

①依據「國民教育法施行細則」的規定，國民中學應舉行輔導會議。
②輔導會議分定期會議與臨時會議兩種。
③輔導會議出席人員應包括各處室主任、有關組長、

年級主任、各學校教學研究會召集人、全體輔導教師、導師及一般教師代表。

④輔導會議由校長擔任主席，輔導室主任籌劃會議的進行。

(2)職掌：

①議決輔導活動計畫。

②協調各處室推展輔導活動有關事宜。

③研議全校教師輔導知能在職進修事宜。

④審定有關輔導活動的實驗、研究與出版事宜。

⑤研議發展學校與社區關係，及爭取社會資源配合事宜。

⑥檢討學校輔導活動推展成效。

⑦議決其他有關全校性之輔導活動事宜。

2.校長：

(1)綜理全校輔導活動課程之規劃與實施。

(2)監督並支持輔導活動計畫的執行。

(3)遴選合格而適任的輔導教師。

(4)鼓勵全校教師參與輔導知能在職進修。

(5)規劃提供適當的輔導場所與設備。

(6)各處室輔導工作的協調與分配。

(7)其他全校性輔導活動之領導與處理。

3.輔導主任：

(1)擬訂輔導活動實施計畫。

(2)執輔導會議決議事項。

(3)督導輔導教師推展各項輔導活動。

(4)對學校行政人員、教師及家長提供輔導專業服務。

(5)與校外有關機關協調聯繫，並運用社會資源。

(6)編列輔導經費預算，並督導執行各項預算。

(7)策劃輔導活動評鑑事宜。

(8)其他輔導室相關業務之執行與處理。

4.輔導組長：

(1)針對學生需要，進行個案研究，並籌劃、召開個案研討會。
(2)進行個別與團體輔導。
(3)規劃與推動班級輔導活動。
(4)規劃親職教育方案。
(5)規劃學生學習、生活與生涯輔導事宜。
(6)對教師與學生家長提供諮詢服務。
(7)辦理輔導活動評鑑事宜。
(8)協助辦理教師輔導知能在職進修事宜。
(9)襄助輔導室主任推展輔導活動。
(10)其他有關學生輔導事宜。

5.資料組長：

(1)建立並保管學生資料。
(2)實施各項心理測驗，統計、分析並解釋測驗結果。
(3)調查與鑑定學生學習與行為困擾原因，提供各科教師及學生參考。
(4)辦理學生資料之移轉事宜。
(5)對教師與學生家長提供諮詢服務。
(6)蒐集學習、生活與生涯資訊及圖書，並加以分析、應用與保管。
(7)辦理輔導活動評鑑事宜。
(8)協助辦理輔導活動評鑑事宜。
(9)輔導活動之研究、發展與出版事宜。
(10)其他有關資料之建立與應用事宜。

6.特殊教育組長：

(1)擬訂學校特殊教育發展計畫。
(2)進行特殊學生之初步鑑定。
(3)特殊學生之個別與團體輔導。

(4)特殊班級之課程安排。
(5)實施特殊教育教學活動。
(6)從事特殊教育之實驗研究。
(7)對教師及學生家長諮詢服務。
(8)安排設計「無障礙空間」學習環境。
(9)其他有關特殊教育事宜。

7.輔導教師：

(1)擔任班級輔輔活動教學。
(2)配合輔導組、資料組或特殊教育組，執行各項學生輔導工作。
(3)進行個別與團體輔導。
(4)對教師及學生家長提供諮詢服務。
(5)從事輔導研究與教具製作。
(6)其他校長、輔導室主任及各組組長交辦之學生輔導事宜。

8.導師：

(1)協助進行新生始業輔導。
(2)配合學校需要，擔任班級輔導活動教學。
(3)指導學生填寫各種資料，並隨時蒐集與填寫學生動態資料。
(4)協助各項測驗之實施。
(5)進行個別或團體輔導。
(6)協助輔導室推動各項學習、生活與生涯輔導工作。
(7)其他有關班級學生輔導事宜。

9.一般教師。

(1)對任教班級學生實施學習輔導與補救教學。
(2)發現學生問題，並作適當反映與處理。
(3)利用教學時間，進行學習、生活與生涯輔導。

(4)協助並參與學校輔導工作。

參、教學評量

一、班級輔導活動

㈠班級輔導活動之評鑑不採紙筆考試方式。
㈡班級輔導活動應評鑑學生活動參與情形，並引導學生自我評鑑。
㈢教師應於班級輔導活動中發現學生個別適應問題，作爲輔導之依據。
㈣教師可適當保留班級輔導活動學生參與活動之相關資料，作爲各科教師及訓導、輔導會議之參考。

二、一般輔導活動

㈠一般輔導活動之評鑑應注重學生學習、生活與生涯各方面之進步情形，並適時的告知學生。
㈡應針對特殊偏差行爲、學習困擾及其他身心障礙的學生訂定輔導計畫，並評鑑成效。
㈢輔導活動之評鑑可採學生自評、同儕互評、家長評定、教師評定、校際互評等方式。
㈣學校輔導室應經常自評輔導活動成效。

附錄三

高級中學學生輔導辦法

教　育　部　70　年 4 月 9 日
臺(70)參字第一〇五九四號公布
教　育　部 73 年 10 月 24 日
臺(73)參字第四三五八六號修正
（省 公 報 73 年 冬 字49期）

第一章　總則

第　一　條　本辦法依據高級中學法第八條及高級中學規程第二十一條訂定之。

第　二　條　高級中學應以全校學生爲對象，就其能力、性向及興趣，輔導其適當發展。

第　三　條　高級中學學生輔導工作之目標在於協助學生培養崇高之理想，良好之生活習慣，適當之學習態度與方法，瞭解自己所具條件，認識環境，適應社會，正確選擇升學或就業之方向。

第　四　條　高級中學學生輔導工作範圍如下：

一、生活輔導。

二、教育輔導。

三、職業輔導。

第　五　條　高級中學實施學生輔導工作，應訂定年度工作計畫及進度，逐步實施，除應注重與大專院校及國民中學輔導工作上下之銜接外，並應加强與家庭及社會之聯繫。推行工作時，須注意校內各單位之協調及分工配合以發揮輔導之整體功能。

第二章　輔導要項

第　六　條　高級中學爲實施輔導工作應辦理下列事項。

一、釐訂輔導工作計畫與進度。

二、建立學生資料。

三、舉行各種心理與教育測驗。
四、舉辦輔導工作實驗與研究。
五、舉辦輔導工作績效評鑑與改進。

第　七　條　高級中學實施生活輔導工作項目如下：
一、進行生活常規與定向之輔導，增進學生之生活適應能力。
二、實施個別諮商，瞭解並協助學生解決問題。
三、辦理學生生活及特殊行爲問題之調查與處理。
四、協助學生適應團體生活、處理人際關係及培養其適應社會生活之能力。
五、其他有關生活輔導之規劃與執行事宜。

第　八　條　高級中學實施教育輔導工作項目如下：
一、輔導學生培養良好之學習態度、習慣與方法。
二、進行學生學習困擾之調查與處理。
三、定期實施學生性向、興趣及成就測驗，並參照其志願，進行分班編組教學。
四、調查研究學生各種特殊才能，予以分班或分組教學。
五、輔導學生瞭解自已所具條件及各大專院校科、系性質，以確定升學目標。
六、其他有關教育輔導之規劃與執行事宜。

第　九　條　高級中學實施職業輔導工作項目如下：
一、實施個別諮商，並與家長聯繫，以瞭解學生就業意願。
二、協助學生認識職業道德、職業現況及建立正確就業觀念。
三、輔導學生選定職業目標，選習職業課程或轉學職業學校或五年制專科學校。
四、舉辦職業座談會及參觀工廠或建教合作機構。

五、輔導學生就業或參加職業訓練。
六、其他有關職業輔導之規劃與執行事宜。

第 十 條　高級中學第一學年輔導工作之重要項目如下：
一、準備學生資料表格及有關設備。
二、實施新生始業輔導。
三、實施學生體格檢查。
四、舉行智力、性向、興趣與學科成就等測驗。
五、協助學生瞭解高級中學教育目標與培養適當之學習態度、習慣與方法。
六、鑑別資賦優異學生，並對其成績優異之學科進行輔導。
七、輔導不適於繼續接受高級中學教育之學生轉學職業學校或五年制專科學校。

第 十一 條　高級中學第二學年輔導工作之重要項目如下：
一、依據測驗結果及學生意願舉行選組分班。
二、檢查學生在分組方面之適應情況。
三、協助學生解決各學科學習上之困難。
四、調查學生之特殊能力，並作觀察研究，予以必要之輔導。
五、實施學科成就測驗與行爲困難之調查、研究及輔導。
六、協助學生適應團體生活、處理人際關係及社會適應能力。
七、繼續輔導不適於接受高級中學教育之學生轉學職業學校或五年制專科學校。

第 十二 條　高級中學第三學年輔導工作之重要項目如下：
一、輔導學生瞭解升學、就業之意義及其途逕。
二、輔導學生瞭解其學業成就，認識升學目標，並作升學之準備。
三、輔導學生確定就業意願，並作就業準備。
四、輔導學生參觀訪問大專院校或職業機構。
五、蒐集有關職業訓練及就業資料，輔導學生參加職業訓練或就業。

第 十三 條 高級中學進行輔導工作應依照本辦法分年工作項目，參酌學校之條件，訂定年度工作計畫及進度實施之。

第三章　輔導實施方式

第 十四 條 高級中學應運用測驗、觀察、調查、諮商、會談及訪問等方法，蒐集學生各項資料（包括國民中、小學資料），以建立學生資料體系，作爲輔導之基礎。

第 十五 條 高級中學輔導工作，得依下列方式實施之。

一、個別輔導：以個別諮商、個案研究及家庭訪視等方式，由輔導教師配合導師與學生個別接觸，以瞭解學生實際情況，並協助解決其所發生之問題。

二、團體輔導：以透過集會、班會、聯誼活動、社團活動、參觀訪問、有關課程暨實習以及團體諮商等方式進行，以協助學生適應團體生活、處理人際關係及社會適應能力。

第 十六 條 高級中學實施輔導工作，應舉辦下列各種測驗。

一、智力測驗：一年級第一學期實施。

二、性向測驗：一年級第一學期實施。

三、興趣測驗：一年級第二學期實施。

四、成就測驗：各年級第二學期實施。

五、其他測驗依實際需要實施。

第 十七 條 高級中學自第二學年起，應參照前條智力、性向、興趣與成就等測驗之結果及學業成績，輔導其選組，修習有關之科目。

第 十八 條 高級中學自第三學年起，依據各學科成就、智力、性向、興趣等測驗結果，分別加強輔導學生升學或就業。

第 十九 條　高級中學資賦優異學生之鑑定，應根據下列資料加以研判。
一、國民中學成績。
二、入學考試成績。
三、智力、性向、興趣測驗結果與學業成績。
四、教師觀察報告。

第 二十 條　高級中學資賦優異學生之學業輔導，著重充實教材之深度，必要時得依法縮短其成績優異學科之學習年限。

第四章　輔導行政

第二十一條　高級中學輔導工作委員會之設置及專任輔導教師之遴聘，依高級中學法及高級中學規程之規定辦理。

第二十二條　高級中學輔導工作應由主任輔導教師秉輔導工作委員會之決定，統籌規劃，協調校內各有關單位或輔導教師及各班導師等合作進行；並應經常與學校所在地之社區、有關機關、學校、團體以及學生家庭等密切聯繫。

第二十三條　高級中學應設置輔導教師辦公室、諮商室、資料室等輔導場所。

第二十四條　高級中學應製備輔導工作所需之資料、設施與器材。

第二十五條　高級中學應將輔導工作所需經費編列年度預算，按預定計畫實施。

第二十六條　高級中學實施輔導工作於每學年終了時應舉行評鑑，檢討得失，藉以改進。

第二十七條　本辦法自發布日施行。

※　※　※　※

附錄四

職業學校學生輔導辦法

中華民國七十四年七月二十日
教　育　部　發　布

第　一　條　本辦法依職業學校規程第三十六條規定訂定之。

第　二　條　職業學校學生輔導工作之目標，除協助學生培養崇高之理想，良好之生活習慣，適當之學習態度與方法外，並建立其正確之職業觀念，使其瞭解自己所具條件，適應社會，以奠定其就業基礎。

第　三　條　職業學校實施學生輔導工作，應訂定計畫，循序實施，並應建立學生資料，加强與學生家庭及社會有關機構之聯繫，並發揮輔導之整體功能。

第　四　條　職業學校實施生活輔導工作項目如下：

一、進行學生定向輔導，以增進學生之生活適應能力。

二、實施諮商工作，瞭解並協助學生解決問題。

三、辦理學生特殊行為問題之調查與輔導。

四、協助學生適應團體生活，建立良好人際關係及培養其適應社會生活之能力。

五、協助學生發展有益身心之休閒活動。

六、其他有關生活輔導之協調與執行事宜。

第　五　條　職業學校實施學業輔導工作項目如下：

一、輔導學生培養良好之學習態度、習慣與方法。

二、學生學習困擾之調查與輔導。

三、協助學生發展各種特殊才能。

四、其他有關學習輔導之協調與執行事宜。

第　六　條　職業學校實施就業輔導工作項目如下：

一、協助學生瞭解自己所具專長及職業性向。

二、陶冶學生職業道德。
三、提供並分析職業有關資料。
四、實施學生就業諮商。
五、協助辦理畢業生就業後之追蹤輔導。
六、其他有關就業輔導之協商與執行事宜。

第　七　條　職業學校學生輔導工作得依下列方式實施：
一、個別輔導：以個別諮商、個案研究及家庭訪問等方式進行。
二、團體輔導：以透過團體諮商、集會、班會、團體活動、參觀訪問及有關課程暨實習（驗）等方式進行。

第　八　條　職業學校實施學生輔導工作應視需要舉辦下列各種測驗：
一、智力測驗。
二、人格測驗。
三、性向測驗。
四、興趣測驗。
五、教育測驗。
六、其他有關之測驗。

第　九　條　職業學校應視需要設置輔導工作場所，製備所需之資料、設施與器材。

第　十　條　職業學校實施輔導工作，於每學年終了時，應辦理評鑑，檢討得失，藉以改進。

第十一條　高級中學附設職業類科者，應由其輔導工作委員會比照本辦法之規定實施。

第十二條　本辦法自發布日施行。

※　※　※　※

輔導諮商 11

輔導原理與實務

作　　者：馮觀富
總 編 輯：林敬堯
發 行 人：洪有義
出 版 者：心理出版社股份有限公司
社　　址：台北市和平東路一段 180 號 7 樓
總　　機：(02) 23671490　　傳　　真：(02) 23671457
郵　　撥：19293172　心理出版社股份有限公司
電子信箱：psychoco@ms15.hinet.net
網　　址：www.psy.com.tw
駐美代表：Lisa Wu　tel: 973 546-5845　fax: 973 546-7651
登 記 證：局版北市業字第 1372 號
印 刷 者：翔盛印刷有限公司
初版一刷：1997 年 9 月
初版六刷：2007 年 3 月

定價：新台幣 350 元　
ISBN 978-957-702-158-8

讀者意見回函卡

No. ______ 填寫日期： 年 月 日

感謝您購買本公司出版品。為提升我們的服務品質，請惠填以下資料寄回本社【或傳真(02)2367-1457】提供我們出書、修訂及辦活動之參考。您將不定期收到本公司最新出版及活動訊息。謝謝您！

姓名：____________ 性別：1□男 2□女

職業：1□教師 2□學生 3□上班族 4□家庭主婦 5□自由業 6□其他____

學歷：1□博士 2□碩士 3□大學 4□專科 5□高中 6□國中 7□國中以下

服務單位：__________ 部門：________ 職稱：________

服務地址：______________ 電話：________ 傳真：________

住家地址：______________ 電話：________ 傳真：________

電子郵件地址：______________________

書名：______________________

一、您認為本書的優點：（可複選）

❶□內容 ❷□文筆 ❸□校對 ❹□編排 ❺□封面 ❻□其他____

二、您認為本書需再加強的地方：（可複選）

❶□內容 ❷□文筆 ❸□校對 ❹□編排 ❺□封面 ❻□其他____

三、您購買本書的消息來源：（請單選）

❶□本公司 ❷□逛書局⇨______書局 ❸□老師或親友介紹

❹□書展⇨____書展 ❺□心理心雜誌 ❻□書評 ❼其他________

四、您希望我們舉辦何種活動：（可複選）

❶□作者演講 ❷□研習會 ❸□研討會 ❹□書展 ❺□其他______

五、您購買本書的原因：（可複選）

❶□對主題感興趣 ❷□上課教材⇨課程名稱______________

❸□舉辦活動 ❹□其他______________

（請翻頁繼續）

廣　告　回　信
台北郵局登記證
台北廣字第 940 號

（免貼郵票）

心理出版社股份有限公司
台北市106和平東路一段180號7樓

TEL: (02) 2367-1490
FAX: (02) 2367-1457
EMAIL:psychoco@ms15.hinet.net

沿線對折訂好後寄回

六、您希望我們多出版何種類型的書籍

❶□心理 ❷□輔導 ❸□教育 ❹□社工 ❺□測驗 ❻□其他

七、如果您是老師，是否有撰寫教科書的計劃：□有□無

書名／課程：________________

八、您教授／修習的課程：

上學期：________________

下學期：________________

進修班：________________

暑　假：________________

寒　假：________________

學分班：________________

九、您的其他意見

謝謝您的指教！ 21011